让每个生命都闪亮

校园文化建设理论与实践

◎主　编　单巍巍

浙江工商大学 出版社
ZHEJIANG GONGSHANG UNIVERSITY PRESS

·杭州·

图书在版编目(CIP)数据

让每个生命都闪亮：校园文化建设理论与实践 ／ 单
巍巍主编 ． — 杭州 ：浙江工商大学出版社，2024.10
ISBN 978-7-5178-5960-4

Ⅰ．①让… Ⅱ．①单… Ⅲ．①小学－校园文化－建设
－研究 Ⅳ．① G627

中国国家版本馆 CIP 数据核字 (2024) 第 030586 号

让每个生命都闪亮——校园文化建设理论与实践
RANG MEIGE SHENGMING DOU SHANLIANG——XIAOYUAN WENHUA
JIANSHE LILUN YU SHIJIAN

主　编 单巍巍

策划编辑	周敏燕
责任编辑	刘　焕
责任校对	李振方　童江霞
封面设计	嘉兴浩帆图文制作有限公司
责任印制	祝希茜
出版发行	浙江工商大学出版社
	（杭州市教工路 198 号　邮政编码 310012）
	（E-mail：zjgsupress@163.com）
	（网址：http://www.zjgsupress.com）
	电话：0571-88904980，88831806（传真）
排　版	杭州彩地电脑图文有限公司
印　刷	广东虎彩云印刷有限公司绍兴分公司
开　本	710mm×1000mm　1/16
印　张	20.5
字　数	335 千
版 印 次	2024 年 10 月第 1 版　2024 年 10 月第 1 次印刷
书　号	ISBN 978-7-5178-5960-4
定　价	78.90 元

本书编委会

主　编：单巍巍

副主编：张　静

编　委：赵爱东　郭跃清　张海英　杜　芳　杜俊玲

"大音希声，大象无形。"看丹小学成立于 1925 年，是一所有着深厚积淀和历史传承的百年老校，历经一个世纪的栉风沐雨，走进了教改的春天里，迈入高质量发展的新纪元，见证了基础教育日新月异的变化。

看丹小学一代又一代的教育工作者，坚守教育初心，以质量求生存，以内涵促发展，以特色创品牌，为让每一个孩子都能享受优质教育而不懈奋斗着。2020 年，看丹小学加入丰台二中教育集团并更名为北京丰台二中附属看丹小学，传承教育集团"尚品教育"，回归教育本真，彰显教育态度。

近年来，学校在丰台二中教育集团的带领下，秉承"崇尚品质、唤醒潜能，让每个生命都闪亮"的办学理念，坚持以"立德树人""培育和践行社会主义核心价值观"为导向，积极实施课程改革，构建具备夯实基础、展现个性、追求尚品三大功能的"五尚"课程，培养康健、厚德、博学、雅趣的新时代尚品中国少年，努力让每一个孩子都能成为明亮的星星，在梦想的长河里闪闪发光！

学校在尚品德育一体化方面，开发并探索出一套适合本校师生实际的德育品牌课程（红领巾课程、班会课程、行走课程、志愿服务课程、节日庆典课程、职业生涯教育课程）和独特的"任务驱动"（以问题为本）"尚品"德育模式，实现德育立德、活动课程化，推进课程育人、活动育人、全员育人与全程育人，培养有朝气、有底气、有志气的尚品中国少年，成就尚品中国教师。学校坚持把立德树人作为首要任务来抓，让每一个学生心中都有仪式感、体验感、幸福感。隆重的开学第一课、主题迥异的开学典礼、弘扬传统节日的文化嘉年华、校园四节的个性展示……学生在校经历的每一次大型集体活动，都成为培养他们"家国情怀""责任担当""感恩与成长"的文化因子，时时处处濡润着学生的核心素养。

学校创建适合学生全面发展、个性彰显、可持续发展的课程，深化尚品"五尚"课程体系：德育，即尚·德课程；智育，即尚·智课程；体育，即尚·形课程；美育，即尚·美课程；劳育，即尚·创课程。学生在尚品课程学习中，培养广泛的兴趣爱好，产生不断进取的愿望，发展个性、凸显特长，学会学习、学会交流表达、学会合作、学会与他人相处、学会尊重与欣赏、学会做人，逐步发展为品学兼优的尚品少年。

滋兰树蕙，桃李芬芳。学校非常注重教师队伍建设，探索课堂教学，落实课程管理，确立厚生、博学、善导、乐研的教风，鼓励教师争做师德高尚、乐于奉献、团结协作、业务精湛的好教师。学校将教师成长过程划分为启航、远航、领航三个阶段。根据教师发展需要，学校开设了多个教师成长工作室，采用理论学习、教学研讨、课堂观摩、主题沙龙、风采展示、课题研究等方式，引领教师乐学、会学、乐教、善教，实现教师之间智慧共享；以走出去、请进来等方式，帮助教师补齐专业短板，实现自我突破……

于是乎，在这样一片崇"尚"教育、高"品"成长的田野上，校园的每一处文化、每一步成长、每一处景致、每一位老师、每一位学生都闪闪发亮，迸射出璀璨的光芒！

编　者
2023 年 12 月

目录

第一章 尚品文化

尚品文化

历史是一盏明灯，既照亮现实，也照亮未来。追溯北京丰台二中附属看丹小学发展历史，寻找发展足迹，理清文化脉络，目的在于照亮现实之路，更好地传承学校精神。基于此，学校的行政团队和教师代表对学校近百年的历史沿革进行了认真的追寻、探究和梳理，为学校高质量发展奠定了坚实的文化基础。

一、寻找发展足迹

学校发展主要经历了以下四个时期。

（一）第一个时期（1925～1985年）：诞生与转型

1925年，看丹小学成立，位于看丹村药王庙内，是由私塾改成的六年制村办完小。办学初期，学校只有两间教室、两名教师。

从1925年到1985年的60年里，学校经历了从私塾到村办校再到公办校的转变，校名也发生了变更。

（二）第二个时期（1986～2012年）：夯实基础、不断成长

1986年，劳动教育成为学校的特色课程。学校劳动教育实践成果显著，并在全国推广。2003年，学校少先队大队被评为全国少先队红旗大队，学校德育工作成果显著。

（三）第三个时期（2013年～2020年8月）：在与时俱进中发展

2013年，学校提出了"银槐教育"理念，将"银槐树"作为精神象征，深入挖掘其自强不息、厚德载物、开拓向上、无私奉献的精神，提炼出"强健、博大、向上"六字作为学校文化的核心，用于指导学校的各项教育教学

活动。

（四）第四个时期（2020年9月至今）：丰富学校文化内涵，开启尚品教育新征程

2020年，看丹小学、人民村小学合并后加入北京丰台二中教育集团，更名为北京丰台二中附属看丹小学。学校传承丰台二中教育集团的尚品文化理念，以尚品文化为精神内涵，以规范和活力为外显特征，从办学理念到办学目标，从育人目标到"三风一训（校风、教风、学风、校训）"，全面建构新型办学理念体系，重新定义学校的"尚品文化"，让学校的办学理念更加科学、系统，彻底地落实到教育实践中。

二、理清文化脉络

学校文化方面的发展主要经历了以下四个阶段。

（一）第一阶段（1925～1989年）：关注"劳动教育"

1985年看丹小学开始试点开设劳动教育课，1986年组织编写了小学劳动课教材，1987年该教材被北京市丰台区教育局指定为丰台区小学劳动课教材。看丹小学劳动教育硕果累累，各种劳动教育研讨会、观摩会及经验交流会在学校召开，《人民教育》《中国教育》《学习与研究》等刊物多次报道了学校劳动教育的经验和成果，原国家教委电教司、北京市丰台区电教馆在学校拍摄了劳动教育方面的录像片。学校被评为"小学劳动教育先进学校"和丰台区第一批"劳动教育窗口校"，劳动教育成为学校的一大特色。

（二）第二阶段（1990～2012年）：彰显"德育为先"

2003年，学校少先队大队被评为全国少先队红旗大队，学校德育工作成果显著。

（三）第三阶段（2013～2019年）：提出"银槐教育"

学校在2013年提出"银槐教育"理念，并在2014年提出"练强健体魄、成博大胸怀、树向上精神、铸银槐品质"的办学理念，立志培养具有"银槐精神"的中华好少年。

（四）第四阶段（2020年至今）：建设"尚品文化"

2020年，根据北京市丰台区区域教育高质量发展要求，看丹小学、人民村小学合并后加入北京丰台二中教育集团，更名为北京丰台二中附属看丹小学。学校传承丰台二中教育集团的尚品文化理念，加入"尚品教育基地"，

全面践行学校办学理念。

三、办学理念与愿景

（一）理念：做中国美丽的尚品教育——崇尚品质、唤醒潜能，让每个生命都闪亮

办学理念是学校办学的核心价值观。结合新时代发展要求，北京丰台二中附属看丹小学围绕"尚品文化"，从传承思想、立足当下、着眼未来三个视角出发，重塑办学理念，提出了"做中国美丽的尚品教育——崇尚品质、唤醒潜能，让每个生命都闪亮"的办学理念，标志着学校进入新时期。

教育，是一个美丽而漫长的过程。学校致力于尚品教育。所谓"尚品"，是指高尚的品质。在学校里，"尚品"还意味着崇尚教育本真的品质，探索学生的成长规律，唤醒生命的潜力，让每个生命都闪亮。

1. 传承思想——汲取教育的精华。

教育传承大多是思想传承。古圣先贤的教育思想为学校的"尚品教育"理念奠定了基础。

2. 立足当下——契合新时代教育发展要求与师生发展需求。

看丹小学是一所与国家发展同向、同步、同频的学校，其成长过程见证了新中国从站起来、富起来到强起来的伟大飞跃。学校近百年的历史，是几代人砥砺前行的历史，是北京市丰台区基础教育发展的一个缩影。

"崇尚品质"为学校发展注入新思想，"唤醒潜能，让每个生命都闪亮"理念为学校发展注入了新动力，指明了新方向。新思想、新动力、新方向必将让学校全体师生的心中有信仰，脚下有力量。

3. 着眼未来——赋予未来发展的内生力。

教育是一项功在当代、利在千秋的德政工程。"崇尚品质、唤醒潜能，让每个生命都闪亮"就是要发现每个学生的闪光点，并以此唤醒他们的生命状态（热爱生活、积极向上、乐观进取、追求卓越、志存高远……），以人育人、相互促进，以长促长、以长促全，为学生未来的发展打好基础——身心健康（打好身心健康基础）、品德高尚（打好品德与修养基础）、学业优良（打好知识储备基础）、言行优雅（打好行为与礼仪基础），让每个学生都拥有面向未来的朝气、底气和志气。

（二）目标：培养康健、厚德、博学、雅趣的新时代尚品中国少年

育人是教育的本质要求和价值诉求。育人目标是学校对"培养什么样的人"问题的回答。北京丰台二中附属看丹小学从"尚品文化"出发，确定了"培养康健、厚德、博学、雅趣的新时代尚品中国少年"的育人目标，为每个学生打上了"好身体、好品格、好兴趣、好学习"的尚品烙印。

（1）康健：拥有健全的人格、高尚的品格和健康的体格，成为身心健康的人。

（2）厚德：继承并发扬中华优秀传统文化与美德，成为品德高尚的人。

（3）博学：以开放的心态接受新的知识与事物，成为学识渊博、视野广阔、心胸宽阔的人。

（4）雅趣：举止优雅，保持对美好生活的追求，不断提升自己的审美情趣，成为儒雅、文雅之人。

北京丰台二中附属看丹小学"尚品中国少年"育人目标体系如表1-1所示。

表1-1　北京丰台二中附属看丹小学"尚品中国少年"育人目标体系

目标	一级指标	二级指标	三级指标		课程及活动	评价方式
			年段			
培养新时代尚品中国少年	康健	身体健康	低	喜欢运动，每天坚持锻炼一小时	1.国家体育课程、国家课程校本化实施（篮球、踏板操）和个性化课程（体育社团）2.心理团体课、心理个体咨询3.体育节、体育赛事、花朵节、竹石节	1.依据国家体育健康标准进行评价2.依据参与活动的态度、效果进行多元评价
				了解基本的健康知识（正在学习的体育项目知识及健康常识）		
				掌握一项体育基本技能		
			中	积极参加运动，每天至少锻炼一小时		
				学习并掌握基本的健康知识		
				熟练掌握至少一项体育基本技能		
			高	热爱体育运动，有良好的锻炼习惯，每天至少锻炼一小时，至少有一种喜欢的运动		
				学习、掌握并宣传基本的健康知识		
				熟练掌握至少两项体育基本技能		

续　表

目标	一级指标	二级指标	三级指标		课程及活动	评价方式
			年段			
培养新时代尚品中国少年	康健	心理健康	低	在他人帮助下，能控制自己的情绪	1.国家体育课程、国家课程校本化实施（篮球、踏板操）和个性化（课程体育社团）2.心理团体课、心理个体咨询 3.体育节、体育赛事、花朵节、竹石节	1.依据国家体育健康标准进行评价 2.依据参与活动的态度、效果进行多元评价
				与他人友好相处（人际关系）		
				遇到困难能够主动寻求帮助		
			中	乐观向上，有自信，能管理自己的情绪		
				与他人友好相处，能正确处理与他人的矛盾		
				正确看待自己的优点与不足，积极面对遇到的困难与挫折		
			高	乐观进取，充满自信，能有效管理自己的情绪		
				与人为善，能正确处理与他人、自然和社会的关系		
				认识并主动改进自己的不足，善于发现他人的优点，并主动学习		
	厚德	家国情怀	低	能记住长辈的生日，及时送上生日祝福	1.国家课程中道德与法治课程、学科德育渗透 2.少先队活动（主题升旗仪式、队课、建队日活动、入队仪式、少代会）3.德育主题教育活动（行走课程、班会课、志愿服务、生涯启蒙教育、社团活动、校园四节、传统节日与文化探究）	依据课程标准和学校文化，从学生参与活动的态度、效果进行多元评价
				认识校徽，知道校训		
				知道党和国家的基本标志，知道我国传统节日		
			中	在重要节日为家人送上祝福		
				了解学校文化，践行文化理念		
				了解党和国家的大事，知道传统习俗和传统美德		
			高	用实际行动维护家庭荣誉		
				自觉践行并宣传学校的文化理念		
				关心党和国家大事，弘扬中华传统文化		

目标	一级指标	二级指标	三级指标		课程及活动	评价方式
			年段			
培养新时代尚品中国少年	厚德	责任担当	低	自己的事情自己做，知道父母的辛劳	1.国家课程中道德与法治课程、学科德育渗透 2.少先队活动（主题升旗仪式、队课、建队日活动、入队仪式、少代会）3.德育主题教育活动（行走课程、班会课、志愿服务、生涯启蒙教育、社团活动、校园四节、传统节日与文化探究）	依据课程标准和学校文化，从学生参与活动的态度、效果进行多元评价
				管理好自己的学习和生活用品		
				了解基本的公益知识		
			中	认领一项家务，帮助父母分担家务		
				主动参与学校、班级事务		
				尝试参与公益活动		
			高	主动参与力所能及的家务劳动		
				自主管理学校、班级事务		
				积极参与公益活动，践行志愿者精神		
		诚实守信	低	讲真话，犯了错能够承认错误		
				在老师指导下，遵守学校规章制度		
				在他人指导下，遵守社会秩序		
			中	犯了错能认识自己的错误，并积极改正		
				在老师与同伴提醒下，遵守学校规章制度		
				在他人提醒下，遵守社会规则，学法知法		
			高	明辨是非，树立正确的价值观		
				自觉遵守学校规章制度，在同学中起着榜样作用		
				自觉遵守社会规则，知法守法		

目标	一级指标	二级指标	三级指标		课程及活动	评价方式
			年段			
培养新时代尚品中国少年	博学	乐学会学	低	上课专心听讲，愿意参与讨论	国家基础课程、国家课程校本化实施和个性化课程	1. 依据政策开展的测试与布置的作业 2. 学生作品或才艺展示 3. 学生课堂学习状态
				愿意与同伴一起学习		
				喜欢阅读，每天读书不少于 30 分钟		
			中	上课认真倾听，积极参与讨论		
				喜欢与同伴合作学习		
				掌握一定的阅读方法，坚持每天阅读不少于 30 分钟		
			高	主动预习与复习，课上积极参与活动		
				善于与同伴合作学习		
				有良好的阅读习惯和阅读方法，坚持每天阅读不少于 30 分钟		
		善思善问	低	有好奇心，喜欢问问题		
			中	独立思考，善于发现并提出问题		
			高	有思辨能力，敢于质疑		
		学以致用	低	在老师和同学帮助下，尝试解决问题		
			中	主动运用学过的知识解决问题		
			高	主动探究，综合运用学过的知识解决问题		
	雅趣	言行得体	低	穿戴整洁，使用文明用语	1. 集体活动 2. 艺术课程 3. 日常表现	1. 依据《学生日常行为规范》进行班级评价 2. 作品、才艺展示
			中	着装得体，礼貌待人，遵守公共礼仪		
			高	举止文雅，自觉遵守公共礼仪		
		知美创美	低	初步感受、学习音乐、美术等艺术之美		
			中	欣赏与初步表达艺术之美		
			高	用自己的方式恰当地展示艺术之美		

（三）校训：做有朝气、有底气、有志气的尚品中国人

校训是一个学校的灵魂，是一个学校文化与教育理念的体现，以"人"的发展为核心，激励"人"不断成长。北京丰台二中附属看丹小学在"尚品文化"理念的引领下，提出了"做有朝气、有底气、有志气的尚品中国人"的校训。

（1）有朝气：师生乐观进取，充满活力，和谐有序。

（2）有底气：有充分的自信。相信经过我们的努力，可以把学校建成管理团队团结奋进，管理机制科学规范，教师团队踏实肯干、业务精湛，学生基础良好、个性突出、全面发展的尚品教育基地。

（3）有志气：有远大理性、目标，以及实现目标的决心和行动。

（四）校风：让这里星光闪耀

校风即学校的风气。"让这里星光闪耀"旨在激励全体师生共同努力，让学校"熠熠生辉"：学校文化凸显、氛围和谐、特色鲜明，教师师德高尚、业务精湛，学生全面发展、个性突出，师生都是闪亮的"星星"。

（五）教风：厚生、博学、善导、乐研

教风聚焦的是教师如何教的问题。教风是学校教师的德与才的同一性表现，是教师队伍在道德、才学、作风、素养、治教等方面的集中反映。良好的教风，是学校精神的旗帜，对学校教育起着熏陶、引领、激励和潜移默化的作用。北京丰台二中附属看丹小学在"尚品文化"理念的引领下，从教育情怀、教学思想两个维度形成了厚生、博学、善导、乐研的教风。

（六）学风：厚学勤思，善问乐践

学风聚焦的是学生如何学的问题。学风是凝聚在教育学生过程中的精神动力、态度作风、方法措施等。培育优良的学风要在学、思、行上下功夫。北京丰台二中附属看丹小学凭"尚品文化"理念，培育出"厚学勤思、善问乐践"的学风。

（1）厚学勤思：学习是一个学而思、思而践、践而悟，螺旋上升、循环往复的过程。我们希望学生在学、思、行、悟的过程中打下坚实的基础，养成善思的习惯，形成一定的思维能力。

（2）善问乐践：学生要具备对知识进行筛选、处理和提炼的能力，能够基于自己的理解提出意见与问题并找到解决方案。同时，学生要具备将知识转化成一定的规律与常识，创造性地解决实际问题的能力。

（七）校徽

北京丰台二中附属看丹小学校徽是在北京丰台二中校徽基础上略作调整而成的，如图1-1所示。

图1-1　校徽

校徽采用内外双圆环设计，中间的主图形是一只展翅翱翔的凤凰。在中华传统文化中，凤凰象征着坚韧不拔、奋发向上的精神。凤凰身形为北京丰台二中的固有标识"F""二"，凤凰寓意北京丰台二中集团团结拼搏、顽强前行、坚韧不拔、追求卓越的精神传统；凤冠为红色的"品"字变形，恰似红日升起，象征热情洋溢、青春勃发，喻示学校以培养"康健、厚德、博学、雅趣的新时代尚品中国少年"为育人目标。

外环与内环之间用学校校服的基础色——蓝色填充，学校中、英文名称分别环绕在内环上下部分。整个图形为闭合结构，寓意含蓄内敛、圆融和谐。色彩明快与持重相得益彰，图案简洁、大气。

银槐精神，铸根塑魂

——北京丰台二中教育集团党委第六支部党建品牌

单巍巍　张　静　赵爱东　张海英　郭跃清

一、党建品牌的提出

北京丰台二中附属看丹小学隶属于北京丰台二中教育集团，北京丰台二中附属看丹小学党支部为北京丰台二中教育集团党委第六支部，在职党员共37名，占职工总数的47.4%。发挥党员的先锋模范作用，激发全体教师的工作热情，最大限度地发挥每一名教师的优势，打造一支优秀的教师队伍，顺利完成学校转型，切实落实"双减"工作提质增效要求，促进学校高质量发展，是学校党支部的重要任务。

学校党支部在集团党委的正确领导下，以"银槐精神"为指引，全面落实立德树人根本任务，践行"尚品文化"理念，塑造"尚品"优秀党员和"尚品"师德先锋形象，培养体格健康、人格健全、品格高尚、乐学雅行、全面发展的尚品中国少年，初步形成"银槐精神，铸根塑魂"党建品牌。"银槐"是指校园里三棵树龄100多年的国家二级保护古树——两棵国槐树和一棵银杏树。"银槐精神"是指这三棵古树所蕴含的传统文化精神——强健、博大、向上。"铸根"是指严格落实教育的根本任务，即立德树人。"塑魂"是指塑造灵魂：塑党员之"魂"——忠诚于党、坚定信仰、修身养德、甘于奉献；塑教师之"魂"——爱岗敬业、敢于担当、乐学善教、增效提质；塑学生之"魂"——体格健康、人格健全、品格高尚、乐学雅行。

学校党支部"银槐精神，铸根塑魂"党建品牌标识整体呈现为红色闭合的双层圆环围绕党徽和树的图案（图2-1）。内环中的党徽寓意党的领导。两棵树代表着学校的精神象征——"银槐树"，寓意学校强健、博大、向上的精神追求。整个标识寓意在党的教育方针指引下，以"银槐精神"为引领，塑先进共产党员之"魂"，塑优秀教师之"魂"，塑尚品中国少年之"魂"。

图 2-1　学校党支部党建品牌标识

二、特色做法

（一）塑党员之"魂"：忠诚于党、坚定信仰、修身养德、甘于奉献

1. 开展深度学习——奠定"塑魂"之基础。

为了促进学校高质量发展，党支部组织党员开展深度学习。首先，党员认真学习新时代党的教育理论与重要政策，内化于心，并根据学校教育教学工作重点谈感悟与想法；其次，党小组每月组织一次组内交流会，分享学习感悟与实践；最后，党支部每季度组织一次主题党员大会，党员以微课的形式展示自己践行新的政策理论的过程与成果。在深度学习中，党员不仅提高了思想觉悟，还坚定了信仰，进一步提升了道德修养与实践能力。

2. 争创先锋岗位——彰显"塑魂"之价值。

党支部开展争创"党员先锋岗"活动，开设"服务先锋""教学先锋""家校合作先锋""育人先锋""科研先锋""引领先锋"等岗位，激励党员积极参与、发挥优势、突出实效，引领全体党员在立足本职岗位的基础上，进一步发挥先锋模范作用，用行动证明"一个党员就是一面旗帜"，凸显了党员甘于奉献、忠诚于党、坚定信仰的优秀品质，彰显了塑党员之"魂"的价值。

3. 实施问题驱动——激发"塑魂"之动力。

党支部组织党员教师实施课题研究，结合教育教学及师德修养中的困惑与不足，确定问题，明确成长目标，激发教师成长的内生力，引领教师在实践中探索解决问题的途径与方法，在解决问题的过程中实现自我成长，凝练党员之"魂"。

（二）塑教师之"魂"：爱岗敬业、敢于担当、乐学善教、增效提质

1. 践行立德树人。

立德树人是教师之"魂"的目标。党支部通过多种形式开展教师政治思想教育和师德师风教育，采取个人学与集体学相结合、理论与实践相结合、自学与分享交流相结合的方式，选择有利于教师师德修养、业务能力提升的理论书籍、文章、讲座等，进一步激发教师爱岗敬业、敢于担当的热情，提高教师的责任感与使命感，使他们掌握教育教学的理论基础与基本技能，为践行立德树人的根本任务奠定坚实的基础。

2. 锤炼业务能力。

业务能力是教师之"魂"的根本与基础。党支部根据学校教师的职业发展现状，将教师成长过程划分为启航、远航、领航三个阶段。根据教师发展需要，开设多个教师成长工作室，采用理论学习、教学研讨、课堂观摩、主题沙龙、风采展示、课题研究等方式，引领教师乐学、会学、乐教、善教，切实提高教师的专业素质与业务能力，确保各阶段教师不断成长，促进学校高质量发展。

3. 发挥榜样作用。

榜样作用是显示教师之"魂"力量的重要方式。党支部定期开展师德榜样、教学标兵、优秀导师、家校沟通能手等评选活动，评出各种"个性化榜样"，并为他们颁发荣誉证书。在教师心中树立"只要有一方面做得突出就可以成为榜样"的意识，全方位发掘并采用多种方式宣传教师身边的榜样，鼓励教师积极挖掘自身潜能，发挥榜样的辐射引领作用，充分彰显师魂的力量。

（三）塑学生之"魂"：体格健康、人格健全、品格高尚、乐学雅行

1. 厚植爱国情怀。

厚植爱国情怀是学生之"魂"的基础。党支部利用升旗仪式、重大节日或纪念日主题活动、班队会课、综合实践活动、德育校本课程等形式，开展

内容丰富、形式多样、引人入胜的爱国主义教育，在学生心中种下爱党爱国的种子，引导学生形成正确的价值观、人生观和世界观。

2. 提升综合素质。

学生综合素质是学生之"魂"的核心。党支部充分运用德育阵地、"尚品"课堂、综合实践活动、劳动教育等形式，切实落实"五育并举"，以"体格健康、人格健全、品格高尚、乐学雅行"为目标，全面提升学生素质，促进"双减"工作的落地。

3. 星耀"尚品少年"。

"尚品少年"是塑学生之"魂"的根本目标。党支部结合学校实际情况，制定培养目标、评价标准、评价制度，对全校学生开展发展性评价，定期选出"尚品中国少年"，利用升旗仪式、宣传栏、公众号等途径宣传尚品少年光荣事迹，激励学生积极主动向榜样学习，查找自身不足，不断完善、提升自我，争当"尚品少年"。

三、效果与启示

（一）初步效果

1. 党员之"魂"基本形成并得到有效提升。

党支部通过开展深度学习、争创先锋岗位与实施问题驱动，塑造并有效提升了党员之"魂"。党支部鼓励党员教师不断反思并发现自身优势与不足，主动学习、研究，进一步坚定信仰，提升自身政治素养与业务能力，在岗位上坚定信仰、甘于奉献、有大局意识，充分发挥党员先锋模范作用。

例如，在学校合并之初，面对新的挑战、新的环境与文化，很多教师感到迷茫，而党员教师则能够从学校发展的角度看待与分析问题，快速进入状态，认真学习新的学校文化，融入新的环境，并快速提高自己的业务能力，为学校稳定与和谐发展奠定了坚实基础；又如，"双减"实施之初，很多党员教师能很快调整心态，学习相关政策要求，并反思自己的工作，根据实际情况聚焦问题，以问题驱动开展全面的学习与提升，探索有利于课堂增效提质的方法与途径。

2. 教师之"魂"基本形成并得到有效提升。

党支部通过践行立德树人、锤炼业务能力与彰显榜样作用，塑造并有效提升了教师之"魂"。教师在持续的学习、研究与实践中，逐步拥有了高尚的道德品质、精湛的业务能力和积极进步与奉献的内生力。为了更好地落实"双减"，实现提质增效，广大教师深入学习、精心设计、高效实施课堂教学，充分发挥自己的特长与优势，大都成为某个方面的榜样。例如，胡文杰、张春杰、麻珍琪、杜俊玲、支率军等成为教师成长工作室的优秀导师，充分发挥了业务榜样引领作用；支率军、麻珍琪、李婧涵、李喜凤等家校沟通能力比较强，成为家校沟通能手。

3. 学生之"魂"基本形成并得到有效提升。

党支部通过厚植爱国情怀、提升综合素质与星耀尚品少年，塑造并有效提升了学生之"魂"。学生在各种德育活动、课堂学习、劳动教育中强健了体魄、健全了人格，形成了高尚的品格并做到了乐学雅行。学校开展了系列发展性评价，评出了"阅读之星""劳动之星""健康之星""尚美之星""美德之星"等众多"尚品少年"。例如，为了充分挖掘学生的优点与特长，发现学生的闪光点，学校每学年都会通过多种方式，评出各级各类"尚品星"。

（二）启示

1. 扩大理论学习，坚定理想信念，是提升党员之"魂"的重点。

在继续开展深度学习的基础上，引领党员教师实施课题研究，在学习与研究中，践行党员之"魂"的基本要素，推进学校党支部党建工作、文化建设与"双减"工作。

2. 提升师德修养，凝练业务能力，是提升教师之"魂"的关键。

深入挖掘教师的潜力与优势，在学习榜样、争当榜样中，不断发展自我，让教师之"魂"落在实处，让"个性化榜样"成为党支部党建品牌的特色。

3. 提升学生素质，培育"尚品少年"，是塑造学生之"魂"的根本。

以学生之"魂"的基本要素为目标，进一步完善"尚品少年"发展性评价体系，以引导、激励学生积极锻炼、主动学习与探究，使他们逐步成长为体格健康、人格健全、品格高尚、乐学雅行的"尚品少年"。

依托党建品牌建设，塑造共产党员之魂

单巍巍　赵爱东　杨雯婷

党员是党的肌体的细胞，是实现民族复兴的先锋战士。党的十九大以来，以习近平同志为核心的党中央高度重视党员队伍建设工作。党的十九大报告指出，新时代中国共产党的历史使命就是要进行伟大斗争，建设伟大工程，推进伟大事业，实现伟大梦想。"四个伟大"之间紧密联系，相互贯通，其中起决定性作用的是新时代党的建设新的伟大工程。习近平总书记强调指出，深入推进新时代党的建设，要始终抓好党员队伍建设这一基础工程。

《关于建立中小学校党组织领导的校长负责制的意见（试行）》指出，各地区各有关部门要确保学校党组织履行好把方向、管大局、做决策、抓班子、带队伍、保落实的领导职责，强调要把党建工作作为办学治校的重要内容，发挥基层党组织作用，加强党员队伍建设，使基层党组织成为学校教书育人的坚强战斗堡垒。

北京丰台二中附属看丹小学在职党员共 37 人，占职工总数的 47.4%。自 2020 年 8 月加入丰台二中教育集团后，党支部一直在探索加强党员队伍建设的方法与途径。在集团党委"尚品党建"的引领下，党支部继承看丹小学的文化内核，初步提炼出"银槐精神，铸根塑魂"的党建品牌。党建品牌包含塑党员之"魂"、塑教师之"魂"和塑学生之"魂"，旨在充分发扬共产党员的先锋模范作用，带领全体教职工熔炼队伍、科学研究、破解难题、彰显成效，形成良好的党建工作理念与风格。在党建品牌建设中，塑党员之"魂"是塑造"三魂"的核心。经过将近三年的探索与实践，党支部初步总结出以下几点做法与经验。

一、开展深度学习—— 奠定"塑魂"之基础

党支部严格落实学习制度，组织党员开展深度学习，提升党员的政治思想素质，深化理论知识，推动凝心铸魂，引领党员教师筑牢信仰之基、补足精神之钙、把稳思想之舵。

学校党支部为每位党员购置了《习近平谈治国理政》（第三卷）、《习近平新时代中国特色社会主义思想学习纲要》等书籍，组织党员认真学习新时代党的教育理论与重要政策。

党支部开展多种形式的学习，以提高党员学习的实效性。首先是党员自学，党员在读书、批画、做笔记的同时，更要把学习内容与学校教育教学工作重点联系起来，将理论内化于心。其次，党员在自学的基础上，利用支部学习时间，由党小组每月组织一次组内交流，大家一起分享学习的感悟与实践。

在充分自学、交流的前提下，党支部依托"银槐精神，铸根塑魂"党建系列活动，每季度组织一次党员大会，各组党员代表以微课的形式展示践行新的政策理论的过程与成果，取得了非常好的效果。

例如，在2022年3月28日下午的系列活动中，第一党小组的党员与大家分享了他们学习习近平关于教育的重要论述的收获。活动分为以下两部分。

第一部分：

由第一党小组的党员教师高燕和青年教师孟晓琼以微党课的形式与大家分享了她们学习习近平关于教育的重要论述的所学所感。这是在党小组集体学习和自主学习相结合，一名党员教师带领一名非党员教师共同学习的基础上进行的。

高燕老师和孟晓琼老师结合各自所学的总述和第一章内容，宣讲的主题是"立德树人，奋进担当"。高燕老师从"教育的本质是教育决定着人类未来"和"教育的根本任务是立德树人"两个方面并结合自己的英语学科教学实践，深刻理解了作为一名党员教师在学习习近平新时代中国特色社会主义思想时，不仅要内心充满斗志，还要在实际工作中落实习近平新时代中国特色社会主义思想，将工作做得更加细致。

孟晓琼老师认为，老师要想立德树人，就要以身作则，在英语学科教学中努力将社会主义核心价值观融入英语教育，特别是在英语教学中融入爱国主义教育，体现"富强""爱国"，在英语教学中融入感恩教育，体现"文明""和谐""友善"等，这是作为一名英语老师的职责与使命。

第二部分：

由学校师德榜样代表谢广云老师进行师德宣讲，主题是"爱与责任——我的坚持与使命"。谢老师结合自身的教育成长经历，从"以身作则，言传身教；爱护学生，循循善诱；以体育人，强健身心"三个方面阐述了作为一名体育老师，要坚持立德树人，用爱承载希望，坚守教育初心，坚守爱与责任，呵护学生的全面健康成长。

本次活动创新了学校"银槐精神，铸根塑魂"党建活动的形式与内容。三位老师的宣讲，使全体教师受到了深刻的教育。作为新时代的教师，要时刻牢记立德树人、教书育人的神圣职责，要保持一颗谦虚谨慎的心，在工作与生活中始终坚守教育初心，努力提升自我修养，在新时代的伟大教育征程中砥砺前行，在平凡的岗位上努力做出不平凡的业绩。

在深度学习中，党员教师不仅提高了思想觉悟，还坚定了信仰，提升了道德修养与实践能力。

二、争创先锋岗位——彰显"塑魂"之价值

学校党支部重视唤醒每位党员教师的潜能，设立先锋岗位，发挥他们的优势，展现榜样的作用，让他们都能真正成为某个领域的一面旗帜。

在党建品牌建设中，党支部开展争创"党员先锋岗"活动，开设"服务先锋""教学先锋""家校合作先锋""育人先锋""科研先锋""引领先锋"等不同的岗位，召开动员大会，激励党员教师积极参与，争当先锋。

动员大会结束后，由党小组长带领党员教师一起展开研讨，引导老师结合自身工作岗位的优势及发展需求，认领先锋岗位，制订争创目标及实施计划，在工作中边实践边完善。

在争创先锋岗位的过程中，党员教师个个争先、人人奋勇，在学校教育教学工作中充分发挥了榜样的先锋模范作用。我们的"服务先锋"成立娟老师和朱晓明老师，分别在安全和校医岗位上尽职尽责、细心周到，为教育教学提供了良好的后勤保障；胡文杰、张春杰、麻珍琪、杜俊玲、支率军几位党员教师，不但是教育教学方面的先锋，还承担了青年教师成长工作室的导师任务，成为"引领先锋"；李婧涵老师作为一名年轻党员，在家校沟通方

面有独到之处，成为"家校合作先锋"。

在争创先锋岗位的活动中，党支部引领党员教师全员参与、发挥优势、突出实效，在立足本职岗位的基础上，进一步发挥先锋模范作用，用行动证明"一个党员就是一面旗帜"，凸显了党员甘于奉献、忠诚于党、坚定信仰的优秀品质，彰显了塑党员之"魂"的价值。

三、实施问题驱动——激发"塑魂"之动力

党支部组织党员教师实施课题研究，结合争创先锋岗活动，引导党员教师针对教育教学及师德修养中存在的困惑与不足，确定问题，明确成长小目标，开展小课题研究。研究重点以精准课堂教学为主渠道，以落实国家"双减"政策与新课程标准为目的，使党建品牌建设与学科教学深度融合。

在小课题研究中，针对教师在教学中的困惑，经过调研分析和深度研讨，党支部初步提炼出精准课堂教学模式，并带领党员教师开展研究，进行典型引路。每一位参与研究的党员教师都非常重视这个课题研究，依据提炼出的精准教学模式不断改进自己的教学行为。

以"课前的精准分析"为例，在三年级上册数学"周长"一课中，党员教师首次备课的教学流程如下：

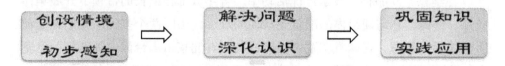

第一个环节是借助操场示意图，初步感知周长的含义；第二个环节是选择工具，测算操场周长；最后一个环节是巩固应用。

经过两次备课，将教学流程调整为：

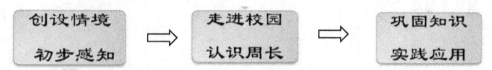

比较两次备课可以看到，第二个环节变化比较大——从认识教室中物体表面的周长，拓展到校园中的物体，再抽象出平面图形的周长。

首次备课中，从感知周长一下子进入对周长的测算，虽然有层次，但是

跨度有点大。修改后，学生从对周长的初步感知开始，到观察生活中熟悉的物体表面，再从具体化的周长，到抽象出周长的表象，这个过程层层递进，更加符合学生的认知规律。

老师通过课前访谈，了解了学生的学习情况，并针对学生的年龄特点帮助他们调整了学习方式，找到了更加符合学生思维水平的活动内容与方式，提高了教学设计的精准性。这也正是我们在精准教学模式中，课前两次进行备课所追求的目标。

一个多学期的课堂教学实践，不仅使参与研究的党员教师的课堂教学的精准性有了很大提升，而且提炼出北京丰台二中附属看丹小学精准课堂的六个特征，为后续研究奠定了良好的基础。

在党支部的引领下，教师发展中心根据学校教师的职业发展现状，将教师成长过程划分为启航、远航、领航三个阶段，进行有针对性的培训。为了提高启航阶段教师的专业水平，学校成立了语文、数学、班主任教师提升工作室，由优秀的党员教师担任导师，充分发挥党员骨干教师的示范引领作用，有序开展多种培训活动，引导工作室的教师在不断反思实践的基础上提升教学能力。在导师的精心指导和自身努力下，学校的青年教师得到了很好的锻炼。

在学校"尚品杯"教学评优活动中，青年教师在组长的带领下开展集体备课、磨课，从前期组内的准备到现场的展示，历时两个多月，他们在交流研讨中提升认识，在课堂实践中不断成长。在北京市丰台区"师慧杯"竞赛中，北京丰台二中附属看丹小学有6名青年教师进入复赛，3名教师获得一等奖，这是他们成长的硕果。

党支部通过问题驱动，以课题研究为抓手，激发教师成长的内生力，引领教师在实践中探索解决问题的途径与方法，在解决问题过程中成长，逐渐凝练党员之"魂"。

第三章　尚品德育

构建一体化德育体系，培育"尚品"中国少年

单巍巍　张海英

为全面贯彻党的教育方针，进一步落实《中小学德育工作指南》《北京市大中小幼一体化德育体系建设指导纲要》（京教工〔2021〕49号），坚持立德树人，北京丰台二中附属看丹小学构建了以社会主义核心价值观为引领的"尚品"德育课程体系，促进德育工作的一体化、科学化、规范化，做"细、小、实"的德育。

一、实施背景

（一）时代发展趋势

随着社会经济的一体化、文化的多元化和全球竞争的不断加剧，我国人才培养的素质要求不断提升。一体化德育体系建设研究与实践是新时代对教育提出的新要求，也是时代发展的必然趋势。

（二）教育发展需要

德育作为有目的、有计划、有系统地培养受教育者思想品德的活动，在我国各类教育活动中居于首要地位，一直以来受到党和国家的高度重视。习近平总书记在全国教育大会上指出："在实践中，我们就教育改革发展提出一系列新理念新思想新观点……坚持把立德树人作为根本任务……这是我们对我国教育事业规律性认识的深化，来之不易，要始终坚持并不断丰富发展。"《国家中长期教育改革和发展规划纲要（2010—2020年）》提出"构建大中

小学有效衔接的德育体系"，"增强德育工作的针对性和实效性"。

（三）学校发展需要

北京丰台二中附属看丹小学于2020年8月由看丹小学、人民村小学合并而成，隶属于北京丰台二中教育集团。

1.北京丰台二中教育集团建立了成熟的德育一体化课程体系。

该课程体系可以概括为"一二三四五六七"，即一个培养目标、两个原则、三级课程、四大主体、五个要素、六大核心素养、七大德育品牌。

2.北京丰台二中附属看丹小学具有悠久的历史和鲜明的地域特色。

学校始建于1925年，至今已有近百年的历史。学校原址为享有盛誉的看丹药王庙，校园里的数棵古树历经百年沧桑仍枝繁叶茂。丰厚的人文积淀，优美的校园环境，悠久厚重的文化，给学校积累了宝贵的教育财富。

在一体化德育建设中，学校把独有景观、周边资源的开发和中国传统文化的弘扬与二中教育集团德育特色品牌相结合，作为学校德育建设的重要资源，力求实现学校"尚品"文化的育人功能。

（四）学生发展需要

一体化德育体系建设更加注重育人规律，符合青少年身心发展需求和年龄阶段特点。一体化德育的实施，有助于培养学生核心素养，使学生把社会主义核心价值观内化于心、外化于行。

二、定位与内涵

（一）定位

贯彻党和国家教育方针，培育和践行社会主义核心价值观，落实立德树人根本任务，有目的、有计划地实施具有地域特点且能体现北京丰台二中教育集团德育一体化发展的"尚品"德育。

（二）内涵

"尚品"德育指的是：在北京丰台二中附属看丹小学"崇尚品质、唤醒潜能，让每个生命都闪亮"的指导下，根据实际情况，开发并探索出适合本校师生实际的六大德育品牌课程和独特的德育模式，实现德育立德，以培养"康健、厚德、博学、雅趣"的新时代尚品中国少年，成就尚品中国教师。

三、基本原则

（一）导向性原则

德育体系建设要以立德树人为根本任务，将社会主义核心价值观融入教育的全过程，引导学生形成积极的人生态度，树立正确的价值观。

（二）科学性原则

德育体系建设要以培养学生的核心素养为内容，不仅要满足学生对学科知识的需求，还要最大限度地为学生提供"品德形成和人格健全、潜能开发和认知发展、艺术修养和体育健身、社会实践和动手操作"等多元课程；不仅要满足学生学习的需要，还要引导学生形成积极主动的人生态度，树立正确的价值观；不仅要满足学生学习的共性需求，还要满足学生发展的个性需求，也要满足基于国际视野的多样化发展的需求。

（三）系统性原则

德育体系建设在内容方面，纵向上要根据学生不同阶段的身心特点和认知水平，由浅入深，有序衔接；横向上要涉及学校、家庭、社会三个维度。在实施途径方面，要形成课内课外融通、线上线下联动的立体化运行模式。

四、"尚品"德育目标

（一）培养"康健、厚德、博学、雅趣"的新时代尚品中国少年

具体内容参见本书第 4 页表 1-1。

（二）创建北京丰台二中附属看丹小学德育品牌课程与"尚品"德育模式

1. 创建"红领巾课程、班会课程、职业生涯教育课程、行走课程、志愿服务课程、节日庆典课程"六大"尚品"德育课程。

2. 探索"任务驱动"（以问题为本）"尚品"德育模式：目标—任务（问题）—共同体—实践—评价。

五、方法与途径

（一）开发并实施六大"尚品"德育课程，实现活动课程化，推进课程育人、活动育人、全员育人与全程育人

1. 红领巾课程。

具体课程设置如表 3-1 所示。

5. 志愿服务课程。

志愿服务课程设置如表3-5所示。

表3-5　志愿服务课程设置

学段	主题	目标	具体内容	活动形式	评价
低年级	责任担当	服务同学服务班级热爱班级	1. 了解学校历史及特色景观，理解"小银槐"志愿者称号的含义 2. 了解班级岗位服务内容、要求，初步掌握开展班级岗位服务的方法	研究性学习与志愿服务实践活动相结合	自评与他评相结合，及时评价与学期评价相结合
中年级	责任担当	主动奉献热爱学校崇尚荣誉	1. 理解"小银槐"志愿服务精神的含义 2. 了解志愿服务的内容，掌握志愿服务的途径和方法，参加班级、学校岗位服务	研究性学习与志愿服务实践活动相结合	自评与他评相结合，及时评价与学期评价相结合
高年级	责任担当	服务他人、奉献社会树立正确的世界观、人生观、价值观	了解志愿服务的规则和要求，在学校、家庭、社区等积极开展志愿服务	研究性学习与志愿服务实践活动相结合	自评与他评相结合，及时评价与学期评价相结合

德育生长点：引导学生养成奉献和关爱社会的意识，培养乐于奉献与关爱社会的能力。

6. 节日庆典课程。

节日庆典课程设置如表3-6所示。

德育生长点：让学生学习、了解并传承有关节日的中国优秀传统文化；让学生学习文学、科学、艺术、体育等知识，从中汲取营养。

表 3-6　节日庆典课程设置

主题	具体目标	具体内容	活动形式	评价
家国情怀 责任担当	弘扬民族精神 热爱中国文化	春节 清明节 端午节 中秋节 重阳节	中国传统节日 嘉年华	文本分析 活动观察 学生访谈 问卷调查
身体健康 学以致用 知美创美	热爱学习 热爱劳动 热爱艺术 热爱科学	阅读节 科技节 体育节 艺术节	节日庆典	文本分析 活动观察 学生访谈 问卷调查

（二）运用"任务驱动""尚品"德育模式

"任务驱动"建立在建构主义教学理论基础上，注重"任务"的目标性和情境的创建。带着真实的任务，学生在探索中进行德育实践活动。在这个过程中，学生能不断获得成就感，激发自己向上的力量，形成良性循环，从而成为具有新时代特色的尚品中国少年。

"任务驱动"德育模式涉及以下五个基本环节。

第一，目标的确立。以德育一体化为原则，结合校情和学生特点，制定尚品中国少年培养总目标、学段目标、德育课程子目标。

第二，德育任务的制定。德育任务的制定是"任务驱动"德育模式的主要环节，一方面要考虑到德育的目标，另一方面要考虑到活动对象的接受程度，更重要的是要通过调研诊断发现问题，形成真实可行的德育任务，以德育任务引导整个德育内容的制定以及德育活动的开展，从而实现学生综合素养的提升以及德育效果的改善。

第三，形成共同体。德育有效开展的一个关键点就是对学生兴趣的激发以及引导。在实施过程中，对学生兴趣的激发贯穿始终。兴趣的有效激发，一是组织者与参与者的互动性，任何实践活动的开展都是一个师生之间互动的过程，应根据学生的反馈灵活地调整内容，把握学生的兴趣走向，形成活动（课程）共同体；二是德育实践的生活化，著名教育学家杜威关于教育本质的观点是"教育即生活"，也就是教育与环境关系密切，因此要综合运用多种教育策略，充分利用校内校外资源，发挥学生、家长、教师的力量，通过有效的协调与整合，形成共同体，从而发挥学生的积极性。

第四，德育实践的组织开展。判断德育实践的标准就是问题能否得到有效解决，学生参与实践的积极性能否得到有效激发，德育实践的组织应围绕学生积极性的激发来开展。

第五，德育的评价。多元化评价体系的构建有利于"任务驱动"德育模式的运用，评价不局限于实施过程，还应该注重德育实践在激发学生潜能方面所起的作用。德育评价的最终目的，不在于让学生知道应该做什么，而在于让学生在生活中能够自觉地去做正确的、符合社会规范要求的行为。

（三）构建多元化"尚品"德育课程评价体系

"尚品"德育课程评价体系如表 3-7 所示。

表 3-7 "尚品"德育课程评价体系

评价时间段	评价内容	评价主体	评价方法
课程（活动）实施前（设计评价）	1. 目标符合教育规律和学生实际 2. 内容体现实践性、生活性和开放性，具体可行 3. 流程条理清楚，科学准确 4. 充分、合理开发和利用资源 5. 整体设计体现德育一体化基本理念	教师	交流反馈；方案文本查阅
课程（活动）实施中（实施评价）	1. 面向全体学生，注意学生的特点和需求 2. 尊重参与，鼓励创新 3. 富有激励性和启发性 4. 安全有序 5. 具有积极多样的评价方式	课程（活动）参加人员	现场观察；采访
课程（活动）实施后（效果评价）	1. 目标落实到位 2. 能联系学生思想和社会生活实际，有针对性和实效性 3. 师生参与活动有一定的广度和深度 4. 不同程度的学生都得到发展 5. 情感体验充分，学生体验到成功的喜悦	师生	师生访谈；问卷调查；活动感受文本

（四）开展"尚品中国少年"系列评价活动

以培养康健、厚德、博学、雅趣的新时代尚品中国少年为目标，从学生的德、智、体、美、劳等方面进行全面评价，全体学生接受评价，全体学生、老师、家长、社区人员参与评价，定时评价与不定时评价相结合，学生争当"尚品星"。

（1）定时评价。依据学生培养目标，共设立以下五星：康健之星、美德之星、博学之星、雅趣之星、"尚品"中国少年之星，从班级、年级、校级层面进行选树和表彰宣传。

（2）不定时评价。实施赏识教育，即以欣赏的眼光看待学生，发现每位学生的闪光点，对学生好的行为、好的态度、好的观点、突出的特点、进步点进行评价和激励，让每位学生都有获得肯定的机会，都有进步的空间，都能成为德、智、体、美、劳全面发展的"尚品"中国少年。

六、实施保障

（一）加强党组织德育领导工作，构建全员育人、全过程育人、全方位育人的德育格局

健全党组织领导、校长负责、群团组织参与、家庭社会联动的德育工作机制。建立"书记（校长）—德育少先队干部—年级组长—班主任、副班主任—学科老师"五级德育工作队伍。学校党组织要充分发挥政治核心作用，加强对学校德育工作的领导。（书记）校长要规划、部署、推动学校德育工作落到实处。同时，学校党组织要加强少先队建设，在学校德育工作中发挥少先队的思想性、先进性、自主性、实践性，充分认识德育工作的重要性，调动全员的工作积极性和创造性。

（二）建立协同教育机制，落实全员育人、全过程育人、全方位育人

1.成立德育工作领导小组：负责德育工作的总体策划。

组长：单巍巍

副组长：张静

组员：张海英、王玉琴、郭跃清、杜芳、朱晓明、杨雯婷、各年级组长

2.成立学校协同教育委员会：协助德育工作的实施，负责德育工作的诊断及评价。

组长：单巍巍

副组长：张静

组员：教育教学主任、教师代表、学生代表、家长代表、社区工作人员代表

3.成立日常管理机构：组织落实、协调、检查德育进程中的事务性工作。

（1）学生发展中心。

①进行德育工作顶层设计，制订德育工作实施方案。

②根据计划，安排德育的时间和教学（活动）场所，指导、实施德育。

③召开德育研讨会，分享优秀教师的成功经验、学生的学习成果，解决存在的问题，及时总结德育工作情况。

（2）年级组长。

①对年级教师德育渗透进行指导与测评，加强对年级课程德育、活动德育的指导。

②进行年级德育课程的开发与研究。

（3）任课教师。

①做好德育课程的实施、评价工作。

②结合课程，加强学生的思想情感、文明礼仪、遵纪守法、学习求知、生活卫生、健康安全、勤俭环保、志愿服务等教育。

③加强课程德育研究，精心设计课程内容，认真撰写教学设计。

（三）加强德育队伍建设，促进班主任专业化发展

树立榜样示范，强化教师职业道德建设。学校以《中华人民共和国教师法》《中小学教师职业道德规范》为标准，完善教师考核制度，坚持进行师德考核、工作考核，评选"骨干教师""师德标兵""优秀党员"等，举办优秀事迹宣讲活动，打造以校为荣、立足岗位、比成绩、比贡献的氛围，推动学校各项工作的开展。为学生一生奠基，成就学生美好的未来是学校全体教师的教育追求。

积极构建从下到上、主动参与、集体学习、互相信赖和尊重、能各抒己见、共同开展德育的教师团体。加大教师培训力度，统一认识，明确德育工作的目标和意义。强化教师的育人意识，提高教师的能力水平。鼓励教师积极开展自主学习和校本培训，与同伴或研究机构合作开展研究。

开发班主任专业化成长课程（班主任专业化成长课程体系如表3-8所

示），促使班主任向着专业化成长。班主任队伍建设以"尚品"班主任工作坊、年级组长工作沙龙、支率军工作室、骨干班主任成长营为主要载体，确定班主任集中培训时间，把校内培训与市区级培训相结合、集中培训与自学相结合、学习与实践相结合，通过专家指导、骨干引领、沟通交流、实地体验、团队帮扶、总结评价等形式提升班主任的工作能力，为班主任教师的成长提供更多、更有实效性的帮助。

表3-8　班主任专业化成长课程体系

课程层次	课程主题	课程内容
合格	常规管理	课堂纪律管理、学校生活习惯管理、班委选拔与培养
	沟通与转化	与不同类型孩子的沟通技巧
	活动组织	主题教育班会设计
	家校共育	家长的沟通策略、家长会的设计与实施
	师德素养	法律法规
优秀	文化建设	班级符号、教室布置、班级制度、书香班级、学习氛围建设
	沟通与转化	学生心理健康疏导与转化（叛逆期、青春期教育）
	活动组织	节日活动、集体比赛活动设计
	家校共育	家委会的建设与维护
	师德素养	班主任个人魅力提升
卓越	顶层设计	班级发展规划与年段衔接、教育科研能力培养
	沟通与转化	学生价值观引导
	活动组织	班本活动课程设计
	教育合力	与科任教师的沟通策略
	师德素养	教师专业化成长与规划

（四）开发学校、家庭、社会资源，为德育工作提供保障，助力学生成长

1.用好区级各类资源，学习高品质家校共育课程。

教师学习典型经验，积极参加北京市丰台区家校共育研讨会及专题培训会，用好家庭教育"小红书"——"北京市丰台区家校共育课程指导手册"，

参加区级家长"云"课堂学习，通过实景课堂"中小学生家庭教育20问"进行以景引学。

2.善用教师资源，夯实家校共育根基。

青年教师先行，以"互联网＋"为平台，提升家校共育效能。在新时代背景下，如何利用现代信息技术提升家校共育水平是重要课题。微信（企业微信）、家校共育等应用软件，为家校沟通提供了技术支撑。以青年教师为主体，通过微信公众号、腾讯会议、班级小管家、企业微信群、名师大讲堂等载体开展家校共育实践。学校利用这些"利器"做好与家长的交流，使学校和家长的沟通更及时、更全面，形成学校、家庭、社会一体的爱的"朋友圈"。

3.运用个性化家长资源，促进家长专业化成长。

建立三级家长委员会。首先在班级建立家长委员会，再在班级基础上选出代表，组建年级家长委员会，最后从年级家长委员会中选出代表组成学校家长委员会。常态化的活动以班级为单位进行组织，年级性的以及全校性的活动由学校来组织。赋予家长委员会四大职能、两大活动空间。四大职能是民主管理、参与教育、家长教育、家校共育。两大活动空间是学校与社会。教师一方面组织家长走进学校，了解学校，理解学校；另一方面运用家长联系的社会资源，鼓励学生走进社会。每学期由学校定期召开会议，汇报工作计划、安排和要求，听取家长代表对管理、教学等的反馈意见；学期末，将学校的各项工作向家长委员会作出汇报，由此让家长委员会了解学校各方面的情况，形成学校—家委会的组织架构，实现民主管理和家校共育。

"爸爸妈妈课堂"贴近学生成长需求。发挥家长中专业人士的力量，设立爸爸妈妈课堂，进行家风传承、职业、劳动、运动、健康等教育。

"尚品家长说"发挥优秀家长的引领示范作用。聚焦"双减"、时间管理、亲子沟通、手机管理、青春期教育等家长关注的难点问题、热点问题，学校从教育理念（政策法规学习）、家校合作、以身作则、习惯培养、亲子沟通五个纬度，开展"尚品"家长成长培训。在微信公众号系列家长云课堂、名师大讲堂、家长会、家长开放日等成长路径中，充分发挥家长的引领示范作用。

"银槐"家长志愿者进校园。学校充分发挥主导地位，积极搭建家校沟通合作的渠道。招募"银槐"家长志愿者，参与学校的管理及教学类事务，建立起"共享理解"机制。

动员家长积极参与各学段学生的展示比赛、家庭劳动、体育锻炼、文明实践等教育活动。组织学生参加各级各类活动，要求学生回到家后和父母一起完成，学校组织展示和评比，形成良好的家庭学校共育循环。组织"家风家训"征集评比活动，通过图文并茂的形式将"我的家风"和"优秀家风"小故事加以展示，使孩子在了解家风家训的基础上阐述自己对家风家训的认识，扩大家校共育的成果。

4.挖掘社会教育资源，打开家校共育新格局。

走进社会大课堂，开展"尚品"亲子行走课程。亲子行走课程由各年级教师、家长、学生共同研讨确定年级行走的主题、地点、时间，制定学习任务单，以班级为单位，学生家庭在班主任老师的指导下自主组成行走小组，进行行走活动，展示行走成果，开展行走评价。节日亲子行走课程根据不同节假日开展不同的活动。例如，在国庆节开展爱国主义社会实践活动，由学校发出倡议，家长参与其中并和学生一起到红色基地、纪念馆、博物馆等场所开展各类活动。

"尚品"班主任工作室建设的实践探索

支率军

　　班主任是学校实施教育教学工作的骨干力量，是班集体的组织者、教育者和指导者，在学生全面发展、健康成长中起着十分重要的作用。为全面贯彻党的十九大精神，落实立德树人根本任务，提升学校班主任专业化水平，探索"双减"新形势下班主任队伍建设的新途径、新方法，为年轻班主任搭建更多、更好的学习交流的平台，我校于 2021 年 1 月建立了"尚品"班主任工作室。工作室由区级骨干班主任支率军老师以及学校的其他五名年轻教师组成，学校德育主任张海英任工作室顾问。

一、缔造"尚品"工作室，绘就美好发展愿景

（一）命名缘起

　　北京丰台二中附属看丹小学秉承着丰台二中教育集团的文化血脉，以"尚品"文化为精神内核，以"规范、活力"为外显特征，以"培养尚品中国人"为育人目标，将班主任工作室命名为"尚品"。"尚品"班主任工作室就是要擦亮班主任老师的职业底色——高尚的师德、精湛的专业知识、重视学生的精神生活、有效的沟通能力和合作能力、围绕学生开发适合的班本课程；就是要引领每个孩子开始美好的旅程——强健体魄，丰富情感，享受艺术，发现知识，体认和践行道德；就是要唤醒家长的教育责任——家庭教育不仅要重智，更要重德，重能、重习；就是要明确孩子的培养目标，对孩子施加积极影响，以身作则，为学生树立榜样。

（二）工作宗旨

　　工作室以"研究的平台、成长的阶梯、辐射的中心、师生的益友"为宗旨，发挥优秀班主任指导、示范、引领和辐射作用，学习先进教育方法，优

化班级管理手段，提高班主任综合素质，一起探索德育之路，为班主任的持续发展创造相互交流的条件，搭建共同成长的平台。工作室充分挖掘青年力量，带动全校班主任共同进步，形成"以点带面"的成长体系。

（三）发展愿景

（1）骨干班主任为年轻班主任带好头、引好路，使工作室成为班主任专业化成长的助推器，成为老师精神成长和专业成长的家园。

（2）本着"合作、创新、发展"的理念，在实践中不断提炼、升华育人艺术。

（3）搭建学习、交流、展示和智慧分享的平台，以专题研究和实操体验为抓手，倡导锐于发现、善于反思、勇于创新、精于积累、勤于写作，定期开展专题研讨、经验交流、案例研究等活动，引领工作室成员发挥自身优势，提升教育智慧，探索并形成班主任育人思想和班级管理特色，走合作发展的专业化成长道路。

（4）锤炼班主任教育管理的基本功和能力，为各级班主任竞赛输送合格选手，为打造区域优秀班主任积蓄能量，加油充电。

（5）结合学校"尚品班级管理"，研讨养成策略，培养优质的"尚品少年"，促进学校一体化德育体系的构建与完善。

二、助力"双减"落地，多种策略促专业化成长

（一）进一步提升工作室成员的师德修养水平

在假期中，进行"双减"政策、教育理论的专题学习，这增强了年轻班主任的职业认同感，强化了他们立德树人的责任感，使他们形成了共同的教育愿景，明确了努力方向。他们立志做到以德立身、以德立学、以德施教，其道德修养和学识水平均得以提升。

（二）青年班主任按照计划走上专业成长的道路

工作室负责人和成员们一起研讨，制订切实可行、符合教师发展需求的班主任专业成长计划，通过教育书籍共读、班主任工作共研、班会课集体备课、教育案例一起研讨、课题研究及巡回讲座等形式，引导工作室成员向专业成长的方向发展。

（三）理论学习与教育实践深度融合

在支老师的引领下，以《家校共育手册》、"名师成长大讲堂"为主要

学习内容，工作室每位成员都深入研读理论书籍，认真观看讲座，自由表达观点，撰写读书心得，并在教育实践中加以灵活运用。例如，在"'双减'背景下班主任如何答好'双减'这道新'考题'"的讲座中，教育学院张红教授从两个视角和三个方面对"双减"政策进行解读，让我们对"双减"有了更加深刻的认识。"双减"政策对教师提出了更高的要求，即：课堂教学要高效，作业设计要科学。张红教授指出，教育属于专业性服务的范畴，要求我们对学生进行管理、约束和指导。郭浩老师和张红教授幽默诙谐的对话减轻了"双减"政策给我们带来的压力。我们还通过示范性主题班会课的学习研讨、名师大讲堂课程的学习、经验交流、班主任工作沙龙等形式，促使班主任队伍快速成长。

支老师根据学校对年轻老师发展的要求，积极学习，并向专家刘建老师请教。经刘建老师推荐，支老师为工作室成员购买了《班级日常生活重建中的学生发展》一书，和他们一起探究新背景下的班级管理。

（四）进行课题研究的探索实践

结合北京丰台二中附属看丹小学的教育实际，根据校情、班情，因地制宜开展班主任工作课题研究，制订适合班级发展的主题计划。以课题研究为载体，有目的、有计划地进行研究与实践，在此基础上进行反思和重建，不断完善自己的认识和行为，提升研究水平，及时总结经验，撰写教育随笔、案例、故事、论文、课题等。在"尚品"班主任工作室中，教师们互促共成长。一个学期里，工作室成员共同完成撰写一篇教育故事、一份教育案例、至少一份质量较高的班会设计、至少一个专题内容的经验分享。

（五）建立健全制度保障工作效果

1. 工作室例会制度保障了每次活动的时间及效果。

工作室每月按时召开两次例会，讨论阶段性工作目标、工作任务，根据研究任务组织工作室成员讨论、分享活动；定期督促检查老师各项工作的实施情况，解决实施过程中的难点；及时总结经验成果，梳理存在的问题，研究解决的办法。

2. 工作室为成员提供了切实可行的支撑。

（1）按时学习。工作室成员平时以自主学习为主，同时根据自己班级现状确定下一阶段的研究方向、工作任务、主题，并利用工作平台交流学习心得，促使大家在制度的要求下实现高效班级管理。

（2）按需学习。工作室成员在每学期自我发展规划中明确学习内容，制定学习目标，有选择性地进行学习。学习笔记给工作室成员带来了便捷，"自己人效应"的学习成了工作室全体成员进行班级管理的法宝。大家纷纷表示在班级管理中家长和学生比以前更积极了，收到了良好的效果。

（3）合作学习。工作室成员在每次活动中都相互支持，合作探究，共享资源，真正实现了共进共赢的目标。

3.工作室研讨制度拓宽了大家的方法和思路。

工作室成员积极参加各级各类德育研讨活动，建立"每月一班级管理计划"研讨制度。由工作室根据研究方向确定主题，每月集体研究学习两次，形式多样地开展研讨活动。每一次的研讨活动都有中心发言人，其他成员也会各抒己见，从而达到了预期目标。专门人员还会在第一时间做好记录，并分类整理存档，以便以后查阅。

4.工作室档案制度为我们查阅资料带来了方便。

工作室档案由工作室负责人管理，工作室各成员将活动材料按时上交到工作室，有利于其及时收集、存档，为个人的成长和工作室的发展提供保障，为课题研究收集资料。

（六）教育实践带来改变

"尚品"班主任工作室为青年班主任专业化成长赋能，他们所带的班级正悄然发生着变化：教室里，学生仪表整洁规范，穿着统一，发型利落。课间秩序井然，有学生认真阅读的身影，也有他们弹钢琴时的动听旋律。操场上，学生打篮球，做游戏，充满活力。在向人问好方面，学生也更主动，他们通过大声问好，和老师以及其他人的对视交流，变得阳光自信。他们乐于奉献，争当"小银槐"志愿者，爱护校园环境，主动捡拾落叶及地上纸屑。垃圾分类和光盘行动的成效显著。他们的学习环境也发生了改变，教室里绿意盎然、鲜花盛开，还有可爱的小鱼、小龟快乐地游走，为学习、生活增添了无穷乐趣。让学生成为更好的自己，让班级成为更好的班级，这是教育的目标。

三、工作展望

以《丰台区班主任工作坊建设实施方案》为依据，在北京市丰台区教育科学研究院德育研究室的指导下，北京丰台二中附属看丹小学"尚品"班主任工作室充分发挥区级骨干班主任的示范引领和辐射带动作用，一路耕耘，一路探索，虽取得了一些成绩，但仍有很大的成长空间。今后，我们将从以下方面开展探索实践，争取收获更多的教育成果。

（1）工作室要立足于本校的骨干班主任和青年班主任，由骨干班主任根据青年班主任的不同特点，向他们提出发展性的定位建议，通过导、帮、带的开放型模式，提升青年班主任的专业技能和素养。

（2）班主任工作室要扩大优秀、骨干班主任效应，引领全体班主任在规范管理班级的基础上，向个性化、艺术化、专业化方向发展，做好带队伍、抓项目、做展示、出成果等工作，使工作室成为促进班主任教育管理工作发展的平台。

（3）工作室成员要通过以点带面的途径，建设"北京丰台二中附属看丹小学班主任专业发展一体化体系"，搭建起班主任交流、学习、研讨、提升的平台，提高工作室在校内外的影响力和辐射功能。

（4）建立一整套管理培育机制，搭建网络交流信息平台，将工作室工作开发成一个可持续、可延伸的班主任学员的工作支持系统，更好地服务于广大班主任队伍。

一首歌的时间

于　萍

　　"老师，小溪在楼道跑被值周生扣分了！"听到一位同学报告，我二话没说，火速回到班里，把小溪叫到门口，不问缘由地训斥她一顿。尽管小溪眼含泪水地望着我，但我的火气未减一丝一毫。小溪靠墙而站，不知所措地面对着我，周围同学交头接耳议论着……每每想起十几年前的那个画面，我总是悔于自己当时的不冷静，为何不先让孩子说说事情的原委？自那以后，我渐渐学会了等待，等待一首歌的时间，寻找教育的时机。

　　我们不能小看班主任工作中的每一个细节，因为它不仅能形成班级的风气，更会影响孩子的一生。

　　2020 年 9 月，我担任六（4）班的班主任。班里那群孩子经历了拆班、合班，多数在四、五年级都是我教的，对于他们的优缺点我有一定的了解。正值青少年时期的孩子们，有了自己的想法并学会了掩饰与伪装。对于孩子们的幼稚行为，我往往会慢半拍去处理，也就是静观其变，耐心等待，创造多种办法，主动寻找教育时机。小跃是个好动的孩子。上课预备铃刚刚打过，路过教室的我透过后门看到小跃满脸通红地与前座的同学边比画边说着什么，丝毫没有注意到我的注视。我上一节课刚对课前纪律进行了强调，这孩子明知故犯，还是另有原因？课下我找到小跃询问情况，他说："老师，打了上课铃了，他还在做手工，我让他收起来准备上课，他还说我多管闲事！"听了他的话，我很庆幸自己的延后处理，庆幸自己给予孩子机会说清原委。"虽然你的出发点是好的，但是你和他争执不下会不会影响上课呢？"小跃沉默片刻，说："老师，我可以下课再提醒他！"我笑着摸了摸他的头，伸出拇指为他点赞。作为班主任，在耐心等待的同时，更要有一双善于发现契机的眼睛和一颗积极思考的大脑，多想一种办法，多设一种情境，以调动孩子的积极性，让他朝着我们预设的目标进发。一首歌的时间仅有几分钟，但也正是这几分钟的时间保护了孩子幼小的心灵。

小干部是班主任的左膀右臂，对他们的培养更像是创作一首佳曲，我只需要在歌曲的创作阶段提供灵感，发挥他们的潜能，静待欣赏一首首或舒缓、或轻快、或热情高涨的歌曲的精彩演绎。仔仔备受同学们的拥戴，他也因此比较傲娇。当选体委的他，工作较为被动，恰恰他又是个好面子的孩子，于是我就给他支招。拔河比赛临近了，周末我就联系他，提示他找找拔河的技巧，并请他在周一的班会课作为主讲，给大家讲解要领。拔河当天，排上场队形时，我又提示他中后部要稳。因此，我班以绝对优势获胜了。我在班上表扬了他，这充分调动了他的积极性。接下来的班级接力赛，我班有21人上场，安排每一棒的顺序成为关键，我提示他借鉴"田忌赛马"的策略，让他自主安排。当天赛程过半，我班明显处于落后境地。就在我们抱着必输的心态时，事情出现了转机。倒数第四棒缩短了距离，第三棒只差一步，第二棒反超，最后一棒是仔仔。看着他拼尽全力奔跑的样子，我和孩子们一起为他加油呐喊，最终转败为胜，我班赢得了年级第一。每一首歌的主角都是孩子们，他们经历的每一件事、参加的每一次活动，都将是他们成长的养分。

孩子们犹如一棵棵幼苗，他们的成长需要足够的时间和空间，而每一棵幼苗的成长方式都不同，成长速度也不同。2022年9月，重返班主任岗的我遇到了小泽。他是个患有自闭症的孩子，从一年级起就被班里的师生特别维护着。尽管这样，他还是时常情绪不稳，一旦遇到没按照他的意愿发展的事情，便不管不顾地摔东西，更甚时破口大骂，待情绪稳定后又自责不已。一日，原本该上体育课的他因中午的数学考试没考好而爆发了，不仅撕烂了试卷，而且对关心他的同学恶语相加，最后居然不来上课了。我坐在教室改作业，他就在教室后面时不时地偷瞄我。伴随着时钟的滴答滴答声，他渐渐冷静了下来。"你什么时候想和我谈了，就过来吧。"他强作镇定，收拾了散落一地的书本，来到我面前。"我知道都是我的错，我就是活该，我就是……""停！你被扣分的主要原因是什么？为什么没写完？""我就不想写，没当回事。可是看到分数……我不知道会这么差。""很好，找到了问题的根源，现在就要想如何避免。"我俩心平气和地探讨了学习态度与学习效果之间的关系，进而又聊到怎么控制自己的情绪。小泽提出当他发脾气时，希望同学们远离他，给他一些时间调整自己的情绪。下课铃声响起的那一刻，他满心欢喜地与同学们聊天。等了一首歌的时间，他的情绪稳定了，少了针锋相对与指责，多了尊重与理解。孩子们的成长其实也是这样，每个孩子都有自己的成长节奏。面对孩子，我们必须放下焦虑，耐心等待，给孩子时间和空间，让孩子自己去成长。

在陪伴孩子们成长的过程中，很多时候都需要我们拥有一颗等待的心，因为这是一个漫长的过程。在这个漫长的过程中，每一项任务的执行时机都不同，而针对每一项任务，表现在每个人身上的发展历程又不同。所以，面对孩子，除了用心引导以外，我们还得有一颗等待的心。

十几年前，如果我等待一首歌的时间，让自己冷静下来，又怎会当众训斥小溪，造成他的窘迫；如果在一首歌的演绎过程中，我多数时间只做聆听者，就不会不容分说地指责孩子的种种行为……可惜，时光不能倒流。孩子成长的岁月，犹如青涩的果子，在酸涩的难堪和无奈之后，才是成熟的甘甜。让我们耐心等待，给孩子一首歌的时间，在理解和包容中，陪伴孩子们健康成长。

小现象引发大思考，习惯养成从卫生开始

刘思雨

著名教育家叶圣陶先生说："人要是各种好习惯都养成了，我们的教育目的就达到了，如学习上有良好的学习习惯，劳动上有良好的劳动习惯，道德上有良好的道德习惯，生活上有良好的生活习惯……那么这个孩子就是一个好孩子。"由此可见，养成教育是德育中十分重要的部分。

一、问题出现

我接手的班级是一年级，刚入学的孩子说起话来奶声奶气的，一个个小脸蛋圆润稚气，非常可爱，但是当三十个孩子聚在一起时，各种问题便出现了……课上课下，我不断地规范他们的行为，使他们在各方面都有了进步。唯一止步不前的就是卫生情况：地面上的垃圾、碎纸随处可见，偶尔还能看见几处泥脚印。此情此景让我明白，卫生习惯是一年级学生习惯养成当中最应该得到关注的，而这个最基本的习惯，却往往容易被忽略……

二、问题解决

（一）召开班会，树立榜样，制定公约

首先，教师应该透过学生的言行举止，分析问题出现的原因，制定公约。我认为学生的卫生习惯不好，或许并不是他们不愿意做卫生或故意不把卫生做好，而是他们不知道怎样做卫生。面对这种情况，作为班主任应该以身作则，做好学生的榜样。小学生具有明显的模仿性，凡是使他们感到有趣的事、向往的活动或是敬佩的人物，都易于引起他们的模仿和学习。榜样是无声的力量，是孩子习惯的典范，对孩子有说服力、感染力。因此教师要当好这个榜样，在学生中起到表率作用。每当我走进教室，发现教室里有孩子

们掉下的纸屑，我都会默默走到有纸屑的地面，然后弯腰捡起来。

接着，我组织学生开展"讲卫生 爱劳动"的主题班会。上课伊始，我通过在班级中拍到的几张图片再现情景，问道："同学们，这是老师在教室中拍到的图片，你们看到了什么？有什么想说的吗？"学生边看图边讨论发现的问题，如：笤帚、簸箕随意摆放，书包里的小物品随意乱放，地面上有废纸等。我又引导学生说一说在这样的环境里上课，他们的心情会是什么样的。学生会感到难受、愤怒。于是我顺势引出本次活动课的主题："看来同学们也发现了咱们班存在的问题，因此老师决定召开这次少先队活动课——"讲卫生 爱劳动"。

然后，我通过名人榜样和身边的同学榜样激励学生。在班会课上，我带学生听关于老舍讲卫生的故事：老舍先生在老年的时候得了腿病，一到病发的时候腿就剧烈地疼痛，严重的时候走路都很困难。即使这样，他也要每天坚持打扫屋子和院子，如果有写废了的稿子，也要起身走几步丢进垃圾桶。讲完这个故事，我引导学生说一说对这个故事的听后感，学生此刻能够明白：这样伟大的作家，面对小小的废纸，在腿病严重的情况下也会克服困难把它扔到该扔的位置，作为学生的我们，也要学习老舍这种讲卫生、爱劳动的优秀品质。

听完名人的故事，我又引导他们联系身边的榜样："其实，在我们身边也有很多值得我们学习的榜样呢！在三个月的校园生活中，相信你一定也观察到了身边讲卫生、爱劳动的同学。哪位同学想分享你心目中的榜样呢？"每一位同学心中，一定都有自己的榜样，他们是学生学习成长的方向和前进的动力。在班会课前，我让学生观察并找寻身边爱劳动、讲卫生的身影，树立心中的榜样。学生的这种观察也潜移默化地影响着他们的行为。课上学生积极分享着自己心中的榜样，这不但是对优秀同学的肯定，同时也能让其他同学明确前进的方向。

在最后一个环节，我出示了开学三个月以来班级的卫生情况，适时激励学生进步，并且以学生的语气向他们请教，使他们乐于分享自己的卫生小妙招。我顺势将同学们的语言总结成三字顺口溜，从而形成班级卫生公约：勤打扫，讲卫生；废弃物，不乱丢；小物品，不乱扔；爱劳动，人人夸。

（二）家校共育，制定家庭劳动计划表，争当劳动小标兵

小学是养成行为习惯的关键时期。在教育实践中，我们要以多种有效的

方式来帮助小学生养成良好的行为习惯，尤其应该借助家长的力量来进行学生的行为习惯养成教育。

卫生习惯养成的主体是学生，学校和家庭共同为学生提供支持和引导，形成了一个多方面的评价体系——学生自评和同伴互评、教师评价和家长评价，以此实现相互监督、共同促进。结合学校劳动教育，我们制定了家庭劳动计划表，以月为单位，由学生和家长共同约定家庭劳动日，让学生对自己每次的践行情况进行记录和评价，并邀请老师和家长对学生每月情况进行评价并提出建议。

同时，我会抽出一次班会的时间，对学生在班级里和家庭中的卫生习惯养成情况进行评价，对做得好的学生或者家庭进行肯定，对进步慢的学生进行鼓励，切实保证每一个学生都能在这次活动中有所成长。

三、教育反思

小学生处在一个习惯养成的初期阶段，我们不应该急于求成，过分苛责孩子，要求他们这也要做好，那也要做好，而应该用自己的言行去影响学生。在我时常弯腰捡垃圾这一卫生养成教育下，孩子们也发生了变化：有些孩子看到这一幕，纷纷上来帮我捡；而一些没上来和我一起捡的孩子也在自己的座位周围捡起了纸屑，很快教室就恢复了往日的洁净。有时，我刚进教室，就看见有的孩子已经拿着笤帚在扫地了。此时，我会诚心地对孩子们说一声："谢谢同学们，你们用自己的双手以最快的速度把垃圾送回了它的家，还给我们一个干净整洁、舒适的教室，谢谢大家！"看到即得到，我们用美好的眼光看待他们，用期望取代批评，他们就会朝着我们期望的方向前进。在一次又一次的期待教育中，学生卫生习惯有了较大进步。

育人是一个循序渐进但不是立竿见影的过程，学生卫生习惯的转变也不是一朝一夕的事情，需要教育者用充足的耐心、爱心、责任心不断跟踪督促。这就是立德树人的过程。在这个过程中，我们可能会遇到教育管理的瓶颈，但这个瓶颈恰恰也是教师实现自我成长的绝佳契机。总而言之，在带班过程中，班主任应善于发现问题、解决问题，做到因材施教、多措并举，让学生主宰自己的习惯而不是被习惯主宰，切实提升教育管理实效。

以平等的姿态站在人生的舞台上

崔世佳

　　每一个孩子都有自己独特的性格，在成长的过程中都需要来自他人的认可。相对于活泼开朗的孩子，那些不善言辞的孩子往往鲜有机会展示自我。只要教师给予这些孩子信任和鼓励，他们也可以勇敢地褪去将自己包裹得严严实实的"保护壳"，尽情地展示自己的才华，收获来自他人的掌声和赞美，绽放生命的花朵。教师要给予孩子更多的机会和鼓励，帮助孩子更好地展示自己，找到属于自己的人生舞台。

　　孩子们作为独立的个体，有着不同的性格。有的孩子乐观开朗，喜欢和大家交流自己的所思所想，展示自己的喜怒哀乐；有的孩子相对内敛，不轻易表达自己的想法，喜欢沉浸在自己的世界中，享受着自己的乐趣……不管是哪类孩子，作为正在成长的少年儿童，他们都需要从生活中感受喜悦和快乐、享受成功和赞美，拥有良好的性格，感知世界的精彩，最终找到幸福的人生。

　　在孩子成长的过程中，学校生活是影响其性格的重要因素。相对于学校教育，教师所扮演的角色更是对学生性格的形成起着至关重要的作用。如何正确引导孩子发现自己的优势，走出迷惑，找到自身的价值，悦纳自己，是每一名教师都需要思考的。

　　作为一名班主任老师，我在进行班级管理时，经常会面临很多艰难的抉择。看着性格迥异的孩子，我往往思考很多，不敢轻易作出决定。随着时间的推移，我终于重新认识到了我和孩子们的关系：孩子们和我都需要平等的机会，只要我给孩子们更多的信任和鼓励，他们就会给我带来成长与惊喜，也会以更好的状态站在自己人生的舞台上。

　　我们班的小絮是一个缺少机会、需要信任和鼓励的孩子……

一、艰难的抉择

（一）任务下发

开学之初，我们班接到了学校布置的关于升旗仪式的任务，这就需要选拔几名学生作为代表介绍班级文化。

时间紧，任务重。接到这个任务后，我和班里的孩子都异常兴奋和激动，想要把最好的一面展示给全校的师生。环顾四周，班里的孩子大致分为两类：一类有很好的表现能力，而另一类则表达能力差一些，缺少自信。在这样的全校展示活动中，作为老师，为了保险起见，我自然得选择保险的方案——尽可能选择那些"保险"的孩子。

本着这个原则，我确定了主持人、升旗手和国歌的指挥。之后，就该确定介绍班级文化的孩子了：彬彬的语文功底一直很强，可以让她打头阵，介绍班级情况，再介绍班名；轩轩虽然不太爱说话，但是学习成绩优异，又踏实稳定，只需要一点鼓励，就可以胜任这项任务，可以让他来介绍班训。最后，还有一项任务，就是介绍班徽。此刻只需要再找一个孩子，升旗的任务就可以顺利完成了，我却迟迟拿不定主意……

（二）犹豫不决

我逐一打量班里的孩子，始终找不到合适的人选。

最后，我的目光落到了小絮身上。这个孩子安静乖巧，是老师和孩子们眼中的小才女。她画得一手好画，随便几笔就可以描绘出一个色彩绚丽的世界。她的画作总能成为孩子们课下的乐趣，课间总是有一群黑色的小脑袋瓜攒在她的四周。她总是不紧不慢地作画，画作引得周围的孩子或暗暗自喜，或放声大笑……但是，这孩子虽多才情，却恰恰人如其名——"游丝软系飘香榭，落絮轻沾扑绣帘"，像极了曹雪芹笔下的"林妹妹"。

小姑娘不爱说话，若是赶上了人多，就更显得手足无措了。偏偏这次是要当着陌生的中学师生进行展示，而这孩子就是班徽的设计者。设计了那么精美又充满寓意的班徽，却只能身居幕后，不能告知世人自己的才华……真是让人惋惜！

我望着她，想了很多，甚至想到如果小絮上台后惊恐不安地站在那儿，紧张到不能自已，台下的老师和孩子们一定会对我这次的选择多有质疑：为什么选择这样不善言辞的孩子进行展示？恐怕我自己都无法交代……

二、采取的措施

（一）给予信任

我不能轻言放弃。回到办公室，我思考良久：对于其他孩子来说，处处是舞台，但是不善言语的她很少获得关注，很少获得他人信任，很少在众人面前表达自我。我相信，每个孩子都希望能得到别人的认可，收获别人的掌声，只是有些孩子目前还不知道如何表达出来。小絮一定也是这样想的，心有畏惧，但同时满心渴望，她只需要一些信任和鼓励，就会坚定地从大家的注视中走到台前，让大家看到她的才情和勇气。现在我要做的就是给予她充分的信任，给她一个展示自己的机会。

果然如我所料。当我走到她身边，问她是否愿意参与时，她起先面露难色，在犹豫了一阵后终于答应了。

（二）给予鼓励

在这之后，我不敢有一丝一毫的懈怠，甚至预料到原来不曾预料到的后果。对于我而言，对于我们班的孩子们而言，这无非是一次展示，如果精彩，我们就能收获荣誉和赞美，如果不成功，大不了挨一顿批评，但是对于小絮来说，这是一次突破她自己的转折点，如果精彩，她会收获自信和勇气，如果失误了，甚至只是微乎其微的失误，都会让她本就脆弱的心灵更生涟漪。

想到这些，我暗暗下定决心，作为她信任的老师，我一定要给她更多的帮助，让她的这次经历在美好的体验中收获成功。

开始练习了。和另外两个孩子相比，小絮显得局促不安，十分不自在，甚至紧张到走路都不自然。我一次一次地走到她身边，一遍一遍地告诉她："老师相信你，因为你足够优秀，老师才从班里这么多同学中选择了你。你那么有才华，同学们都特别欣赏你。你只要好好练练，只要再大声一些，只要走路再把头抬高一些，只要背再挺直些，就一定可以！"除此以外，为了让她更加安心，我还对主持词进行了更改，特意加上了一句话："请我们班班徽的小设计师来为大家介绍……大家请看屏幕上这幅美丽的班徽作品……"让我欣慰的是，班里的孩子们细心地观察到了小絮的困境，都主动围到她身边，给予她稚嫩又热心的指导。经过一次又一次的练习，小絮逐渐掌握了讲解的要点……

升旗仪式的前一天，我特地找到她，对她说："这几天你的表现特别好，老师希望你明天能把辫子梳高一些，那样你站在台上会更精神……"

三、完美的展示

（一）精彩演绎

终于到了升旗仪式这一天，三个孩子站在了台上……当他们昂首挺胸，迈着整齐的步子站到话筒边，大方地向大家讲述着班级文化时，我知道自己的决定是正确的。尤其是小絮的表现让我很欣慰：梳着高高辫子的她从容地走上台，打开夹子，大声地将班徽的含义阐述出来……

此时，对于操场上那么多的人而言，这无非就是一次普通到不能再普通的升旗仪式，但是只有我和小絮清楚，为了这次升旗仪式，我们各自经历了怎样的过程、耗费了多少精力。我和这个小姑娘心意相通，都感受到了成功带来的喜悦。这种喜悦对于这个孩子来说又是多么的难能可贵，甚至有可能是毕生不忘的。对于我而言，能成为这份喜悦的引路者和见证者，又是多么的幸运。

（二）邂逅人生

想起电影《阿甘正传》，里面阿甘的妈妈在鼓励小阿甘时，对他说："生活就像一盒巧克力，你永远不知道下一块是什么味道。"正是有了妈妈的鼓励和爱，小阿甘这个看上去与别的孩子明显不同的孩子，才能一路逆袭，收获成功。而班级中的这些孩子正如盒子里的巧克力，他们形状不一、颜色多样。有的让人看上去就垂涎欲滴，而有的总让人觉得有些差强人意。我们只要对角落里的"巧克力"多一分期待，多一分信任，花一些时间去尝尝"它们"，就会发现"它们"各有独特的味道。

其实，在老师与孩子的邂逅中，只需要再多一些信任——信任孩子，同时信任自己的选择，给不同的孩子以平等的机会，同时给予这些孩子更多发自内心的鼓励，那么生命之花就会绽放出别样的风采，孩子也终将从容地站在自己的人生舞台上。

用特殊的评价方式促学生成长

解　芳

2020 年，居家学习成了孩子们新的学习方式。在这种新的学习方式下，怎样对学生进行量化和评价，如何在评价中激发学生的自主意识和创新意识，是值得老师思考和实践的问题，我尝试了以下评价方式。

一、多给孩子点赞，进行形成性评价，促进他们习惯的养成

没有学校的规律作息，没有老师的监督管理，再加上家长陆续复工，返回各自的岗位，孩子的学习就完全要靠自己，因此自律的学习习惯在这一阶段的学习中显得尤为重要。三年级的学生正处在培养自律习惯的关键期，怎样让他们在家中也能养成自律的好习惯，坚持学习呢？我在班群的作业反馈中，对于孩子们无论是坚持阅读，还是提交作业，我都一一点赞或点评。这种评价方式的实施，家长表示孩子很认可。孩子们看到老师的点赞会高兴半天，看到老师的一句点评学习劲头会更足。每当孩子学习出现懈怠时，家长就会扛起老师这杆大旗，说："你看，老师在时刻关注着你，可不能偷懒，要勤奋。"听到这样的话，孩子们就会重新振作起来，开始学习。当看到学生发来读书的语音时，我会点评："坚持读书，你是个有毅力的孩子。"当他们来背诵古诗时，我会说："坚持积累，你会厚积薄发。"当他们发来数学习题时，我会鼓励："你的持之以恒令人钦佩，真是勤劳的小蜜蜂。"这些激励的话语时刻鼓励、鞭策着他们。这样一来，班里的学生和家长都充满了动力。经过一段时间的坚持，许多学生都养成了自觉学习的好习惯，学习热情也空前高涨。

二、用新颖的形式总结评价，激发学生的学习动力

（一）周周总结，表扬"优秀"、激励"落后"

在学校上课，能给孩子判作业，用语言、用肢体、用微笑进行激励和评价。在居家学习中，不能跟学生面对面交流，以前的评价方式不太适用。一些学生的学习积极性很高，每天能按时提交作业或打卡，可也有小部分学生没怎么跟老师照过面儿，怎样表扬优秀，促进其更好地发展？怎样激励消极懈怠的孩子，让他们也融进来？经过一段时间的思考，我对那些表现出色的孩子采用做"美篇"的形式进行表扬、激励，每周五把他们优秀的作品通过美篇进行展示，从而在班里树立起了榜样和标杆，让所有学生向他们看齐。这样既对优秀的学生进行了表扬，肯定了他们的付出和努力，也给那些落后的学生留了情面，让他们反思自己，在无形中鞭策着他们。这种形式是对一周成果的总结，学生和家长看到了一周的学习过程，会感到欣慰。把零碎的作业系列化，围绕主题进行编排呈现，学生看到自己的学习收获后，会感受到学习的乐趣，家长看到后也能体会到老师的辛勤劳动。在闲暇之余，打开"美篇"欣赏孩子们的作品，对我而言也是一种美的享受。

（二）多学科融合，促进学生全面发展

学生的发展不能是单方面的，不能只重智育而轻德育。评价一个学生，应该是全方位的，培养德智体美劳全面发展的学生是新时代的要求。在居家学习中，不仅语数英主科教师让学生围绕一些主题进行了探究性学习，其他学科教师也一起参与了设计和实施，因而每周的"美篇"发布就是一个多学科的展示、多学科的融合。在"美篇"中尽量让每个孩子都出现，让每个孩子都获得成就感。通过"美篇"的展示，一些平时学习成绩不太优秀的学生在其他领域找到了自己的一席之地，信心大增。家长也在其中发现了自己孩子的特长，从而有针对性地对孩子进行培养。利用网络平台进行多方位沟通，利用"美篇"发布展现学生风采，吸引家长和孩子们的眼球，是树立积极向上，形成良好班风的大好时机和有效途径。

总之，新的学习方式带来了新的评价方式，让我在工作中不断思考，不断实践，希望能用更多、更有效的评价方式去促进学生发展，促其健康成长。

"美"在身边

李　娜

一场突如其来的疫情，牵动着全国人民的心，更牵动着全国中小学师生的心。它仿佛给城市按下了暂停键，让一切都静止了，但这并不能阻挡大家齐心协力共克时艰的决心。在市、区教育部门的指导下，我们"停课不停学"，积极开展网络教学。以往美术学科是以培养学生的审美能力，发展素质教育，促进学生全面发展为核心。疫情期间，在"网课"这一特殊教学形式之下，美术学科更应像沙漠中的一点绿，安抚所有待在家中的"神兽"们浮躁的心灵，起到调剂、丰富学习生活的作用。

基于以上情况，我的美术线上教学内容不再拘泥于区里的网络课程，而是结合疫情的社会背景、学生的所见所闻以及认知和感受，利用比赛和校内展示等方式调动学生的积极性，给学生更多的机会，让他们发挥想象力完成创作。疫情期间，我们每个人每天都被各种事件震撼着，这也使得学生有很多想法和感受想要表达。因此在指导学生参加"大成杯"比赛时，我首先让学生去了解历史上的一些自然灾难事件，知道我们国家是如何进行灾后救援和灾后重建的。很多学生在了解了相关资料后，都能够说出自己对灾难的认识和看法。通过这种直观的了解，学生更加敬畏生命，珍惜现在的美好生活，也更加崇拜那些投入抢险救灾的消防救援人员和医护人员。这一方式增强了学生抗击灾难的决心，让他们逐渐学会了换位思考，有了付出意识。

学生对所见所闻有了积累，情感得到了升华，就能表达出真情实感。从学生上交的作品来看，他们有的画医生和护士不惧疫情保护病人，有的画投身抗疫前线的解放军战士，还有的画对祖国大好河山的向往，也有的画对疫情结束后的憧憬和期待。这些都是特殊时期人们生活最真实的写照。因为他们内心都有着最丰富的素材、最真切的感受，想要通过手中的画笔表达他们心中的热忱，把爱和祝福传递给奋战在抗疫一线的英雄们。

线上教学内容丰富多样，我和学生的交流方式也变得丰富起来。因为无法及时和孩子们面对面地交流，网络成为我们之间沟通的唯一桥梁。最开始时，我选择在班级交流群中发视频和学习资料的方式引导孩子们进行学习。后来我发现，同时担任 8 个班级的美术课，交流群太多，且每个群的作用是多纬度的，消息很快就会被覆盖，以致我无法及时看到学生的学习反馈并进行有针对性的指导。通过与班主任的交流学习，我了解到钉钉"班级小管家"这个小程序，于是马上改变方式，尝试使用"班级小管家"与学生沟通。这个过程也推动着我去发现更多、更信息化的教学方式。

在"班级小管家"上可以发布作业，把完成时间定为一周内就使学生做作业的时间可以弹性化，学生完成作业的时间可以在一定范围内自定，从而给了学生很大的空间，让美术课真正起到调节学生学习和生活的作用。每位学生完成作业后还可以拍照上传，老师借助"班级小管家"的点评功能，能够实现师生及时高效的交流互动，也能够让学生在认真思考中进行表达，从而锻炼学生的思维和表达能力。老师点评的优秀作品还能够在平台上实现跨班级之间的全校展示，这不仅提高了学生的自我满足感和效能感，也激励了更多的学生，提高了他们对美术学习的兴趣。

线上教学的形式让学生和老师的自主学习潜能得到了充分发挥。作为老师的我们，更要把握好学生学习的主动性和有效性，让学生学得更多、更好。

虽然我们经历了这场灾难，但疫情给我们上了生命教育的一课，让我们面对未来更有信心，让我们对祖国充满期待，也让我们更加珍惜现在所拥有的一切。

"铭记闪亮的名字，与榜样同行"主题班会设计

张辰辰

一、背景分析

（一）理论背景

教育者根据教育的目的以及受教育者的身心发展特点，以榜样这一特殊的人格形象为载体，通过教育者的引导和受教育者的生活实践，激发受教育者的内在动力，促进受教育者以榜样的道德精神为基础，调整认知并产生情感上的共鸣，从而增加心理认同，最后通过主观努力，内化榜样的精神品质。

（二）实践背景

缅怀先烈，致敬英雄。党的十八大以来，习近平总书记曾在不同的时期、不同的场合表达过对英雄的崇敬之情，并号召全社会都要崇尚英雄、捍卫英雄、学习英雄、关爱英雄。

（三）学情分析

五年级学生独立自主意识逐渐增强，开始从对自己表面行为的认识、评价转向对自己内在品质的深入评价。很多学生对当下社会热门的明星以及国内各大综艺节目中的真人秀十分追捧，而对科技、医药、文学、公共安全等领域的杰出人物和先锋却所知甚少。基于这一学情，我们设计了"铭记闪亮的名字，与榜样同行"这一班会活动课，旨在给予学生积极、正向的引导，让他们感受历史英雄和时代先锋带来的力量！

二、班会目标

知识与技能：了解英雄人物，学习时代先锋，明确学习目标，学习榜样所具有的优秀品质。

过程与方法：利用视频向学生介绍新时代的英雄人物，让学生感受榜样的力量；根据小组研讨内容，学生将感悟到的精神延续到日常生活中。

情感态度与价值观：激发学生向英雄模范学习的热情，培养学生深厚的爱国主义情怀。

三、前期准备

（一）教师准备

1.组织学生分小组进行课前研究学习。

2.准备关于人民英雄的视频。

（二）学生准备

1.搜集资料，了解关于诺贝尔奖、疟疾等的相关知识。

2.观看屠呦呦获得诺贝尔生理学或医学奖的相关视频，思考令自己最感动之处。

四、主题活动过程

（一）兴趣导入，分享故事

1.提出问题，激发兴趣。

在我们温暖的家里，总会有这样一位默默无闻、全心奉献的人物，她（他）每天比你起得早，为你准备早餐；她（他）每天睡得比你晚，忙碌一天还要帮你收拾整理物品；当你有需要的时候，她（他）会竭尽全力地帮助你。这个人可能是妈妈也可能是爸爸，正是他们的付出才让你拥有了舒适的成长环境。

一个家庭尚且如此，那我们的国家呢？在祖国的发展过程中也有这样无私奉献的人物，我们称他们为英雄模范。你认为什么样的人可以称为英雄模范？举例说说。

2.引入视频，体会英雄模范的含义。

习近平总书记在清明节前夕追忆了这些人民英雄，让我们一起来看一看。

小结：在历史发展的长河中，出现过无数人的身影，随着时间的流逝，有些人的名字渐渐地被遗忘，有些人的名字却越发闪亮，他们为我们祖国的发展贡献了一生，所以被人们铭记。今天我们就来一起认识一个闪亮的名字，一位伟大的时代先锋——屠呦呦。

3. 介绍先锋，分享故事。

屠呦呦被英国广播公司（BBC）誉为"20 世纪最伟大的科学家之一"，她获得了诺贝尔奖，获得了国家最高科学技术奖，还获得了 2018 年党中央、国务院颁发的"改革时代先锋称号"。那么屠呦呦到底是谁呢？大家课前已经搜集了大量的资料，相信已经对这位老奶奶有了一定的了解，那么请你们来分享分享吧！

【设计意图】从家庭导入，理解英雄之于国家的意义，初步感知英雄的含义。在视频内容的引导下，知道古往今来的革命先烈、仁人志士和时代先锋都可以称为英雄。他们都是祖国的英雄！

（二）研究学习，提升认识

1. 汇报自主研究学习的成果。

（1）屠呦呦其人。（展示画像作品）

（2）何谓诺贝尔奖？（幻灯片介绍）

（3）屠呦呦发现青蒿素的过程。（口述）

（4）屠呦呦作出的突出贡献。（展示手抄报）

2. 学生讨论。

说一说屠呦呦让你印象最深刻的一点，以及她是一个什么样的人。

小结：屠呦呦将自己的一生都奉献给了青蒿素的科学研究，在国家利益面前选择了舍小家为大家，甚至冒着生命危险以身试药。在当今和平年代，她敢于这样做，说明了什么？（热爱自己的国家）

3. 联系实际，浅谈感受。

（1）听了这个故事，你有什么感受？

（2）作为小学生，我们应该怎样去传承这种精神呢？

【设计意图】通过前期的了解，学生在班会课上分享研究与学习的成果。从屠呦呦是谁到她做了什么，在细小之处逐渐体会时代先锋人物的伟大。

（三）寻找力量，学习榜样

1. 生活中的榜样。

教师：说到这里，我想到了很多人。下面我来说一说他们的事迹，你能猜出他们分别是谁吗？

（1）每天的午饭，他总是最后一个吃。

（2）升旗仪式上，他总是表情严肃，一丝不苟，面向国旗庄严敬礼……

学生依据情况进行补充，发现生活中的榜样。

2.运动场上见真招。

我们即将召开春季运动会，作为班级中的一员，在运动会上要怎样向那些优秀的同学学习呢？现场结成小组，填写运动会计划表（表3-9）。

表3-9　运动会计划表

运动员团队	
后勤组	
宣传组	
医疗小队	

【设计意图】回顾生活中的故事，发现身边的小榜样；做好运动会任务安排，在团体活动中践行顽强拼搏、不轻言放弃、奉献精神和团队意识等优秀品质。

（四）知行合一，报效祖国

习近平总书记说："人民是历史的创造者，是真正的英雄。"一个有希望的民族不能没有英雄，一个有前途的国家不能没有先锋。和平年代，不再需要我们奔赴战场、流血牺牲甚至为国捐躯，那我们应该如何爱国呢？其实努力学习就是一种爱国，长大以后走向工作岗位，在集体中团结合作，认真工作，踏实钻研，像屠呦呦一样，像更多的新时代先锋一样，为社会奉献出自己的力量，这就是一个人最质朴的爱国！

在三月份的学雷锋活动中，我们朗诵了诗歌《英雄》，让我们用诗歌向英雄致敬，让我们用诗歌来表达我们对伟大祖国的热爱之情！

（五）会后延伸教育

1.运动场上见真招。

在班会上，全班同学一起制订了运动会计划，今后我们将严格执行，在运动会后总结成效，对表现突出的同学进行"运动会上最闪亮的名字"的颁奖。

2.我是模范人人见。

将评选延伸到日常班级生活中，每个人都争当小模范，并进行阶段性评比。

3. 争当爱国小模范。

一个学期后进行总结，选择最突出的事例予以表彰。凡是本学期成为最闪亮的名字的同学在评价手册"热爱祖国"一栏均可得到满星。活动不应局限于班级，还应该延伸到家庭、社会，并讨论在不同的场所如何争当模范并尝试实施。

五、班会反思

我对本节班会的整体效果比较满意，学生以小组为单位开展研究性学习，通过调查和了解、小组内讨论、整理并用不同的方式呈现，深入了解了时代先锋身上的闪光点，充分感受到了生活中榜样带给我们的力量！课后有学生跑过来问我班会上的视频从哪里可以找到，他想再去看一看，认真了解更多民族英雄和时代先锋。我想这就是这节课最大的收获——激发学生了解时代先锋的欲望，而不是停留在表面的认识。有了这种主观能动性，学生的学习兴趣才更浓，学习的过程才更加主动，相应的收获也就是实实在在的！爱国主义教育很容易流于形式，其实每个人做好本职工作，就是最质朴的爱国。小学阶段对待学习认真、踏实，有钻研劲头和锲而不舍的精神，懂得团队合作的重要性，就是爱国的最好体现。让爱国主义教育在日常生活中，在每一天的升旗仪式上，在更多细小的行为中得以落实。

"学榜样爱劳动，人人争当小标兵" 主题班会设计

雷 卉

一、背景分析

（一）理论背景

我们以习近平新时代中国特色社会主义思想为指导，深入贯彻习近平总书记系列重要讲话精神，把"四史"作为学生教育的生动教材，深入挖掘教育资源，充分发挥教育价值，采取灵活多样的班会形式，开展以热爱劳动为主题的爱国主义教育，引导学生坚定理想信念，培育学生爱党爱国爱人民的家国情怀。

（二）实践背景

落实《关于全面加强新时代大中小学劳动教育的意见》精神，贯彻我校"五育"并举的办学理念，通过教育者的引导和受教育者的生活实践，激发学生的内在动力，实现劳动树德、劳动增智、劳动强体、劳动育美的综合育人价值，使学生树立劳动最光荣、劳动最美丽的观念，形成劳动技能，养成劳动习惯。

（三）学情分析

北京丰台二中附属看丹小学二年级的学生，大部分都是家中爷爷奶奶接送上下学，是家长手心里的宝。在疫情的影响下，学生居家学习时间较长，动手能力有所欠缺。本学期至今，我发现学生在班级内打扫卫生、收拾物品等方面能力比较弱，即使看到卫生问题也不会主动去做。每天的班级值日更是一塌糊涂，以小组为单位却不会合理安排劳动顺序，经常出现放学后值日做不完、拖拖拉拉的现象。

基于以上现象，我设计了此次主题班会，以便学生在学会值日的基础上，能够树立班集体意识，增强班级凝聚力，做到班中事人人参与。

二、班会目标

知识与技能：了解劳动模范人物，明确自己的目标，学习榜样的优秀品质。

过程与方法：了解劳动节的由来，学生以视频的方式介绍劳动模范人物，教师通过抓拍学生日常的校园生活，让学生体会榜样就在身边，从而感受榜样的力量，向他们学习。

情感态度与价值观：做到班中事人人参与，让学生在学习劳动模范的精神引领下，体会到劳动的快乐，树立劳动最光荣的理念，积极参与到劳动中。

三、前期准备

教师准备：

1.组织学生课前搜集相关劳动模范的资料。

2.“新时代好少年”宁希澄先进事迹。

3.反馈单。

学生准备：

1.搜集相关资料，了解劳动模范。

2.观看宁希澄先进事迹资料并谈谈自己的感受。

四、主题活动过程

（一）游戏导入，创设情境

1.猜谜语：它是我的好朋友，每个同学全都有，笔和书本帮我装，可我还得背它走。（打一物）

当我们背着书包走在宽阔平坦的马路上时，当我们穿着干净整洁的衣服、吃着美味可口的饭菜时，能否想到那些为我们创造美好生活的劳动者？

劳动是我们中华民族的传统美德，只有懂得珍惜别人的劳动成果，才会懂得幸福的生活要靠劳动来创造。

2.介绍劳动节的由来。

五一国际劳动节起源于1886年5月1日美国芝加哥的20多万工人大罢工，大罢工最终获得了胜利，得到了世界各国工人的积极响应。为纪念这次工人运动，1889年第二国际宣布将每年的5月1日这一天定为国际劳动节。

我国于1949年12月作出决定，将5月1日确定为劳动节。

【设计意图】以猜谜语的方式激发学生的兴趣，使学生了解劳动节的由来，初步感受劳动的重要性。

（二）介绍先锋，学习模范

劳动是平凡的，也是伟大的。不管是名人还是普通人，他们都是用自己的双手去劳动、去创造。接下来，让我们听听劳动模范的故事吧。

1.学生分享劳动模范。

"新时代好少年"宁希澄先进事迹：

2018年3月的一天，他独自将众多散乱地倒在地上的共享单车扶起并摆放整齐，这个场景被陌生人拍摄下来并传到网上，他也被网友赞为"扶车少年"。在社区，他常年利用周末清扫小区，成为"义务清扫员"。不管事情大小，他都愿意搭把手、出份力。在他的带动下，学校成立了"单车不孤单"志愿服务队，整理街道上、背街小巷里的单车。

2.学生讨论。

说说宁希澄让你印象最深的一点，以及他是个什么样的人。

3.联系实际谈谈感受。

听了榜样的事迹，你有什么收获吗？同样作为小学生的你，怎样做到爱劳动并主动帮助他人呢？

【设计意图】了解劳动节的由来，学生分享模范人物的事迹和感受，知道爱劳动是中华民族的传统美德。

（三）分析现象，自我评价

我们一起看看发生在身边的小事儿吧！

【镜头1】班里负责拿墩布的两名同学，每天都在教室里洗墩布，打扫教室卫生。

【镜头2】午饭时间，负责分饭的同学帮助大家拿饭分饭。等到全班同学分好饭以后，他们才为自己盛饭。

【镜头3】班级内的扫把、簸箕静静地躺在墙角。

【镜头4】教室里有的同学把纸屑随手扔在地上，甚至把纸团当作足球在教室里踢来踢去。

讨论：看完这些小事儿，你有什么发现或体会？

【镜头5】爱劳动不应只体现在班级中，还可体现在校园外，以及社区等场景中。

出示在公园和社区劳动的图片，强化学生爱劳动的意识。

爱劳动学习单如表 3-10 所示。

表 3-10　爱劳动学习单

序号	爱劳动表现	做得很好	做得一般	需要努力
1	看到扫把、簸箕倒了，主动扶起			
2	课间看到黑板没有擦干净，主动去擦			
3	主动把桌椅摆放整齐			
4	看到纸屑，能够主动捡起			
5	看到教室里灯没关，主动关上			
6	帮助爸爸妈妈摆放碗筷、收拾屋子			

【设计意图】通过身边事，反思自己的不足之处，向身边的榜样学习。对照表格自我评价，促使学生认识自己的不足。

（四）弘扬美德，号召行动

让我们向身边的榜样学习，人人争当小标兵，做一个爱劳动、关心集体的尚品少年，在欢快的歌声中结束此次主题班会。

拍手歌

你拍一，我拍一，热爱劳动讲美德。

你拍二，我拍二，班级值日争着做。

你拍三，我拍三，垃圾分类要牢记。

你拍四，我拍四，见到垃圾主动捡。

你拍五，我拍五，环境优美靠大家。

你拍六，我拍六，热爱劳动最光荣。

【设计意图】以拍手歌的方式弘扬我国爱劳动讲美德的美好传统，激励学生争当劳动小标兵。

五、班会反思

此次班会从生活实际出发，教师通过让学生观看视频的方式引导学生向榜样学习，结合班级中发生的现象让学生根据表格进行自我评价。这可以让学生知道热爱劳动不仅仅体现在班级中，也体现在家庭生活或者社会生活中。培养学生爱劳动的意识，让他们树立劳动最光荣的观念，养成爱劳动的好习惯。

"祖孙三代话玩具，见证祖国大发展"主题班会设计

李　月

一、背景分析

（一）理论背景

爱国是社会主义核心价值观中公民个人层面的价值准则之一。结合北京丰台二中附属看丹小学和本班实际情况，我们以体验教育活动为载体，通过形式多样的学习和实践活动，引导学生开展以"我与祖国共成长，我与时代共奋进"为主要内容的系列活动。活动旨在培养学生热爱祖国的情感，弘扬民族精神，激发学生的民族自豪感和历史责任感，营造良好的学习和活动氛围。通过展示祖孙三代的玩具，让学生见证祖国的发展，更好地了解祖国，增进对祖国的热爱，自觉把自己的成长同祖国的命运结合起来，认识到自身肩负的历史使命。

（二）实践背景

新中国成立 70 多年以来，各方面都发生了巨大的变化。我们从"一家三代人儿时的玩具变化"出发，让学生调查长辈的玩具种类、数量等，通过展示玩具，让学生感受祖国的巨大变化，从而增强自豪感。

（三）学情分析

玩是孩子的天性，也是学生成长的重要途径，对于一年级学生来说尤其如此。经常有一些学生上课不听讲，和同学聊自己在家玩的电子游戏；还有一些学生控制不住自己，把小玩具（魔盒、变形金刚等）带入课堂。玩具虽能带给他们快乐，但也影响了他们的日常学习，学生只顾享受时代发展和高科技带来的乐趣，并没有关注到祖国的发展与变化。为了让学生感受祖国的变化，提高对课堂学习的兴趣，拟举行此次"祖孙三代话玩具，见证祖国大

发展"主题班会。

二、班会目标

本次活动让学生认识到时代在发展，祖国在强大，从而激发学生的爱国情感，增强他们的民族自信心和自豪感，使他们从小树立远大理想，继承和发扬中华民族"立志勤学"的传统美德，为祖国美好的明天而努力学习。

三、前期准备

（一）教师准备

玩具、展示玩法。

（二）学生准备

调查家中三代人儿时的玩具种类并收集玩具图片。

四、主题活动过程

（一）激趣导入

同学们，你们喜欢玩具吗？为什么喜欢呢？玩具给你们带来了什么呢？

每个人的成长都离不开玩具，你们是这样，老师是这样，你们的爷爷、奶奶、爸爸、妈妈也是这样，都是玩具伴随着长大的。今天这节班会，我们就通过祖孙三代话玩具来见证祖国的发展与变化。

【设计意图】低年级学生的特点是爱玩，通过玩玩具激发他们学习的兴趣。

（二）欣赏与感悟

1.与家长视频互动，展示三代人的玩具，让孩子们说说喜欢哪个时代的玩具、现在的玩具与长辈的玩具有什么不一样。（学生自由发言，说出自己的想法）

【设计意图】展示不同时代的玩具，使学生对课堂学习产生浓厚兴趣。

2.出示图片（第一小组调查结果），让学生了解20世纪60年代学生（爷爷奶奶那辈人）的玩具，交流调查心得，讲述调查中发生的趣事，并邀请爷爷奶奶现场分享时代记忆，展示玩具的玩法。

小结：那个年代的玩具都是天然的或者手工制作的，数量也很少。

3.看看父母儿时玩些什么，出示图片和视频进行欣赏（第二小组调查结果），说一说视频中的人物在玩什么，再说一说父母儿时与爷爷奶奶儿时玩的有什么变化或不同。

4.体验：让孩子在课堂上动起来，玩一玩爷爷奶奶和父母儿时的玩具，从中体会长辈们的快乐。

小结：父母儿时的玩具种类增多了，不仅有手工制作的，还有电子玩具。

5.最后一起来看看我们玩什么玩具吧！（图片墙展示和实物分享）

看到我们的玩具，你想说什么呢？（学生自由发言，大胆交流想法）

小结：同学们，从玩具中我们看到了祖国的发展和强大，那生活在如此强大的国家，你有什么感受呢？（学生谈谈自己的感受和想法）

6.为我们的祖国送上祝福：祖国妈妈，祝您更加繁荣富强！

【设计意图】让学生体会爷爷奶奶那辈人对"我们"的羡慕之情，从而珍惜现在的美好生活。同时，让学生感悟父母儿时的快乐，在享受快乐的同时感悟科技的进步和国家的发展。

（三）总结拓展

同学们，国家的发展不仅体现在我们的玩具中，还体现在我们生活的方方面面，课后让我们继续去发现吧！

【设计意图】通过对比我们的玩具与长辈的玩具，让学生感悟祖国的强大，明白自己要为了祖国的明天而努力学习。情感升华，表达对祖国的祝福。

（四）会后延伸教育

在本节班会上，学生形成了一定的认识，今后有如下安排：重走父母的童年玩具之路，让学生感受父母的童年快乐。重拾传统玩具（如滚铁环、解九连环、跳皮筋等），加强亲子关系，远离电子玩具，培养学生的动手能力和小组合作意识，使学生健康成长。或以"玩具背后的大学问、我的玩具共分享、会玩玩具我能行"为主题开展活动，让学生发现玩具背后的科技魅力，学会与同伴友好相处等。

五、班会反思

本次班会从学生的兴趣出发，贴近学生生活，使学生较容易接受和理解，班会目标明确。班会的主要流程首先是通过与家长进行视频互动，让学生对三代人的玩具有一定的认识，从而对课堂产生浓厚兴趣；接着，祖辈三代进行分享和感悟，让学生了解过去的玩具不论是从形式上还是数量上都很少，到了父母这一代玩具种类有所增多，说明科技在进步，国家在发展。最后，通过对比我们的玩具与长辈的玩具，让学生感受到国家科技发展的迅速，以及国家的日益强大，激发他们的民族自豪感。

本次班会达到了以下效果：

1. 主体性突出：调查、交流环节充分发挥了学生的主动性和积极性，体现了知、情、意、行的过程，使学生在"乐"中学有所得。

2. 鲜明的时代性：班会内容求新求异，让学生了解了当今中国的发展步伐。

3. 针对性较强：通过活动，增强了学生的民族自信心和自豪感。

4. 教育性深刻：培养学生从小树立远大理想，发扬中华民族"立志勤学"的传统美德，为祖国的美好明天而努力学习。

"我自律，我成长，我快乐"主题班会设计

安海姣

一、背景分析

（一）理论背景

1. 自律对于个人来讲，有着重要的作用。自律有助于磨砺心志，有助于形成良好习惯，使人走向成功。

2. 自律是立志成大事者必备的能力和条件。

（二）实践背景

自律的人是文明的人，是遵守规则的人。自律是一种不可或缺的人格力量，没有它，一切纪律都会形同虚设。因此，我们要教育学生从现在做起，从自己做起，让自律成为习惯。学校在开展"做中国美丽的尚品教育"过程中，提出让学生养成"尚品少年行为习惯"的要求。学生养成自律的习惯，对自己、对班级、对学校都很重要。为了让学生养成自律的好习惯，我决定就这一主题召开班会。

（三）学情分析

二年级学生的脑功能发育处于"飞跃"发展的阶段，他们大脑的兴奋水平很高，表现为既爱说又爱动。通过平时的观察和访谈得知，我班大部分学生的自我约束能力较差，需要别人的帮助才能管好自己。通过本次班会，可让学生意识到自律就在我们身边，自律对一个人、一个班级、一个学校、一个国家的重要性。

二、班会目标

知识与技能：通过小组讨论交流，制定班级"排队公约"。

过程与方法：通过讨论交流、故事分享等活动，让学生认识到自律的重

要性。

情感态度与价值观：引导学生养成自律的好习惯，并付诸行动。引导学生坚定理想信念，培育爱党爱国爱人民的家国情怀，树立正确的世界观、人生观、价值观。

三、前期准备

（一）教师准备

开展问卷调查，了解学生的排队情况。收集学生生活中自律行为的图片。

（二）学生准备

自律故事、自律儿歌分享。

四、主题活动过程

（一）自律，我行吗? ——情景再现，引出主题

1.情景再现，发现问题。

教师：同学们，一直以来，排队都是让老师比较头疼的事，因为大家总是不能控制自己，现在请大家排队去上操……

（1）情景再现，排队上操。

（2）想一想，如果你是其他班的学生或老师，你看到我们这样站队会有什么感受?

（3）引出主题。为了解决咱们班的这个问题，我决定召开这次"我自律，我成长，我快乐"主题班会。

【设计意图】通过上操排队的情景，让学生看到班级的问题，引出班会主题。

2.自我分析。

（1）通过课前的问卷调查，认识到自己的问题。

问卷内容：你在这些场合的表现是怎样的?

在学校排队时（上操、上体育课、放学等）：

A.我能很好地进行自我管理，不需要提醒就能做得很好

B.我基本能够进行自我管理，需要有人在身旁提醒我，才能做好

C.我不能进行自我管理

【设计意图】通过课前问卷调查，让学生意识到自己的问题。

（2）看到这些数据，你发现了什么？

生：选B的同学较多，选A的同学很少。

生：如果选C的同学能够努力进步成B，选B的同学能够努力向A靠近，就没有选C的同学了，那咱们班就会更好。

（3）怎样做才能像这位同学说的那样，使咱们班站队变得更好呢？

自由发言：

①向榜样学习。

②做得好的同学提醒做得不好的同学。

如何提示：用"嘘"的手势来提示。

如果不提醒就能做好，伸出大拇指来表扬。

③自己管好自己。

总结：自己管好自己，能够遵守规则，这就是自律。

【设计意图】通过交流，知道排队时不仅可以向榜样学习，还可以用手势提醒他人，重要的是自己管好自己。

（二）自律，我能做到，我很快乐

咱们排队时应该遵守哪些规则呢？怎样形成自觉排队的意识呢？

小组讨论，制定"排队公约"——我能做到，我很快乐，如表3-11所示。

表3-11　"排队公约"——我能做到，我很快乐

第（　）周	上操排队	体育课排队	放学排队	签名
周一				
周二				
周三				
周四				
周五				
需要改进的地方				
做得好的地方				
评价标准	1.听口令（2分）；2.安静（2分）；3.不拥挤、不打闹（3分）；4.向前看、队伍齐（3分）			

【设计意图】小组讨论制定"排队公约"，帮助学生养成主动站好队并

长期坚持的习惯。

（三）分享自律小故事，感受自律的力量

从古至今，有很多通过自律让自己成长、让集体强大的故事。我们一起来学习一下吧。

1.孙敬悬梁的故事（家长语音介绍），学生谈感受。

2.闻鸡起舞的故事（学生讲故事），学生谈感受。

（四）向身边的"自律之星"学习

1.咱们班还有很多同学都有着自律的好习惯，谁来说说他们是谁。

生1：咱们班的霍占东同学每天坚持练字，他写的字特别漂亮，我们要向他学习。（师展示霍占东同学练字、写字照片）

生2：赵泽颖每天都能做到"光盘"，吃完饭把桌面收拾得很干净，我们要向他学习。（师展示赵泽颖"光盘"行动的照片）

生3：我爸爸每天早上坚持跑步，每天中午利用午休时间阅读自己喜欢的书籍，我们要向他学习。（师展示家长跑步、阅读照片）

2.学生分享自己自律的学习生活。

老师通过家访以及观察同学们日常的行为习惯，发现咱们班有两位自律小达人，请他们来说说他们自律的日常吧。

学生用儿歌的形式讲述自己自律的日常。

老师总结：同学们，我们身边有这么多自律之星，坚持自律虽然很难，但是坚持下来养成习惯就会让我们离目标更近，从而取得成功。从他们身上我们看到：自律让他们成长，自律让他们获得快乐。

【设计意图】通过分享自律小故事，感受自律对一个人、一个班级、一个国家的重要性。学生向身边的自律之星学习，感受自律让人成长，让人收获快乐。

（五）总结拓展

课下同学们可以制定一个小目标，制作一个自律本，每天坚持打卡。

出示老师做的自律打卡表。

题目：自律从今天做起，我能坚持下去

老师总结：从现在起，把"自律"当作一面镜子，严格要求自己，让老师和同学们一起来见证一个进步的你、成长的你吧！

（六）延伸教育

在本节课上，学生要认识到自律对一个人、一个班级、一个学校的重要性，知道怎样做才能使站队变得更好，并按照"排队公约"每天坚持，养成自律的好习惯。

为了让学生在生活中养成自律的习惯，我让学生课后制定一个小目标，绘制自律打卡表进行打卡，给学生充足的时间，并检查学生打卡情况，定期进行交流，分享自己的经验、收获等。

【设计意图】通过制定一个小目标，帮助学生养成自律的习惯，坚持做好一件事，争取有所收获。

五、班会反思

本次班会从问题出发，结合班级实际情况，解决班级中存在的问题。此次班会的主要流程是：①再现班级排队的情景，让学生看到班级中存在的问题。②学生通过课前做的调查问卷进行自我分析，找到解决问题的办法。③小组讨论制定班级的"排队公约"，生成班级排队的打卡表。④分享自律故事。⑤向身边的自律之星学习。⑥提出倡议，制定目标，绘制自律打卡表。

（一）本次班会达到的效果

（1）主体性突出：调查、交流环节的设计充分发挥了学生的主动性和积极性，体现了知、情、意、行的过程。讨论交流、故事分享等活动，可以让学生认识到自律的重要性。

（2）针对性较强：小组讨论交流制定班级"排队公约"，帮助学生养成自律的好习惯，并付诸行动。

（3）鲜明的时代性：学生感受到自律就在我们身边，体会自律对一个人、一个班级、一个学校、一个国家的重要性。

（4）教育性较强：引导学生坚定理想信念，培育学生爱党爱国爱人民的家国情怀，帮助学生树立正确的世界观、人生观、价值观。

（二）满意的亮点

第一个亮点是从班级问题出发，结合班级实际情况，解决班级中存在的问题，学生乐于参与；第二个亮点是学生结合日常创编的儿歌，通过快板或双面鼓等形式呈现在大家面前。

"拜拜，愤怒的杏仁核" 心理主题班会设计

侯近颖

一、背景分析

（一）理论依据

20 世纪末，美国著名心理学家塞利格曼大力倡导积极心理学运动，并指出积极情绪是积极心理学研究的核心内容。积极情绪能拓宽我们的视野，而开阔的视野能让我们保持开放的心态，并且更具创造性；消极情绪也具有某些积极意义，比如生气，能使我们将注意力集中在危险的来源上，是我们保护独立空间的有力武器。

（二）学情分析

小学中年级的学生喜欢与同伴一起学习、游戏，但比较关注自我，情绪波动大，容易激动，常为一点小事和他人争得面红耳赤。有些学生在愤怒时易冲动，从而造成不良后果，这不但影响了他们的情绪，也影响了班级的和谐。

二、活动目标

关注情感：体味自己的愤怒情绪，接纳并积极应对。

调整认知：认识到愤怒的危害性及其原因，学会用恰当的方法应对愤怒的情绪，学习调节情绪的方法。

指导行为：觉察愤怒给自己的学习生活带来的不良影响，接纳自己愤怒的情绪，掌握控制愤怒情绪的方法，形成主动调节情绪的意识。

三、活动重点与难点

活动重点：认识到愤怒的危害性及其原因，学会用恰当的方法应对愤怒

情绪，学习调节情绪的方法。

活动难点：清楚愤怒给自己的学习生活带来的不良影响，接纳自己愤怒的情绪，掌握控制愤怒情绪的方法，形成主动调节情绪的意识。

四、活动流程

活动流程如表 3-12 所示。

表 3-12　活动流程

活动环节	设计意图
1. 热身活动——问题导入：照镜子	放松身心，降低防御，切入主题
2. 情境创设——问题情境：愤怒情境再现	触动学生，促进觉察，激发兴趣
3. 问题解决——心理故事会：爱迪巴跑圈圈；制怒小妙招：吹凉杏仁核；学习制怒三部曲	全班分享，教师提升
4. 学以致用——自我表露，分享交流	撬动改变
5. 提炼升华——冥想暗示，积极赋义	内外整合，接纳发展

五、活动过程

（一）热身活动

1. 问题导入：照镜子，老师说动作，学生做表情，观察镜子中的自己。（笑、哭、使劲、惊喜、生气）

与同桌面面相对，老师说动作，你和同桌做表情。（微笑、大笑、做鬼脸、不高兴、生气、气愤）

2. 在镜子中，哪个表情令人最舒服？哪个表情看起来最不舒服？互相说说当看到对方的这个表情时自己的感受。

【设计意图】活跃气氛，吸引学生的注意力。

（二）情境创设

1. 愤怒情境再现，想一想自己曾经在什么情况下愤怒了。

2. 小组讨论，挖掘愤怒的真相：

被侮辱、被伤害、被侵犯、被拒绝、被控制；不被尊重、不被欣赏、不被重视、不被认可、遭遇挫折，需求不被满足。

3. 人体警报器：杏仁核会发烧，情绪管理能力弱。

4. 观看视频，说一说过度表达愤怒带来的危害。

【设计意图】通过播放视频，分析交流，引导学生对情绪与行为之间的关系进行思考，挖掘愤怒的真相，认识到情绪没有对错之分，生气之后需要用一定的方法调节情绪。

（三）问题解决

1. 心理故事会：爱迪巴跑圈圈。

2. 学习制怒的好方法。

（1）调节愤怒情绪小妙招：深呼吸，吹凉杏仁核（做六次）。

（2）管理愤怒三部曲：用心理的力量处理自己的愤怒情绪。

停一停：离开现场，吹凉杏仁核。

想一想：①我很生气！但我很强大，可以管住愤怒！②不能伤害自己，不能伤害他人（原则）。③怎么做才是最好的？

做一做：做理性的行为。

运用学到的方法重演课前情景剧。

【设计意图】学习调节愤怒的方法，掌握恰当的方法应对愤怒的情绪，为接下来的课外练习做好铺垫。

（四）学以致用

运用适当的方法管理自己的情绪。在教师的引领下，学生将课堂学习的方法应用到生活场景中。例如：回到生活中让你愤怒的情境，如何与愤怒的杏仁核说拜拜？

【设计意图】让学生对新的方法有进一步的认识。

（五）提炼升华

1. 疏解愤怒的冥想练习。

2. 课后小结。

【设计意图】以平和与智慧的心态面对并处理事情。

"送你一个无形的盾牌"团体心理辅导课教学设计

李　静

一、背景分析

（一）理论依据

根据新修订实施的《中华人民共和国未成年人保护法》，学生欺凌是指发生在学生之间，一方蓄意或者恶意通过肢体、语言及网络等手段实施欺压、侮辱，造成另一方人身伤害、财产损失或者精神损害的行为。《中华人民共和国未成年人保护法》定义的"学生欺凌"与"校园欺凌"并非等同概念。学生欺凌属于校园欺凌的一种。联合国教科文组织认为，校园欺凌是一种在学龄儿童中发生的、违背他人意愿的攻击行为。

学校要围绕建设"平安校园、和谐校园"的总体要求，进一步落实责任，强化措施，切实维护学校及校园周边的安全稳定，为师生的学习生活和健康发展营造良好环境。

（二）学情分析

小学生心理、生理都不够成熟，社会经验也不足，往往对校园暴力认识不够。有的学生缺乏对自我保护重要性的认识，不了解自我保护的方法和技巧，遇到侵害时会不知所措；有的学生则受家庭、社会影响，遇事冲动，遇到侵害时可能会选择以暴制暴。

二、活动目标

1. 关注情感：让学生对校园欺凌勇敢地说"不"。
2. 调整认知：认识到校园欺凌行为是违法的。
3. 指导行为：学会保护自己，为他人提供帮助。

三、活动重点与难点

活动重点：让学生对校园欺凌勇敢地说"不"，学会保护自己并且能帮助他人保护自己。

活动难点：学会保护自己并且能帮助他人保护自己。

四、活动流程

活动流程如表 3-13 所示。

表 3-13　活动流程

活动环节	设计意图
1. 导入	
2. 认识到欺凌行为是违法的，知道有哪些具体行为	反思自己的行为，认识欺凌行为
3. 认识欺凌行为的危害	了解欺凌行为的危害
4. 如何保护自己、帮助他人	可以求助也可以帮助他人
5. 谈谈这节课的收获	回顾课堂内容
6. 小结	
7. 应对校园暴力口诀	

五、活动过程

（一）导入

出示两个事件，并提问：你怎样看待这样的事？如遇到或看见你会怎样做呢？

（二）认识到欺凌行为是违法的，知道有哪些具体行为

校园欺凌：指同学之间发生的、一方欺负另一方，令受害者在心灵和肉体上感到痛苦的行为。

地点：校园里或校园周边。

1. 你觉得欺凌行为有哪些？请在男孩女孩挂图（图 3-1）的外侧进行标注。

图 3-1　男孩女孩挂图

分组汇报：学生边汇报边补充，教师最后补充。

2.反思自己是否有过这样的行为，或别人是否对自己有过这样的行为。

师：欺凌行为违反了《小学生守则》和校规，同时也可能触犯《中华人民共和国民法典》《中华人民共和国未成年人保护法》等法律。

【设计意图】①通过标注的方式对学生受到的欺凌行为进行梳理，使学生认识到哪些是欺凌行为，同时为下一环节做好铺垫。②让学生反思自己以前的行为和受到的欺凌行为，从而更清楚地认识到哪些是欺凌行为。

（三）认识欺凌行为的危害

欺凌行为有哪些危害呢？小组讨论图中男孩女孩被欺凌的感受。

师：欺凌行为不仅会对受害者的身心造成伤害（情绪不稳定、害怕、无助、忧郁等），还会破坏良好的社会秩序。

【设计意图】让学生了解欺凌行为的危害，讨论受害者的心理感受。

（四）如何保护自己、帮助他人

当这些欺凌行为发生在我们身上或身边时，该怎样寻求帮助呢？或给予受害者哪些帮助呢？

1.先在纸上画出双手的轮廓，如图3-2所示。

2.在左手的图中写出当你受到欺凌时会想到让谁来帮助你。

3.在右手的图中写出当你看到他人受到欺凌时会怎样帮助他。

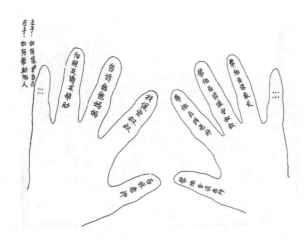

图3-2　双手的轮廓

【设计意图】画双手的轮廓会引起学生的兴趣，有利于学生思考如何保护自己、帮助他人。

（五）谈谈这节课的收获

回顾课堂内容，思考如下问题：欺凌行为有哪些？怎样使自己远离欺凌？自己受欺凌时怎样寻求帮助？他人受欺凌时怎样给予帮助？

【设计意图】让学生感悟到不应去做欺负别人的事情，同时掌握帮助他人的方法。

（六）小结

这就是今天老师送给大家的"无形盾牌"，它既能让你管住自己不违法，还能让你保护自己、帮助别人。

（七）应对校园暴力口诀

校园暴力可以防，方法掌握要适当。求助师长来帮助，自我保护有保障。

"师恩情深，感谢有您" 活动课程设计

朱晓明

著名哲学家斯宾塞说过："一个不懂感恩的人，总是把得到的都视为应该如此，总会忽略别人的善意，而铭记别人的一点点过失和冒犯。这样的人痛苦总多于欢乐，怨恨总多于感激。"在一年一度的教师节来临之际，通过挖掘校园生活中发生在学生与老师之间点点滴滴的感人小事，教育学生对教师，以及所有给予自己帮助的人表达感恩之情。

一、课程目标

1. 学会以自尊为起点，尊重他人，尊重自己，对他人的帮助要心存感恩。

2. 只有心怀感恩之情，才能使自己的生活更加幸福，让自己的生命更加精彩，领会感恩是当代学生必备的道德素养。

3. 在活动体验中对感恩的理解产生变化，树立正确的价值观，能够改正自身的不良行为。

二、课程结构

本课程包括主题升旗仪式、平时活动课和节日活动课三个模块，根据各年级学情、育人目标划分为不同的活动内容和形式。本课程设计利用的是中午、队会、课间操等课余时间，可丰富学生的课余生活。在节日当天开展集体教育活动，完成教育目标。

三、课程策略

1. 以"敬个队礼传真情，小小祝福暖师心"为主题，开展作品征集活动。作品范围包括：线上线下课程中与老师发生的感人小故事、手抄报、一封

信、小视频、诗歌、图画、书法等，或心中想要对老师说的话、想要表达的情感，抑或想要表演的小节目、小才艺。（备选主题：师恩情深，感谢有您）

2. 通过升旗仪式、周一队会，开展全校及分年级主题教育活动，形式不限，可根据作品征集结果开展班级内交流展示等活动。

3. 节日当天开展内容丰富、形式多样的教育活动，联系实际，增强学生自主成长的动力。

四、课程内容

感恩活动以节日为契机，引导学生关爱他人，心存感恩，学会宽容。在关爱他人的体验中，逐步建立自尊、自信、自省、自强和乐于奉献的美好品质，让学生不仅会做事，而且会做人，成为一名合格的"尚品"中国少年。

教师节期间各年级课程设置如表 3-14 所示。

表 3-14　教师节期间各年级课程设置

年级	阶段目标	课程内容	
		个体活动	团队活动
一年级	树立尊师重道的意识	一句感谢，对老师表达感谢之情	一堂"感谢话语"的队会课
二年级	能够尊敬老师、感恩老师	说一句心里话："老师，我想对您说……"	一堂"说说我的心里话"队会课
三年级	能够尊敬、感恩老师，发现自己的不良行为	改正一个错误，坚持良好的行为习惯，用一句问候语问候老师	一堂"老师感谢您，问候我的老师"队会课
四年级	能够尊重并理解老师，体谅老师的难处	看看老师，给老师画张画像，看看谁画得最像	一堂"看看我的老师"队会课
五年级	在自尊的基础上，能够尊重、感恩老师，从而发现身边的善意之举	写给老师的一封信，说说身边发生的善意之举，或与老师之间的善意小故事	一堂"写给老师的信"队会课
六年级	在自尊的基础上，能够尊重、感恩老师，从而对所有帮助过自己的人和事都心存感恩	通过小视频发表自己的看法，说说自己的老师，表达自己的祝福	一堂"优秀小视频"评选队会课

五、课程时间

9 月 2～4 日，征集活动作品，征集才艺类节目。

9 月 7 日，升旗仪式，开展教师节主题教育及动员活动。

9 月 7 日，队会课时间开展分年级主题队会课，班级内展示优秀作品并交流。

9 月 8 日、9 日，课余时间，组织自愿展示的学生进行排练。

9 月 10 日，教师节当天开展向老师鞠躬、敬队礼等活动。课间操时间，开展教师节主题活动。

9 月 11 日，活动小结，评选优秀作品。

六、课程评价

一年级：评选"最动听"感恩之声。

二年级：评选"最美好"感恩心声。

三年级：评选"最贴心"感恩问候。

四年级：评选"最美丽"感恩画像。

五年级：评选"最动容"感恩之信。

六年级：评选"最真切"感恩视频。

第四章 尚品课程

尚品课程

单巍巍　张　静

课程是学校教育的核心。高品质的课程体系，必然要落实党和国家的教育方针与政策，推动学校优质发展，彰显学校文化独特魅力，促进师生共同成长。

一、课程背景

（一）政策导向

习近平总书记在党的二十大报告中明确指出："教育是国之大计、党之大计。培养什么人、怎样培养人、为谁培养人是教育的根本问题。育人的根本在于立德。全面贯彻党的教育方针，落实立德树人根本任务，培养德智体美劳全面发展的社会主义建设者和接班人。"党的二十大报告从培养什么人、怎样培养人、为谁培养人是教育的根本问题出发，将"办好人民满意的教育"的系列部署置于新时代实施科教兴国战略、强化现代化建设人才支撑的全局谋划之中，强调育人的根本在于立德，全面贯彻党的教育方针，落实立德树人根本任务。

"五育"并举是近年来出台的《中共中央　国务院关于深化教育教学改革全面提高义务教育质量的意见》《中国教育现代化2035》等纲领性文件中的一个重大教育举措，是贯彻党的教育方针和落实立德树人根本任务的基本途径。坚持"五育"并举，就是要全面发展素质教育，促进德育、智育、体育、美育和劳动教育的有机融合。

这些政策和文件为学校的课程建设提供了强有力的支持，为深入开展课程改革与创新实践工作提供了基本纲领和行动指南，增强了课程体系建设的科学性和持续性。

（二）学校思考

学校要坚守为党育人、为国育才的初心使命，积极践行社会主义核心价值观，坚持立德树人、育人为本，坚持"五育"并举、全面发展，培养德智体美劳全面发展的社会主义建设者和接班人。课程是学校教育工作的核心，是教育改革的核心工作，课程的形态决定了学校教育的形态。因此，学校要不断深化课程改革，优化课程设置和内容，丰富学生学习经历，提高学生学习品质，激发学生学习兴趣，培养学生良好的学习习惯，帮助他们掌握适合自己的学习方法，提高课堂教学效能。

二、课程理念

课程理念是课程的灵魂，是行动的先导。学校以尚品文化为指导，对学校整体的课程体系，从上到下、从内到外、从部分到整体进行了升级和重构。遵循"尚品课程让每个生命都闪亮"的课程理念，坚持让课程建设以学生的生命成长为基础，让课程服务于学生，坚持"时时处处皆课程"的原则，整合课程资源，在高质量完成国家规定课程和地方课程的基础上，拓宽课程平台，形成课程特色，既满足学生的全面发展，又实现学生的个性发展。总之，升级和重构的目的就是让学生得到合理的发展，让每个生命都闪亮。

三、课程目标

"五育"并举的灵魂是育人，学校要让每一个学生都打好人生的基础，使他们拥有健全的心智和饱满的精神世界。北京丰台二中附属看丹小学以德智体美劳"五育"并举为旗帜，以办学理念及培养目标为依据，以课程设计和实施为形式、内容、途径和载体，实现学校的品牌发展，办人民满意的教育，以"尚品课程让每个生命都闪亮"的课程理念为指导，构建学校的课程体系，在课程建构与实施的过程中努力实现育人目标。

（一）从办学理念出发

办学理念是学校办学的核心价值观。结合新时代和新的发展要求，北京丰台二中附属看丹小学从办学理念出发，深化尚品"五尚"课程体系。

（二）从育人目标出发

学校以培养"康健、厚德、博学、雅趣"的尚品中国少年为目标，创建适合学生全面发展、个性彰显、可持续发展的课程，让学生在课程学习中培养兴趣爱好，产生不断进取的愿望，发展个性，凸显特长，学会学习、学会交流表达、学会合作、学会与他人相处、学会尊重与欣赏、学会做人，逐步成为品学兼优的尚品少年。

（三）从学科内容出发

学校结合时代要求、学生需求、家长期待、教师优势，强化学科拓展、学科融通和学科实践，精准打造具有"夯实基础、展现个性、追求尚品"三大功能的课程（夯实基础课程重在夯实学生成长基础，展现个性课程重在满足不同学生的发展需要，追求尚品课程重在彰显学生个性品质和学校特色生成），以推进学校文化建设、提升学生综合素质、提高教师专业素养，促进学校高质量发展。

北京丰台二中附属看丹小学"尚品"课程目标如表 4–1 所示。

表 4–1　北京丰台二中附属看丹小学"尚品"课程目标

"五尚"课程		课程分目标
尚·德课程	情感目标	培养学生的品质修养，使其拥有崇高的德行
	能力目标	使学生拥有良好的文化修养和人格魅力
尚·智课程	情感目标	启迪学生的知识和智慧，使其会学善学
	能力目标	加强学生基础智力的培养，让其学会思考、学会分析
尚·形课程	情感目标	侧重学生身心素质的双重培养，为学生身心成长奠定坚实基础
	能力目标	使学生拥有自己擅长的体育项目和乐观阳光的心态
尚·美课程	情感目标	使学生形成正确的审美观，能发现美、创造美、感受美
	能力目标	培养学生的审美感知和审美创造能力
尚·创课程	情感目标	培养学生的创新精神和实践能力
	能力目标	使学生拥有科学探究的能力和动手实践的能力

四、课程体系

课程体系是课程建设的脊梁。"尚品"课程以学生为中心，以学校培养目标为主导，以学生成长和发展为根本遵循，注重国家、地方、校本三级课程的一体化实施；注重从基础到拓展，再到个性发展的生命成长逻辑阶梯性推进，促进学生全方位成长；注重德智体美劳"五育"并举；积极推进学生核心素养的落地工作，对学校课程内容进行整合，以促进学生的全面发展和个性成长。"尚品"课程整体呈现出"五尚三类一核"的结构。尚品"五尚"是指尚·德课程、尚·智课程、尚·形课程、尚·美课程、尚·创课程。"三类"是指"夯实基础课程""展现个性课程""追求尚品课程"。"一核"是指以尚品文化为内容贯通"五育三类"而形成的"让每个生命都闪亮"核心课程。

（一）从课程内容上看

尚品课程分为德育、智育、体育、美育、劳育等"五育"，深化课程育人、文化育人、活动育人、实践育人，坚持"五育"并举，培养德智体美劳全面发展的社会主义建设者和接班人。

（二）从课程功能上看

尚品课程分为夯实基础、展现个性和追求尚品三大类别。首先是夯实基础类，主要指国家课程，重在夯实基础，打破学科边界，进行学科整合，同时为学生全面发展打好共同基础。其次是展现个性类，该类课程面向不同群体的学生，也就是为不同的群体服务；最后是追求尚品类，该类课程面向学生的个性发展，延伸学科核心素养，在尚品教育的润泽中，让每一个学生都能成为更好的自己。

五、课程设置

"尚品文化"课程体系遵循课程发展的内在趋势，在课程主体上，注重由国家课程到国家课程与地方课程结合，再到国家、地方与校本三级课程一体化建设；在课程内容上，注重由知识到能力、情感、态度、价值观以及实践，以"聚焦核心素养，面向未来"作为课程开发与实施的基本原则；坚持德、智、体、美、劳"五育"并举的人才培养新要求。

（一）尚品"三类"课程

尚品"三类"课程如表4-2所示。

表 4-2　尚品"三类"课程

课程类别	课程维度	课程目标	课程内容
夯实基础	尚品·德	注重学生道德基础的养成，培养他们的道德意识、爱国意识、法治意识等	道德与法治
	尚品·智	注重学生基础智力的培养，主要包括语言智力、逻辑数学智力等，让学生学会思考、学会分析	语文数学英语
	尚品·形	侧重学生身心素质的双重培养，为学生身心成长奠定坚实基础	体育
	尚品·美	培养学生对声音美、形状美的认识和感知能力，让他们成为发现美、热爱美的尚品中国少年	音乐美术书法
	尚品·创	从实践入手，关注学生科学素养、信息素养以及活动素养的养成，培养他们能做事、会做事的品质	信息科技劳动
展现个性	尚品·德	主要从各种特色活动入手，有针对性地培养学生的道德素养，使他们成为行为规范、习惯良好的人	开学典礼主题队日升旗仪式中华传统节日班会
	尚品·智	侧重学生某方面智力的具体培养，引导他们在某一方面取得进展和突破	英语　戏剧数学思维读书分享训练
	尚品·形	侧重学生身体能力的培养，让他们不仅会运用自己的身体，而且能利用好自己的身体	运动会　广播操健美操　武术
	尚品·美	侧重学生美学素养的培养，培养学生表达美、创造美的能力	演唱　演奏绘画　摄影
	尚品·创	培养学生的劳动和实践能力，开阔他们的视野，让他们的成长真正与生活相结合	跨学科主题课程计算机　环保制作废旧物品制作非遗：中国结制作

课程类别	课程维度	课程目标	课程内容
追求尚品	尚品·德	培养学生的品行，让他们在优良的德育环境中获得成长	红领巾班会 志愿者服务 行走课程 节日庆典 劳动（中草药课程）
	尚品·智	激发学生语言表达的潜能和兴趣	品诵 自然拼读
	尚品·形	通过体育课程与体育运动，培养学生耐挫力和自信心	足球 篮球 排球 射箭 定向越野 健美操
	尚品·美	通过各种文化欣赏和社团活动，让学生发现生活中的美，从而意识到美并不是抽象的，生活中处处皆有美	半音阶口琴 舞蹈 合唱 打击乐 国画 面塑
	尚品·创	培养学生的创造力、综合实践能力	3D打印 无人机 环保制作 非遗来了 海洋生命之旅 中草药

（二）"五尚"特色课程

"五尚"特色课程如表4-3所示。

表4-3 "五尚"特色课程

课程维度	课程体现	课程类型	课程内容
尚品·德	文化育德	体验类	行走课程 节日庆典
	习惯养德	学习类	习惯培养课程
尚品·智	智慧知识积累	阅读类	品诵 自然拼读
尚品·形	健康知识	学习类	健康教育 安全教育
	健康状态	实践类	射箭 定向越野
尚品·美	素养提升	体验类	走进美术馆 相约音乐厅 艺术社团
	艺术表现	学习类	"半音阶口琴"课程 "打击乐"课程
尚品·创	日常生活劳动	实践类	班级劳动文化建设 校内外劳动环境建设 日常家务劳动
	生产劳动	实践类	种植 养殖 废旧物品制作 非遗：中国结制作
	服务性劳动	体验类	社区送温暖 志愿者服务 社会职业体验

六、课程实施

课程实施是学校课程的落实，是提高教学质量的重要方法和基本途径，是落实人才培养方案的重要保证。北京丰台二中附属看丹小学在课程实施的过程中提出凸显"五育"并举、加强学科融合、深耕学科教学的策略。

（一）凸显"五育并举"

"五育"是指由德、智、体、美、劳五部分构成的一个有机整体。"五育"并举的核心是提高学生素质，促进学生在德智体美劳五个方面的发展。尚品·德课程注重挖掘品德的内涵，实现对学生德行的培养；尚品·智课程注重挖掘智力的内涵，让学生成为有知识、能思辨、有智慧的尚品中国少年；尚品·形课程注重培养学生的体育核心素养，使学生自主健身，提高学生的身体素质；尚品·美课程注重引导学生发现美、欣赏美、感受美，丰富学生的精神世界，培养学生美的素养和美的品质；尚品·创课程侧重科学素养的培养，重点培养学生的实践能力，让他们树立关心现实、求真务实的人生观。

（二）加强学科融合

北京丰台二中附属看丹小学在课程实施的过程中将国家课程、地方课程、校本课程（必修＋选修）、社团活动等与主题活动、学科实践加以整合，形成了三大类型（夯实基础课程、展现个性课程、追求尚品课程）、五大领域（体育与健康、道德与修养、语言与人文、科学与技术、艺术与审美）的立体多元的课程体系，强调课程整体育人的功能和价值。

（三）深耕学科教学

北京丰台二中附属看丹小学在深入研究课程标准和教学内容的基础上，以各学科核心素养为基本依据与标准，着力探索跨学科的课程建设，教师根据学生的实际情况，遵循教育教学与学生发展规律，聚焦课堂教学任务，准确制定教学目标，选择合理的教学与评价任务，设计科学的教学流程与作业，开展教学评高度一致的教学活动，达成预期教学目标，实现师生共成长。

七、课程评价

课程评价是衡量课程好坏的标尺。北京丰台二中附属看丹小学以发展性评价为引导，以学生发展为中心，聚焦课程目标，建立"尚品五尚"评价体系。这一评价体系强调以学生为主体，倡导评价主体多元化，注重评价内容多维化，强调评价方式多样化。

（一）评价主体多元化

1.学生评价。

采取学生自评、小组互评等评价形式，全方位、全过程记录学生成长的足迹。

2.教师评价。

在教学中，教师从多个角度考查学生的综合能力和整体素质，关注学生在知识与技能、过程与方法、情感态度与价值观等方面的表现，作出适时而富有激励性的评价，促进学生不断进步、不断发展。教师设计"过程评价内容"对学生进行评价，并以"优良""合格"作为最后的评价结果，记录在《学生成长记录手册》中。

3.家长评价。

召开家长会，进行家庭教育培训，让家长、学生、教师充分互动。利用网络，把学校、班级的活动、计划、资料等与家长多渠道交流，让家长及时了解学校、班级和学生的动态。把平时对学生的评价写在家庭作业本上，以便家长配合督促。组织家长进课堂活动，向家长印发问卷进行调查，广泛征求家长对学校师德建设的意见和建议。

（二）评价内容多维化

在设置学生评价内容时，以学校课程目标为总纲，建立"尚品五尚"的多重评价维度。以德育为先、智育为重、体育为本、美育为根、劳育为荣五项内容作为评价标准，形成全员、全过程、全方位的"五育融合"评价体系，体现评价内容的多维化。

（三）评价方式多样化

评价方式的选择体现了学校的课程观。北京丰台二中附属看丹小学以"尚品课程让每个生命都闪亮"为课程理念，通过课程评价，激活师生的发展潜能，建立课程设计评价、课程实施评价（课堂）、课程效果评价，完善以教师、学生为主，家长和社会参与的发展评价指标体系，并制定评价工具，描述评价手段，从而实现课程目标。

1.对学生学习过程与效果进行评价。

结合学生培养目标和课堂教学评价量表对学生参与、探究、保持学习兴趣、培养学习习惯、提升学科思维等方面，按照学生想学、能学、会学、乐学等要素进行评价。

2.对教师教育教学过程与效果进行评价。

结合教师发展目标、课堂教学评价标准对教师教学设计、教学过程、教学评价、教学反思进行评价。

3.对课程实施过程与效果进行评价。

结合学校文化建设基本理念和师生发展目标，对学校开发的课程方案、课程计划、课程实施、课程效果进行评价。

北京丰台二中附属看丹小学"尚品"课程建设评价体系和评价指标如表4-4和表4-5所示。

表4-4　北京丰台二中附属看丹小学"尚品"课程建设评价体系

评价时间段	评价内容	评价主体	评价方法
课程实施前 （设计评价）	教学设计	教师 主管领导	查阅资料 教研
课程实施中 （实施评价）	学生学：倾听、思考、回答问题、作业、评价、合作	教师 学生 学生同伴	听课 查阅资料
	教师教：听、指导、评价、作业布置	教师 教师同伴 主管领导 学生	听课 查阅资料
课程实施后 （效果评价）	学生学：作业、作品、成绩	教师 学生家长	查阅资料 作业 作品
	教师教：学生学习效果、教师教学反思、论文、案例	教师、学生 主管领导 家长	查阅资料 教研

党、爱国、爱社会主义相统一。这包含：反映社会主义建设事业中取得的重大成就、涌现出来的模范人物与先进事迹的作品；反映当代中国从站起来、富起来到强起来的奋斗历程和重大事件，以及体现中国式现代化新道路和人类文明新形态的相关作品；反映和谐互助、共同富裕、改革创新、劳动创造美好生活等方面的作品。

除以上主题之外，还有一些反映世界文明优秀成果、科技进步、日常生活，特别是儿童生活等方面的主题。这些主题归于其他类，主要载体为外国文学名著、科普科幻作品、实用性文章、中外优秀儿童文学作品等。

由此确定评价内容为：古诗文积累、文本阅读、主题活动、跨学科学习。依据课程内容确定的评价内容有利于落实教学评一体化。

（二）激励学生，确定评价形式

学生的成长离不开有效的评价。学校应趋近于学生的喜好，以鼓励为主，确定符合小学特点的星级段位评价形式。

十级段位星级以五角星表示：一心一意（白星）、再接再厉（黄星）、三省吾身（黄绿星）、名扬四海（绿星）、学富五车（绿蓝星）、六韬三略（蓝星）、七步才华（蓝红星）、才高八斗（红星）、九天揽月（红金星）、十年磨剑（金星）。

在实施过程中，评价变得可视化，在一定程度上激发了学生的学习兴趣。为鼓励学生参与到背诵朗读中，教师将检查的权力下放，比如第一个给教师成功展示背诵或朗读成果的学生能够获得检查其他学生背诵或朗读的权力。有些学生日常积累比较丰富，很快就能获得检查权。随着背诵、朗读篇目的增多，以及检查量的逐渐增大，他们会提出应对策略：将自己的部分检查权分享给第二、第三个过关的同学。一些基础比较薄弱的学生，看到大家都贴上了星星，在羡慕的同时也会更加积极主动地去背诵，追上大家的步伐。这样的检查方式不仅激发了学生的背诵、朗读热情，还让学生学会了解决问题，学会了分享。

为了使学生在学习过程中更有成就感，我们还为学生制定了专属档案——尚品星级档案（表4-6）。

表 4-6　尚品星级档案

	一心 一意	再接 再厉	三省 吾身	名扬 四海	学富 五车	六韬 三略	七步 才华	才高 八斗	九天 揽月	十年 磨剑	确定 段位
尚品 一星											
尚品 二星											
尚品 三星											
尚品 四星											
尚品 五星											
尚品 六星											
尚品 七星											
尚品 八星											
尚品 九星											
尚品 十星											
尚品 十一星											
尚品 十二星											

学校在每个学期都会对学生的学习档案进行全面追踪，让学生明确自己的增长点，让老师及时了解学生的学习情况，从而有针对性地进行教学。

（三）依据课标，确定评价标准

《义务教育语文课程标准（2022 年版）》倡导评价以鼓励为主，既充分肯定学生的发现和创造，又引导学生自我反思提升，不断提高跨学科学习的质量。根据课标要求，学校确定每学期学生获得的相应段位及彩星标准如下。

（1）每学期都能正确、熟练地背诵基础型古诗文的获得白星。

（2）每学期都能正确、熟练地背诵拓展型古诗文的获得黄星。

（3）每学期都能完成基础型阅读——传统文化、革命文化类文章朗读的获得黄绿星。

（4）每学期都能完成基础型阅读——社会主义先进文化、其他类文章朗读的获得绿星。

（5）每学期都能完成拓展型阅读——传统文化、革命文化类文章朗读的获得绿蓝星。

（6）每学期都能完成拓展型阅读——社会主义先进文化、其他类文章朗读的获得蓝星。

（7）每学期都能积极参与语文主题实践活动，至少有2个主题实践活动相关作品的获得蓝红星。

（8）每学期都能积极参与语文跨学科学习活动，至少有1个跨学科学习相关作品的获得红星。

（9）每学期都能正确、熟练地背诵推荐型古诗文的获得红金星。

（10）每学期都能完成推荐型阅读且至少有1次读书推荐的获得金星。

依据上述学生表现情况，进行星级段位评价。获得金星的学生就达到本学期最高标准"十年磨剑"，确定段位为"尚品几星之十年磨剑"，如三年级上学期获得"十年磨剑"，确定段位为"尚品五星之十年磨剑"。获得红金星的学生则达到"九天揽月"这个标准，确定段位为"尚品几星之九天揽月"，如四年级上学期获得"十年磨剑"，确定段位为"尚品七星之九天揽月"。其他星级以此类推。

尚品星级段位评价量表能够真实、完整地记录学生参与语文实践活动的整体表现，关注学生在活动中表现出来的沟通、合作和创新能力。

二、以课程实施为重点落实评价要求

在尚品星级评价量表中，我们将古诗积累和阅读学习分成基础型课程、拓展型课程、推荐型课程三个类型。学生可依据自身情况，确定评价标准。

（一）基础型课程保障基础学习

基础型课程主要是指《义务教育语文课程标准（2022年版）》要求学生掌握的古诗及阅读内容，包含基础型古诗和基础型阅读两个方面。在尚品星级段位评价量表中对应的是：一心一意（基础型古诗文）、三省吾身（传统文化基础型阅读、革命文化基础型阅读）、名扬四海（社会主义先进文化基础型阅读、其他类基础型阅读）三个段位。基础型课程的理解与积累可以让学生基本达到小学阶段的阅读积累要求。

（二）拓展型课程促进素养提升

拓展型课程主要是指符合统编版教材要求学生积累掌握的相关内容，包含拓展型古诗和拓展型阅读两个方面。在尚品星级段位评价量表中对应的是：再接再厉（拓展型古诗文）、学富五车（传统文化拓展型阅读、革命文化拓展型阅读）、六韬三略（社会主义先进文化拓展型阅读、其他类拓展型阅读）三个段位。拓展型课程的阅读与学习可以让学生在满足学校基本要求的基础上提升自身语文素养。

（三）推荐型课程实现个性化发展

推荐型课程主要是指《义务教育语文课程标准（2022 年版）》及语文教材中符合各单元主题或语文要素的文章拓展，包含推荐型古诗和推荐型阅读两个方面。在尚品星级段位评价量表中对应的是：九天揽月（推荐型古诗文）、十年磨剑（传统文化推荐型阅读、革命文化推荐型阅读、社会主义先进文化推荐型阅读、其他类推荐型阅读）两个段位。推荐型课程的积累与运用可以让学生在提升自身素养的基础上实现个性化发展。

尚品星级段位评价量表（表 4-7）引导教师关注课程实施，反思日常教学的问题和不足，优化教学内容，针对学生学习情况，改进教学设计，调整教学策略，完善教学过程，从而让评价要求和课程落实进行统一，让评价标准落到实处，让每一节语文课都具有实效性。

表 4-7　尚品星级段位评价量表

段位	一心一意	再接再厉	三省吾身	名扬四海	学富五车	六韬三略	七步才华	才高八斗	九天揽月	十年磨剑
课程	基础型古诗文	拓展型古诗文	基础型阅读：传统文化、革命文化	基础型阅读：社会主义先进文化、其他	拓展型阅读：传统文化、革命文化	拓展型阅读：社会主义先进文化、其他	主题实践活动	跨学科学习活动	推荐型古诗文	推荐型阅读
张三										
李四										
……										

三、以机制建设为保障，提升评价实效性

学校在评价的过程中要注重评价主体的多元与互动，以及多种评价方式的综合运用。这就需要建立有效的机制作为保障，为学生搭建各色舞台，从而提升评价的实效性。

（一）书法展示机制

古人云："字如其人，人如其字。"书写是一种良好的习惯，更是一种态度。为了让学生走近中国优秀文化，感悟书法魅力，学校建立了书法展示机制：安排学生每天利用 20 分钟时间进行书法练习，由语文教师随机进行指导；在学期中下旬举办书法展示活动，通过班级推荐、年级学生投票、校级学生投票评选出优秀作品并进行展示。书法展示机制有利于学生提升自身书法素养，传承中华优秀传统文化，提升文化自信。

（二）课本剧展演机制

课本剧是对语文学习的深入与延伸。学校应建立课本剧展演机制，每学年开展一次课本剧展演活动。引导学生依据所学课本内容，根据自己对课本的理解，自主形成剧本，在演绎过程中打磨剧本，在和文本不断碰撞的过程中，走近人物，将对文本的理解呈现在自己的表演中。课本剧展演机制推动学生将课本所学知识与日常生活相联系，帮助其在表演过程中体验语文的魅力。

（三）诗词大会机制

经典的中华传统诗词蕴含着古人的智慧。学生通过每学期对基础型诗词的背诵、拓展型诗词的积累、推荐型诗词的理解，从个人赛走向班级赛，从班级赛走向年级赛，丰富的比赛形式让那些亘古不变的诗句留在学生的心中，照亮学生的心田。

（四）跨学科实践机制

语文课程是一门综合性学科，旨在引导学生在真实的情境中发现问题、探究问题并解决问题。在探究问题的过程中，引导学生借助多个学科解决问题，鼓励学生运用多种方式呈现探究结果。

例如在春季学期，将语文与科学、美术、信息技术等学科融合，开展"我的花卉日记"主题实践活动。学生亲自种植花卉，上网查阅花卉的相关资料，根据所了解的内容对花卉进行养护，将观察到的花卉变化以图文并茂

的形式展示出来，并利用课前时间和大家分享交流自己的成果。

又如在秋季学期，结合科技节活动，开展"我的奇思妙想"主题实践活动。从微观世界到航天发展，学生通过学习知道了每一次科技的发展都需要想象，再根据生活中见到的事物，本着改善生活的目的展开自己的想象，创造了太空天梯、3D描绘笔、AI智能机器人、多功能书包、喷射奔跑鞋等一系列未来神奇好物。学生将想象出的物品用图画的形式展现其外形，配以文字进行功能解读，最后利用材料尝试制作。这个探究的过程不仅锻炼了学生的动手能力，也提升了学生的综合素养。

综上所述，以课程内容为依托，以课程实施为重点，以机制建设为保障，从而建立有效的评价体系，有利于学生语言文字运用能力的提升、思维的发展、文化的自信、审美的创造，能够切实培养学生的语文核心素养，让学生在评价中得到成长，在评价中快乐前行！

"古诗文诵读"校本课程的开发与实践

麻珍琪　杜　芳

《义务教育语文课程标准（2022年版）》在"课程目标"中提出：通过语文学习，热爱祖国通用语言文字，热爱中华文化，继承和弘扬中华优秀传统文化。同时也明确要求：小学阶段诵读、背诵优秀诗文不少于160篇（段）。

为深入贯彻落实立德树人根本任务，依据课程标准，北京丰台二中附属看丹小学开发了"古诗文诵读"校本课程，以优秀传统文化涵养学生品德、滋润学生心灵、开阔学生视野、启迪学生心智。

一、建立小组，扎实开展工作

学校建立了以校长为组长，教学干部、教研组长以及全体语文教师参与的古诗文诵读课程开发小组。

课程开发小组骨干教师利用寒暑假进行学习、研讨。明确课程的意义和目标、确定开发内容、商讨解决古诗文诵读教学中出现的问题，为建立系统化、规范化的课程体系，提升学生古诗文诵读涵养指明了方向。

学期初，课程开发小组骨干教师向学科教师介绍古诗文课程开发的意义、各年级实施的课程内容以及评价方式等。学期中、学期末，课程开发小组开展经验交流座谈会，以便教师理解内化，促进诵读课程的实施，为课程开发，促进学生古诗文涵养奠定基础。

二、打造系统化、规范化的课程体系

北京丰台二中附属看丹小学的古诗文诵读课程内容以统编版语文教材的单元主题为主，依托教材以及《义务教育语文课程标准（2022年版）》推荐的优秀诗文背诵篇目进行课内外古诗文的梳理、整合与拓展。

（一）定主题、定内容、定数量

古诗文诵读以语文教材的单元主题为主，鼓励教师结合语文教材、教学活动创建新主题。诵读内容分为三个部分：基础诗文、拓展诗文、推荐诗文。

1. 基础诗文：同时出现在语文教材和《义务教育语文课程标准（2022 年版）》优秀诗文背诵推荐篇目中的古诗文。

2. 拓展诗文：只出现在语文教材里，各年级结合教学需要统一拓展的古诗文。

3. 推荐诗文：结合主题、教材内容、《快乐读书吧》等，推荐诗文或与古诗文相关的整本书阅读。

一年级上册第五单元"四季美如画"主题古诗文梳理如表 4-8 所示。

表 4-8 一年级上册第五单元"四季美如画"主题古诗文梳理

主题	基础诗文	拓展诗文	推荐诗文
四季美如画	《咏鹅》《江南》《风》	《晚春》《仲夏》《秋夕》《春雪》《画》《惜时》《终南望余雪》	《唐诗 300 首》中自选至少一首描写四季美景的古诗诵读

我们结合语文教材、学生年龄特点、年段目标，所积累背诵的诗文由简到繁、由易到难、由低到高逐渐提升，为学生养成诵读习惯、形成诵读能力、感受中华文化的博大精深，坚定民族自信奠定了基础。

二年级下册古诗文梳理如表 4-9 所示。三年级下册古诗文梳理如表 4-10 所示。六年级下册古诗文梳理如表 4-11 所示。

表 4-9 二年级下册古诗文梳理

基础诗文	拓展诗文	推荐诗文
《村居》《咏柳》《晓出净慈寺送林子方》《绝句》《悯农（其一）》《赋得古原草送别》《弟子规（节选）》讲诚信的名言名句（3 句）	《舟夜书所见》《一字诗》《神童诗》《鸟》《苔》《竹》《长相思》《杂诗》《夸父追日》《衣冠之用》《节日源起》《岁时除夕》《清明祭祖》《端午食粽》	《唐诗 300 首》中除一、二年级在校背诵积累的古诗，自愿背诵积累一首

表4-10　三年级下册古诗文梳理

基础诗文	拓展诗文	推荐诗文
《九月九日忆山东兄弟》《绝句》《清明》《元日》《滁州西涧》《忆江南》《惠崇春江晚景》《三衢道中》《守株待兔》	《游子吟》《大林寺桃花》《劝学》《忆父》《夜雨寄北》《赏牡丹》《江南逢李龟年》《浪淘沙九首》（其八）《月夜》《南辕北辙》《叶公好龙》	《水调歌头》《和董传留别》

表4-11　六年级下册古文梳理

基础诗文	拓展诗文	推荐古诗文
《长歌行》《石灰吟》《竹石》《春夜喜雨》《送元二使安西》《江上渔者》《泊船瓜洲》《游园不值》《早春呈水部张十八员外》	《寒食》《迢迢牵牛星》《十五夜望月》《马诗》《两小儿辩日》《学弈》《采薇》《清平乐》《卜算子·送鲍浩然之浙东》《浣溪沙》	《过零丁洋》《大同》《学而篇六则》《子罕篇六则》《颜渊篇三则》《孟子·告子》《贞观政要》《桃花源记》《宪问篇四则》《孟子·滕文公下》

（二）实施评价

北京丰台二中附属看丹小学古诗文诵读课程评价已融入学校语文学科"尚品几星＋段位"阅读评价中。

1.评价方法。

"尚品几星"对应小学生涯的12个学期，处于哪个学期就会冠以尚品几星的称谓。结合新课标，我们把每个学期的阅读内容划分成10个部分，即十级段位。十级段位分别是：一心一意、再接再厉、三省吾身、名扬四海、学富五车、六韬三略、七步才华、才高八斗、九天揽月、十年磨剑。其中，"一心一意"对应基础型古诗文，"再接再厉"对应拓展型古诗文，"九天揽月"对应推荐型古诗文。其余段位对应的是课文基础阅读、拓展阅读、推荐阅读以及语文主题实践活动、跨学科学习活动等。每学期学生从第一个段位开始，最后达到哪个段位就会获得该段位的称谓。例如：一个六年级第一学期的学生，从"一心一意"到"九天揽月"，其获得的本学期段位就是"尚品十一星"之"九天揽月"。

2. 评价方式。

我们依托语文学科"尚品几星＋段位"阅读评价表，开展过程性评价、阶段性评价、综合性评价。

（1）过程性评价：学期初统一打印各年级阅读评价表，日常的古诗文诵读、背诵情况可以在评价表中进行勾画或粘贴。

（2）阶段性评价：针对学生完成情况，各年级结合阅读评价表，进行每月小结、期中总结、期末终结性评价。

（3）终结性评价：在过程性评价的基础上，每个学期末都对学生进行"尚品几星＋段位"评价。任教教师做好学生等级评价的存档工作，12个学期，六年的成果，见证学生的成长。

（三）诵读与展示相结合

1. 每节语文课前进行2分钟诵读、背诵。

2. 每周学习新诗文1首（篇），每月至少学习2首（篇），每个学期诵读、背诵至少20首（篇）。

3. 每月最后一周整理本月所学内容，反刍一遍，玩味一遍。

4. 每个学期末，以年级为单位开展古诗文诵读大赛。

5. 每学期组织一次阅读节或戏剧节，进行全校古诗文诵读展示。

三、课程实施初见成果

语文教师积极落实、完善课程，经过两年的努力，初见成果。

（一）家校携手，打造书香家庭

学校教育不是单边行为，要与家庭教育相结合。古诗文诵读课程亦是如此。只有家校携手，营造学习氛围，激发学生学习兴趣，落实诵读篇目才能事半功倍。

1. 宣传课程意义。

利用家长会、学校开放日等活动，向学生家长介绍古诗文诵读课程的目的、意义，篇目的选取，学校如何实施等，增进家长对课程的了解，得到家长的认可，为学校开展古诗文诵读课程助力。

2. 建立书香家庭。

学校鼓励开展亲子阅读活动，建立书香家庭，引导家长和学生共同徜徉在古诗文的文山词海中，感受中华文化的博大精深。

（二）学生积极参与，乐于分享展示

1.争当班级尚品星。

每个学期初，学校根据各年级诵读内容，统一制作"尚品星段位评价表"并粘贴在班级展示墙上。学生按照表格上面的内容诵读、背诵，达成的就可记录在表格中。老师在课间总能看见孩子们展示自己积累的古诗文。每当评价表中多记录了一个背诵的成果，孩子们的脸上就会露出自豪的微笑。

2.勤分享，乐展示。

（1）诵读大会，形式丰富。每个学期末都会迎来各年级的古诗文诵读大会，语文老师结合任教年级诵读篇目，以年级为单位开展诵读比赛。诵读大会主要分为三大部分：第一部分为看题目背诵（全班齐背）、第二部分为看题目抢背（全班背诵）、第三部分为依据提示抢背（单人背诵，记录在班级成绩里）。我们鼓励老师在此基础上进行创新，有的年级在诗文大会上拓展新诗或介绍创作背景等，既展示了旧知识，又了解了新知识；有的年级打破各班竞赛形式，以年级所在班级合力完成才能获得荣誉，重在携手共进；有的年级设立学生展示环节，鼓励学生对校外积累的古诗文进行展示介绍，体现了校内外共享诗文的魅力。

（2）中秋诗会，古韵浓浓。中秋节举行"中秋诗会"，全校各班进行与中秋节、月亮有关的诗文诵读、背诵。例如：一年级以"月是故乡明"为主题，结合一年级学生特点与做月球灯、畅谈中秋习俗、品中秋美食相结合，鼓励学生展示和"月"有关的诗句或四字词语，让传统节日古韵浓浓。

（3）戏剧展演，精彩纷呈。每年四月，"共沐书香，演绎经典"阅读节开幕式暨课本剧展演活动在学生的期待中隆重举行。学生积极参与，把《两小儿辩日》《精卫填海》《完璧归赵》《自相矛盾》《守株待兔》等诵读经典变成一个个鲜活的故事并演出来，受到了全校师生以及家长的一致欢迎。

此外，还有一年级学生入学百天诵读展演、传统节日跨学科实践活动、学生红色之旅等活动，古诗文课程开发与学校活动相结合，丰富了展示形式与途径，达到了古诗文诵读浸润学生心灵、伴随学生成长的目的。

古诗文诵读课程开发还处于"千里之行"的开端，今后我们会继续学习，实践，反思，再实践，建设完善古诗文诵读课程，让学生有所诵，有所得。

以美育人，构建素养型美育课程体系

——美术校本课程实践与思考

周　健

　　在学校课程体系中，美育是全面提高学生审美与人文素养的教育，是增强学生艺术感知、体验与鉴赏能力的教育，是引导学生树立正确审美观念、陶冶高尚道德情操、培养良好艺术修养的教育，是学校实施美育的重要途径。北京丰台二中附属看丹小学充分发挥美育在促进学生全面发展中的重要作用，努力构建美育课程体系并不断探索，为学生的全面发展奠定了坚实的基础。

　　在学校"尚品"教育理念引领下，学校美术学科组坚持以全面实施核心素养为导向，以促进学生全面发展和健康成长为目标，构建"以心尚美、与美同行"美育课程体系，引导学生发现美、欣赏美、表现美、创造美，从小养成良好的行为习惯，为美好人生奠基。

　　基于北京丰台二中附属看丹小学学情和育人目标，遵循校本课程开发的基本规律，围绕中国传统民族文化技艺，建设充满活力的校本课程体系，力求以校本课程建设推动育人模式的改革，全面落实学校"让每个生命都闪亮"的办学理念，现已形成以美育特色课程体系为核心，以校园文化、传统文化为载体，以校本课程为补充的美育课程体系，并将其融入学校的日常教学中。

一、创新课程体系，促进学生全面发展

　　我们始终坚持"以美育人、以文化人"的理念，全面贯彻落实国家课程标准，立足学校实际，遵循教育规律，以培养学生核心素养为根本，以促进学生全面发展、健康成长为目的，构建了具有北京丰台二中附属看丹小学特

色的美育课程体系。

我们在全面落实国家课程标准的基础上,整合"国家课程"与"地方课程",搭建并开发出具有本校特色的美育课程体系的框架以及相关课程。

首先是有目的地梳理设计了不同层次的课程,以满足学生需求的多样化和差异化。美育课程体系整体建设如图 4-1 所示。

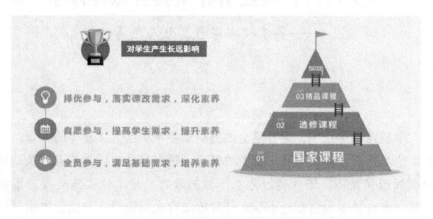

图 4-1　美育课程体系整体建设

除满足基础需求的国家课程外,选修课程则是学生自愿参与,目的是提高学生需求,力求提升学生素养。精品课程为择优参与,落实课改需求,深化素养。美育核心素养课程体系如图 4-2 所示。

图 4-2　美育核心素养课程体系

以上课程的实施，促进了学生对美术的理解与掌握，让学生在我们的校园文化建设中耳濡目染；美育以及校园文化的熏陶，促进了学生德智体美劳等素质的全面发展，对学生产生了长远影响。

二、优化课程结构，提升学生审美体验

为了推进学校美育工作，我们遵循"以美育人，大美润德"的理念，充分发挥美术学科课程优势，把传统国画课程作为学校美育教学的重要载体，编写了"水墨丹青""非遗面塑"等校本课程，以期提高学校美育质量。我们在创新课程体系的基础上，立足学生实际，不断优化课程结构，不断探索美育教育的新模式。

国画校本课程的实施以核心素养为引领，以立德树人为目标，以单元主题的形式安排了不同层次的课程。在课程纵向设置上，注重年级之间的知识衔接，以便学生抒发情感，尽情表达笔墨意趣。

学生全员参与并在美育课程中耳濡目染。通过美育以及校园文化的熏陶，帮助学生积极参与到传统文化学习中，进而促进学生德智体美劳等素质的全面发展，给学生带来长远影响。

在课程设置和课时安排方面，在全员参与的基础上，对于有兴趣、有特长的学生，我们利用每周四的课后服务时段组织他们进行深度学习，与校本课程交相呼应，以期实现校本课程的"全覆盖"和"分层次"实施。

通过这些国画校本课程，学生认识了国画工具和材料，学习了国画题材和技法，体会了中国画水、墨、色和宣纸产生的奇妙效果，学习积极性高涨。同时校本课程也结合了国家课程中有关国画的内容，引导学生欣赏徐悲鸿、张大千、齐白石等世界知名画家的作品，让学生了解其价值，激发热爱中华民族传统文化的情感。

在课程实施的过程中，从学生的学习效果和作品反馈的情况来看，学生对传统文化有了更深的了解，更加热爱祖国优秀的传统文化，提高了民族自信心和自豪感，真正把发扬民族传统精神、弘扬民族传统文化落到了实处。

三、丰富活动形式，培养学生审美情趣

为了满足不同层次学生的需求，在课程实施过程中，我们充分挖掘多种美育元素，将美育内容渗透到学科教学中，设计实施了一系列特色课程，培

养学生的审美情趣。

结合航天英雄回家，将生动鲜活的时事新闻、社会热点等内容纳入美育课程，引导学生关注国事、家事、天下事，在真实的生活体验中，加深学生的道德认知，让他们用行动向英雄致敬。

在校园写生课上，光影交错之间，四年级的学生兴趣高涨，陶醉在写生创作之中，抓紧每分每秒，用画笔记录下金秋美好的瞬间。通过对校园内银杏树的描绘，加深了学生对校园丰富多彩的学习生活的体验，培养了学生热爱校园生活的情感，也让学生进一步了解了北京丰台二中附属看丹小学的校园文化。

在中国传统文化中，绘画一直是国人引以为傲的艺术。为了更好地弘扬中国传统文化，引导学生感悟传统艺术之美，六年级学生学习体验的是传统印象的绘画，包括传统乐器、服饰配饰、民间珍品等一系列有着中华传统特色以及深厚文化底蕴的题材。

在学习创作的过程中，学生体验到中华民族优秀文化的艺术魅力，感受到其造型美、色彩美、装饰美，对中华传统文化产生了浓厚的兴趣，拓宽了传统文化视野，提高了艺术文化素养。

四、拓宽深度广度，充分发挥育人功能

为了更好地以美育人，我们还进行了学科拓展课程的实践。以创意线描为纵向串联，拓宽课程的深度与广度，设置线描纸盘、致美生活、校园写生、艺术鉴赏、国家宝藏等不同主题的线描作品创作课程。

一二年级为线描纸盘。对于低年级学生来说，线描画是极富趣味、非常便捷，也颇为有效的绘画方式。学生在利用线描装饰纸盘的过程中，能体验、感悟装饰画的艺术特点和美感。线描纸盘让学生学会从自然中获取丰富的形状，运用点、线、面等造型元素对纸盘进行美化、概括，培养了学生的想象力和创造力，提高了他们的审美能力、想象能力、创造能力和观察能力。

三年级为创意线描之青花瓷花瓶。在此过程中，教师通过课件、视频等引导学生了解青花瓷的制作过程及历史特点，通过对青花瓷不同造型、图案及寓意的欣赏，提高了学生对传统艺术美感的理解，让学生感受到传统艺术的魅力。

艺术来源于生活。为了培养学生感受美、表现美、创造美的能力，我们为五年级的学生设置了"致美生活"系列课程。通过对日用品的写生，引导学生观察生活，打造发现美的眼睛，并运用点、线、面的绘画语言将其描绘出来，使他们的观察力、记忆力、造型能力和创造力都得到了锻炼。

在艺术鉴赏课程中，结合国家课程，鉴赏名家名画之后，学生学习蒙德里安的绘画方法：先运用线描画的技法进行创作，再用对比强烈的大色块涂色进行衬托，取得了不错的效果，锻炼了学生的造型能力和色彩搭配能力。我们还以名作《戴珍珠耳环的少女》为例，带领学生体会了线描遇上经典的奇妙之旅。在此过程中，学生学经典、画经典，领悟了只要有想法就会有无数意想不到的创意，原来用单色线条来塑造物体形象也可以这么美！

通过以上美育课程一体化构建策略的设计与实施，在"落实核心素养"课改理念下主动寻找符合校情、学情的发展方向，形成了深层次的落实、改革、创新的教学探究之旅，具有创新性、开放性，产生了良好的教学效果。

学生在学习以上美育课程的过程中，了解了中国画的历史渊源与艺术特色，感受到传统文化的博大精深，陶冶了道德情操与品格，培养了审美情趣和绘画技巧，提高了综合素质。

学校美育课程的建设与实施，有力地促进了学生个性的全面发展，充分赋予了学生对课程的选择权，也为学生特色文化建设提供了一个新的有效载体。同时，在美育课程建设和教材的研发过程中，教师也得到了专业发展，达到了"教师与学生同发展、共进步"的课程改革目标。

作为教育者，我们要调整教育的着力点，让课改转化为变革教育的崭新力量与契机。勤下功夫，多做研究，因材施教，采用多种方法培养学生的创新精神，以美育课程建设推动育人模式的改革。只有这样，我们才能更好地优化课程建设，美育教育才能更好地实施，进而更好地培养学生的美育核心素养！

新课标背景下小学健美操课程建设与思考

谢广云　蒋永莲

近年来，体育课程改革不断深化，构建纵向衔接、横向一致、内在统一、形式联合的一体化体育与健康课程有助于实现课程的价值回归，体现"育体"与"育心"的融合。《义务教育体育与健康课程标准（2022 年版）》明确提出尊重学生学习需求，培养学生对运动的喜爱，注重学生运动能力的培养，奠定学生终身体育的意识，发展学科核心素养。

一、背景分析

小学生正处于身体发育的关键时期，小学阶段的身体塑造对他们非常重要。健美操作为学校体育教学的一项重要内容，非常具有时代感。它融舞蹈、音乐、体操于一体，具有丰富多变的动作内容、多样化的练习形式、特有的动感十足的音乐伴奏等特点，能创造和展示身体活动的姿态美，深受广大学生和老师的喜爱。健美操不仅能增强学生体质，还能使学生获得热情奔放的情感体验，这些都迎合了当代小学生追求健美体魄、求新求异的心理特点及精神需求。

北京丰台二中附属看丹小学秉承"尚品文化"的教育理念，坚持尚品教育，结合学生发展需要，遵循《义务教育体育与健康课程标准（2022 年版）》理念，以培养"康健、厚德、博学、雅趣"的中国少年为目标，构建了课内课外一体化，基础课程和拓展、特色课程相辅相成的体育课程体系。其中"康健"培养目标与体育教育的育人本质不谋而合，"活力健美操"课程作为"尚品"课程体系中的特色课程之一，围绕"以体育人""健康第一"，贯彻落实"立德树人"根本任务，遵循学生认知、身体机能发展规律，能培育学生的体育学科核心素养，强调基础性、面向全体学生，向学生普及体育健康知识，发展学生的运动能力，提高学生的体质健康水平。

二、构建"课内外一体化"健美操课程体系

学校健美操课程以"掌握一项技能，跳出一份自信，收获一份快乐"为美好愿景，面向全体学生，强调以学生发展为本，重视课堂教学，更新观念，充分发挥教师主导、学生主体的作用。课程根据学生的身体特点，严格按照发展身体各部位的要求，同时结合基础体操技巧进行教学，提升学生身体各部位肌肉群的力量、柔韧性、协调性、耐力等基本素质。课程建设遵循"课内外一体化"要求，注重普适性、凸显个性化，从课程目标、课程内容、课程实施与评价四个方面进行了精心设计。

（一）课程总目标

在健美操课程学习中，学生的需求主要表现为增强抵抗力、提高身体素质、改善身体姿态、学会自信自强等方面。通过分析学生的这些具体需求，我们从运动能力、健康行为、体育品德三方面将健美操课程教学目标确定为：

1. 掌握与运用健美操运动技能，提高运动能力。

学生在学练多种健美操技战术和参与展示或比赛的基础上，提高体能、运动认知和专项运动技能，形成积极的体育态度，提高解决问题的能力。

2. 了解健美操锻炼价值，养成锻炼的意识和习惯。

在情境展示中，学生积极调控情绪，踊跃表现自我；学会在健美操运动后调整身体，消除疲劳。

3. 积极参与体育活动。

通过小组比赛、团队展演等形式，学生了解并遵循健美操、体操项目的竞赛规则与行为规范，提高自身的创新意识、自信自强能力，能够做到遵守规则、尊重对手。

（二）课程内容结构

教师根据目标要求并结合学生特点确定了活力健美操课程内容结构（表4-12），将大众健美操锻炼标准套路与实用性、娱乐性强的身体健身法、姿态训练法相结合，通过游戏和比赛提高学生的运动能力，培养学生的健美操核心素养。整合后的健美操课程内容包括基础知识与基本技能、技战术运用、体能、展示或比赛、规则与裁判方法、观赏与评价，根据学生的实际水平与需要分为三个不同梯度。

表 4-12　活力健美操课程内容结构

	基础知识与基本技能	技战术运用	体能	展示或比赛	规则与裁判方法	观赏与评价
水平一	跟随音乐进行有节律的各种跳的练习，体验健美操基本步伐、上肢动作基本组合	在游戏中运用所学相关基本运动技能	参与体能游戏，随音乐体验单脚跳、双脚跳、弓步跳等练习	能在小组和班级内展示4个八拍的健美操小组合动作	判断单个或小组合动作的对错和熟练度	观看健美操比赛
水平二	完成由多个动作衔接的健美操组合，完成1～2套特色健美操，知道参与健美操运动对健康的益处	在游戏中运用所学步伐和肢体动作，完成组合练习	知道健美操的简单学练方法，乐于参与体能游戏	在小组和班级内敢于展示8个八拍的健美操组合动作	知道游戏中关于活力、健美等方面的基本规则和要求，能判断动作的对错	知道健美操比赛或表演的观看方式和途径
水平三	学会多种组合动作，完成2～3套特色健美操，了解健美操运动的相关知识和文化	在练习中合理运用技术动作并将创编动作运用到个人、小组和班级比赛中	在健美操运动中加强体能练习，发展灵敏、协调、柔韧等素质	参与健美操的多人、小组比赛，展示个人和小组创编成果，动作规范、充满活力	了解动作流畅与表现力的规则和裁判方法	观赏健美操比赛，尝试进行简要评价

（三）课程实施

健美操课程强调落实"学会、勤练、常赛"要求，实施过程层层递进，由普及到提高，注重梯队建设；在日常教学中让学生做到"学会"，在课外、课间操、社团中让学生做到"勤练"，再通过各级各类比赛以及每年一届的尚品体育节实现面向不同能力水平学生的"常赛"，全方位、全途径创建"尚品课程"项目。

1. 大单元教学，层层递进。

体育与健康课程将健美操作为一项特色内容在全校普及。通过大单元教学，螺旋式上升的内容安排，引导学生逐步掌握、不断提高、学会运用。

水平一阶段通过趣味游戏进行基本运动技能、韵律操的组合单元教学，结合踏板进行基本步伐和上肢动作的学练，让学生体验速度、力量、节奏的变化。

水平二阶段开始进行"健美操＋体操技巧组合单元"的学习，完成多个小组合动作学练，引导学生完成由多个动作衔接的健美操组合，在小组和班级活动中展现健与美。

随着学生体能水平的提升，在水平三阶段进行健美操主题单元教学，从单一操化动作到成套动作，完成 2～3 套特色健美操，展示个人和小组创编成果。

2. 课间操学练，丰富多样。

在基本体育教学的基础上，充分利用课间操以及课外体育活动的自主性、灵活性、多元性及创新性进行全校学生健美操学练。根据不同年龄学生的身心特点，增加学生喜爱的啦啦操、有氧健身操、街舞等元素丰富课程内容，由领操员进行分段示范、指导，鼓励学生组织丰富多彩的健美操活动，定期举行班级、年级展演和比赛，以赛促练，充分调动学生参与活动的积极性和主动性。

3. 社团梯队发展，培养特长。

在普及的基础上，利用学校现有的场地、器材设备，从各年级选拔后备力量。通过每周 2 次的社团活动，在培养学生兴趣的基础上发展学生特长，建立三级梯队。组建班、年级和学校健美操队，鼓励他们参加各级各类比赛。

三、健美操课程实践丰硕成果

学校健美操队自 2014 年组建至今已有 10 年。在这 10 年中，学校健美操队连续获得北京市健美操比赛的一等奖、二等奖、三等奖，队员荣获"优秀运动员"、老师荣获"优秀教练员"等荣誉称号，有 50 多名学生获得北京市大众健美操等级证书，健美操社团也连续六年被北京市丰台区教委评为"优秀社团"。通过实施健美操课程体系，学生在锻炼兴趣、体能水平、体育品德等方面均表现出良好的态势。

（一）提高兴趣，练就一项技能

以往的大课间采用的广播操和多年不变的音乐和动作，使得学生锻炼兴趣和锻炼愉悦度都不是很高。将广播操换成健美操后，其活泼的音乐，加上轻器械为学生带来不一样的感受与体验，让学生由被动锻炼变为主动锻炼。

在提高学生兴趣的基础上，教师再层层递进，引导学生练就健美操技能。目前一、二年级学生已经初步掌握健美操基本步伐、简单动作组合，能跟随音乐进行有氧健身操的学练；三、四年级学生能够在班级中进行小组展示，掌握了踏板操一套动作；五、六年级学生基本掌握2～3套特色健身操组合，能在班级和年级中展示。

（二）增强体质，展现健与美

健美操作为一项有氧运动，长期坚持练习可以使学生的各项身体素质得到明显改善。因为健美操是一项全身的、快节奏、较大负荷的运动，能够对人体产生一系列的作用和影响，还能提高肌肉弹性，有助于青少年成长，并使其骨骼更为致密、结实。在生活中，很多学生含胸驼背，身体仪态不是很好，练习健美操有助于学生良好身体形态的发育。

（三）增强自信，收获快乐

健美操传达的是一种积极向上、健康乐观的精神，健美的动作充满活力，学生在这种气氛下进行锻炼，能够缓解精神紧张。尤其是集体练习、配合，能让学生精神振奋并且增强他们的集体荣誉感。在班级展示、年级比赛中，学生也能够收获自信、快乐。

四、未来发展思考

健美操课程体系的实施不是一蹴而就的，课程的普适性与个性化相辅相成。如何在未来继续发展特色，形成完善的课程体系，需要学校、师生共同努力。结合目前实施过程中遇到的困难、问题和经验，我们做出以下思考并采取提升措施。

（1）继续建设一支有体育教育情怀的育人队伍。成立课题研究小组，进行专题研究，编写健美操校本教材，逐渐使其成为具有持久影响力的尚品特色课程，提升学校素质教育品质。

（2）加大硬件投入力度。添置必要的器材，为特色发展提供有力的保障。

（3）以活动为载体，促进学校特色发展。灵活组织开展有关健美操的活动，在活动中促进学生的全面发展。

（4）进一步完善课程评价体系。从学生运动能力的发展、健康行为的形成、体育品德的养成入手，选择适宜的评价方式，及时反馈，以评价促成长。

小设计中的数学智慧

牛海燕

《义务教育数学课程标准（2022年版）》指出，数学课程要培养学生的核心素养。其中，核心素养的一个重要方面是"会用数学的思维思考现实世界"。数学思维主要表现为运算能力、推理意识或推理能力，要求学生能够探究自然现象或现实情境所蕴含的数学规律，经历数学"再发现"的过程。为了真正在数学教学的过程中培养学生的核心素养，我在数学拓展课程活动中，筛选合适的教学内容，设计合理、实用的教学环节，并对此进行了较为深入的思考和尝试。

一、精心筛选巧选教学主题

在《义务教育数学课程标准（2022年版）》颁布实施后，学校组织了许多相关的学习活动，目的在于让教师更明确数学新课程标准的变化并领悟其中的精髓。进行了理论学习后，学校鼓励教师在教学中进行大胆尝试和探索，并推出开发学科拓展课程的活动。接到这个任务后，我在选择教学内容这个环节就进行了一番艰难的抉择：到底选择什么内容才能达到学校对拓展课程的要求？首先就是在国家课程的基础上，结合数学与其他学科，适当进行知识的拓展；其次就是课时的要求，一个完整的拓展课程，不能是单独的一节课，要有 3～5 课时的教学时长，使这几节课形成一个循序渐进、环环相扣的系列课程。

我将五年级上册的数学教材一个单元一个单元地加以分析，像小数乘法、小数除法这样的大单元，知识涉及的内容多，很难在 3～5 课时内完成拓展课程的要求，最终把目标锁定在了教材最后一个单元"数学百花园"中的"密铺"这个知识点上。密铺在以往并不属于教学的重点，因为在期末测试中往往只是用一道选择题进行考查，所以我们很少在密铺上花精力与时间进行精心设计，对密铺现象往往也不进行较为深入的研究。密铺现象中蕴含着一定的数学规律，同时密铺在生活中比较常见，如果能够针对密铺现象进行合理的设计，使学生进行较为深入的学习，就一定可以让学生有所收获。

二、巧妙设计落实教学内容

（一）巧设情境，激发学习兴趣

为了给学生提供他们感兴趣、不陌生的真实情境，结合学生熟悉的真实生活，我把为新落成的丰台站进行内部装潢设计作为切入口。上课伊始，我通过讲述老丰台火车站的历史和新丰台站的基本概况及其创新领先的技术，激发学生的自豪感和想要完成装潢设计的热情。

学生在学习了第一节课之后，已经认识了密铺现象，并能够正确判断图片中的情景是不是密铺，而这节课我要带领学生在数学的课堂上研究几何图形密铺的本质。我通过让学生在课堂上完成图 4-3 所示的"分类游戏"，引爆了学生对任意四边形是否能够进行密铺的认知冲突，进而在能与不能两种观点的不同认识下，引导学生进行深入研究，探究密铺的本质。

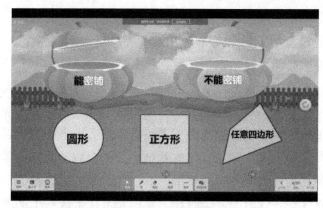

图 4-3 分类游戏

（二）精设环节，探究密铺的本质

在教学设计的过程中，我的设计理念就是希望学生通过本节课的探究，在想一想、拼一拼、算一算等活动中，感受并理解几何图形密铺的本质，即衔接点处各个角的度数和是 360°。如何引导学生关注到"衔接点""角度和为 360°"呢？在最初的设计和试讲的过程中，我发现学生很难像老师设想的那样关注到衔接点及角度和是 360°，这就需要在教学中循序渐进加以引导。于是我调整了设计，在教学环节的实施过程中从学生最容易理解的正方形密铺（图 4–4）入手，让学生通过课件的演示，关注到"衔接点"这一特殊的位置。于是我们有了如下一段对话。

师：同学们，在正方形密铺的过程中，像这样的位置的点，就叫作"衔接点"。你还能找到其他的衔接点吗？

生：能。（在屏幕上标出）

师：仔细观察每一个衔接点，你有什么发现吗？

生：每一个衔接点周围都有四个直角。

师：这四个直角拼在一起是什么角？

生：就是一个周角。

师：也就是……

生：360°。

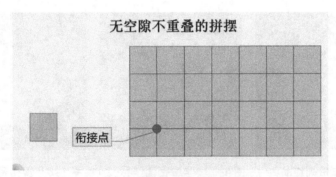

图 4–4　正方形密铺

通过这样层层深入的对话，学生在回答问题的过程中就可以抽丝剥茧地认识到判断几何图形能否密铺的关键是衔接点上各个角的度数和是否为 360°。

经过正方形密铺的学习，学生是否真正掌握了该知识点，就需要在接下来探索任意四边形能否密铺的过程中加以检验了，如图 4–5 所示。学生需要完成图 4–5 中的课堂活动。

活动一：
任意四边形能做到 密铺 ✓

活动提示：
1. 形式：以小组为单位，合作完成。
2. 学具：四边形，小扎板。
3. 方法：拼一拼，摆一摆，进行验证。

图 4-5　任意四边形的密铺

　　学生以小组为单位，每个组分到了 6 个一模一样的四边形。在拼摆验证的过程中，学生一开始会选择四边形进行随意拼摆，于是出现了图 4-6 所示作品。虽然在一个衔接点处完成了密铺，但是其他的拼合处却并没有完全做到角与角进行衔接拼摆。我在巡视的过程中提醒出现问题的小组，要尝试利用探索正方形密铺时的收获，帮助自己解决任意四边形能否进行密铺的验证过程。在不断探索尝试的过程中，越来越多的小组通过拼摆的形式，成功地验证了任意四边形可以进行密铺，如图 4-7、图 4-8 所示。

  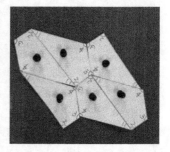

图 4-6　学生密铺作品（1）　图 4-7　学生密铺作品（2）　图 4-8　学生密铺作品（3）

　　虽然学生通过动手操作，验证了任意四边形的密铺，但数学是一门严谨的学科，在完成实操后，更需要学生运用数学知识去思考，并去解释任意四边形可以密铺的原因。于是，我们将成功的小组作品放在一起进行观察。很快就有学生发现在成功的作品中，每一个衔接点处都包含了四个角，并且这四个角是不重复的，分别标有∠1、∠2、∠3、∠4。在这部分学生的启发下，我顺势进行了追问：这四个角的和是 360° 吗？在没有量角器的情况下，你能证明你的想法吗？此时，学生们的学习热情越来越高涨，讨论也进入新的高潮。在生生间的相互启发下，大部分学生很快就意识到可以运用四边形内角和的知识来解释：衔接点处的四个角就是四边形的四个内角，所以它们的和就是360°。

在接下来的环节，学生充分发挥了他们的推理能力，利用之前的经验，结合课件的提示，成功地推测并解释了平行四边形、梯形、三角形等他们熟悉的平面图形能否密铺。尤其是在推理解释三角形能否密铺的过程中，学生的思维更加活跃与发散，他们不仅想到了用三角形的内角和去解释衔接点处六个角的和是360°，部分空间感较强的同学更是想到了通过旋转倍拼三角形形成平行四边形，进而利用四边形密铺的经验解决三角形密铺的问题，如图4-9～图4-11所示。

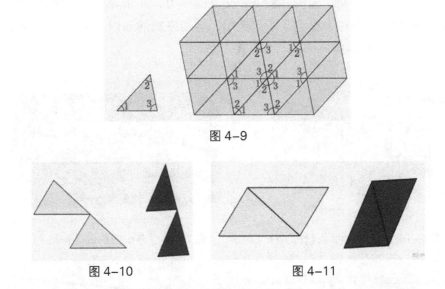

图4-9

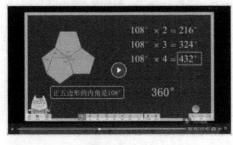

图4-10

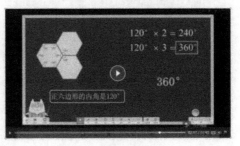

图4-11

最后，我引导学生采用观看视频的形式，学习了如何通过计算的方法探究正五边形、正六边形能否密铺，如图4-12、图4-13所示。

图4-12　　　　　　　　　　　图4-13

三、吾与吾生共成长

通过拓展课程的设计实施，我和我的学生在收获知识的同时，也锻炼并提高了能力。

就学生而言，通过这次密铺系列课程的学习，他们已不再停留在浅层次的密铺现象的学习，而是在这次形式丰富的密铺探索与实践课程中，通过动手铺一铺、摆一摆、想一想、算一算等不同活动，完成了对不同的几何图形是否可以密铺的猜想与验证。他们初步感知密铺与图形特征之间的关系，探索"密铺"中蕴含的有趣的数学规律；在本次课堂学习的过程中，学生锻炼并提升了观察、分析、猜测、验证和交流的能力，并培养了空间观念。学生在后续的设计方案中，做到了学以致用，运用密铺的知识，完成了各小组的设计作品，如图 4-14 ～ 图 4-17 所示。

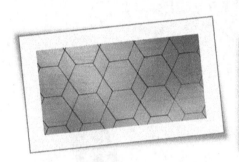

图 4-14　各小组的设计作品（1）

图 4-15　各小组的设计作品（2）

图 4-16　各小组的设计作品（3）

图 4-17　各小组的设计作品（4）

就我而言，可能要比学生的收获与成长更多。首先，在一次次调整教学设计、试讲的过程中，我对密铺的认知也在不断深入。在设计的过程中，在对新课标的不断学习中，我对密铺的教学目标的定位，从一开始的知道哪些规则几何图形可以密铺、哪些不可以密铺，逐步深入到通过拼摆、猜想、计算推理等活动，探索密铺的本质；在不断调整、充实课堂活动的过程中，我的目标设想从希望学生通过这堂课的学习达到提升观察、猜测、验证、推理和交流的能力，到希望他们能进一步发展空间想象能力、合情推理能力。其次，在设计学生课堂活动的过程中，设计的深度也得到了很大的提高。从最开始的活动罗列毫无层次，到后来的从观看正方形的密铺，到拼摆验证任意四边形能否密铺，再到抽象推理平行四边形、梯形和三角形能否密铺，最后到计算验证能否密铺这一系列的探究活动中，让学生经历了"习得—仿用—巧用—提升"这样有层次的学习活动。

总之，在新课标的引领下，我将继续探索如何在数学课程的教学过程中，既传递给学生基本的数学知识，又培养和锻炼学生的数学能力，让学生在数学课程的学习中，学习方法，增长智慧。

用数学的眼光看校园——身边处处皆数学

唐春喜

"认识周长"是人教版小学数学三年级上册的教学内容。这部分内容是在学生学习了三角形、平行四边形、长方形、正方形等平面图形的基础上进行教学的，也是学生进一步学习平面图形周长计算的基础。本节课在小学数学空间图形的学习中起着承上启下的作用，因此学生掌握好这部分内容非常重要。

周长对三年级的学生来说比较抽象，这是由于在实际生活体验中，学生见到、摸到、用到图形的形状、大小比较多，而感受和关注周长的比较少。

心理学研究表明，儿童的认知会经历"感知—表象—概念"一系列过程。小学生的认知规律和思维发展的特点，以及几何概念的特点，决定了小学生对周长概念的建立需要经历下面的学习过程。

一、借助丰富的感性材料，在直观感知中进行概念的学习

小学生的思维特点，决定了他们在理解抽象的几何概念、进行抽象的逻辑思维时，需要借助丰富的感性材料。

结合"'数'说校园 感知周长"这一拓展课程主题，我从学生熟悉的校园情景引入学习内容，让学生置身熟悉的校园环境中，边听音乐边欣赏校园的美景——学校的文化墙、百年古树、古语宣传画、绿竹雅韵、新建的操场，在轻松愉悦的氛围中唤起学生的学习兴趣。

借助多媒体展示了学校里学生非常熟悉的场景后，我提出了这样的问题：你们每天都会在操场上运动。学校操场里圈的长度是 200 米，若体育课要进行 200 米赛跑，要怎么跑才能完成比赛？

学生对此非常感兴趣，纷纷表示要上前演示一番。通过模拟的方式，学

生演示了从起点开始，跑到终点的过程，也初步感受到了"一周"的概念。

于是我趁热打铁，对学生的演示表示了肯定，指出从起点开始，沿着边线一直跑，最后回到起点，即跑完了一圈，也就是跑完了"一周"。这时候学生还是跃跃欲试，想到讲台前再演示一番。我也顺势又请了一位学生上台，来演示跑"一周"。

在学生略有兴奋的气氛下，我用动画的形式，演示了从起点出发，沿着边线跑，最终回到起点的过程。

为了巩固从起点出发，沿着边线，最终回到起点这三个要素，我还设计了一个判断的小环节，就是用动画的形式演示了三种不同的跑法：①沿边线跑。②沿边线跑，但是没有跑一周。③沿边线跑，超过一周。然后请学生来当裁判，判定这三种跑法是不是正确地跑完了比赛，并让他们说说自己的理由。

学生非常喜欢这样的活动方式，兴奋地做起了裁判。令人高兴的是，学生在做裁判的时候，判定的标准紧紧地围绕着起点出发、沿着边线、回到起点这三个要素。这也说明学生通过实际操作，在观察、比较、辨析中，逐步理解了一周的含义，而略显抽象的"一周"这个概念，借助直观的操作变得更容易理解了。这样的动手操作以及裁判经历，也使学生体会到了空间知觉，初步养成了空间观念。

在这个过程中，学生也发现了跑一周其实就是围着操场的一周跑，而操场一周的长度就是操场的周长。既然操场一周的长度是 200 米，那么操场的周长就是 200 米。

从学生熟悉的校园环境引入学习内容，在学生生活经验的基础上，通过观察和体验，结合多媒体课件的动态演示，能让学生更形象、更直观地感受"一周"的概念，并在此基础上初步理解周长的含义，以及周长在实际生活中的意义。

二、通过实践活动，经历概念的抽象与概括过程

数学概念的建立，是一个由具体形象到抽象的过程。仅仅凭借观察实物和模型是不够的，还必须让学生动手操作、动脑思考、动口表达，调动学生的多种感官参与到学习过程中，让学生逐步抽象出概念。

我设计了直观与操作相结合的环节，以使学生对周长的内涵有更深的理

解。借助丰富的感性材料引入周长的学习内容，让学生在操作中丰富表象的积累，真正理解周长的概念，从而形成空间观念。

利用身边常见的物品，让学生感受物体表面的周长。我设计了一个小的问题，就是让学生找一找教室中哪些物体表面有周长。

学生开动脑筋，活跃思维，找出了黑板、电脑屏幕、屋顶、钟表盘、桌面、数学书封面、橡皮表面……

我也及时肯定了他们的成果："刚刚你们找到了物体表面的一周，这一周的长度就是物体这个面的周长。"

在学生找周长的过程中，我不时地进行提问："你能找到数学书封面的一周吗？它的周长是什么？""我们接着走进校园，看看哪里还有周长？"

学生在这些熟悉的寻常事物中，通过指一指、摸一摸，对物体的一周进行交流，感知周长的存在。通过寻找周长，学生明确了周长就是物体表面一周的长度。

正是因为引入了丰富的情境，学生在学习周长这样的抽象概念时，才没有感觉到枯燥。在交流中，学生们感悟到数学问题原来与生活是紧密结合在一起的，大家要学习的数学问题原来在生活中广泛存在，这让他们产生了更强烈的学习需求。

所以，在数学教学中选取学生熟悉的情景原型作为素材，不仅能起到调动学生已有经验、丰富学生感性认识的作用，还能帮助学生关注生活，激发其持续学习数学的热情。

三、从实物直观到图形直观，通过抽象的概括形成概念

在研究教学的时候，我了解并意识到，图形是从客观事物中抽象概括出来的。它排除了具体事物的非本质属性，抽象出几何概念的本质属性，因此在形成概念时起着重要的作用。反映在教学中，就可以借助学生熟悉的具体物体抽象出几何图形，再概括出概念。

我设计了这样的环节：将实物平面的周长显示出来，同时让实物消失。同时我引导学生感受抽象的周长："现在请你想象一下，如果只留下这些边线，会是什么样？"

学生观摩了从物体表面抽象出图形的过程，意识到边线所围成的图形就是平面图形，他们的空间观念有了新的提升，认识到图形一周的长度就是它

的周长。

在学生有了这样的认识后，我带着学生继续回到校园场景。

我向学生提问："咱们学校里还有一些古树，我们去看看吧。如果沿着银杏树下面的座椅走一周，形成的是什么图形？沿槐树的座椅能走一周吗？"

这里就涉及了一些具体的事物的图形是不封闭的。针对栅栏这种不封闭事物，我继续提问："这是沿栅栏走形成的不封闭图形，你能把它变成封闭图形吗？"

通过这个环节，学生概括出周长的概念：封闭图形一周的长度就是它的周长。

四、深化理解概念，运用概念

学生理解了周长的本质特征后，还必须学会自觉地运用概念，进一步内化对概念的理解。为此，我设计了现实的问题：比较两个图形的周长。通过算一算、数一数，巩固了学生对封闭图形周长的认识和理解。

此外，我还设计了实践活动任务单，以便学生按照任务单的要求去实际测量身边事物的周长。

通过本次拓展课程的教学，在解决有关周长的具体问题的过程中，不但让学生对周长的概念有了深入的理解，同时也为他们后续学习长方形、正方形的周长做了铺垫。

教学相长，通过这次拓展课程，我也对周长的概念有了更加深入的认识和理解。课程内容的素材应从学生的生活情境出发，使学生的学习有表象的支撑。课程教学应从学生现有的认知基础经验入手，生活经验的调取与应用能够帮助学生更好地理解概念，引领学生经历概念的认识过程，使学生原有的认识得到提升，使学生学会用数学的眼光观察身边的事物，进而理解概念的本质。

"以情动人，浸润心灵"的情感教育

——提升小学道德与法治课程的育人实效

孟　如

《义务教育道德与法治课程标准（2022年版）》指出：人无德不立，国无德不兴；法治兴则国兴，法治强则国强。青少年阶段是人生的"拔节孕穗期"，要扣好人生的第一粒扣子，尤其需要精心引导和培育。思政课是落实立德树人根本任务的关键课程。

育人的关键是育心。我国著名德育理论家鲁洁教授说："德育面对的是一个个有血有肉的人、是人心，而不是抽象的概念化的人、冷冰冰的理性；德育彰显的是人的向善之心，它展示的是人对美好生活的向往，对美丽人生的追求，世间还有什么比这些更有魅力？"作为一名道德与法治专职教师，我一直进行着实践探索：如何在课堂上激发、唤醒学生内心的真情，触及学生灵魂深处，使学生在心灵体验的基础上悟得和内化，并在生活中将这样的情感认知转化为行为指南，增强学生做中国人的志气、骨气、底气，使学生成为有理想、有本领、有担当的社会主义时代新人？现结合我所执教的五年级下册道德与法治"众志成城"一课的教学实践，谈一谈我在以情动人，浸润学生心灵，提升道德与法治课堂育人实效性方面的感悟。

一、创设情境，沉浸式学习，激发情感

1.教学片段：初读《铜墙铁壁》雕塑。

师：同学们，请仔细观察抗战馆大厅这座《铜墙铁壁》雕塑，你们看到了哪些人物？雕塑作品想要表达什么？

生1：这里面有拿着枪的军人，他们目光坚定，双手有力地握着枪，说

明我们的军人非常勇猛。

生2：我还看到了老人和孩子，老人拄着拐棍，孩子在老人的怀里，他们也和军人站在一起。

师：同学们，你们观察得真仔细，中国人民的抗日战争是一场全民族的抗战，上至花甲老人，下至少年儿童，亿万中国人为保护祖国而英勇地站了起来，共同守卫我们的家园。今天就让我们一起走进抗战馆，在史料中追忆那段峥嵘岁月，寻找抗战胜利的原因。

2.教学片段：再读《铜墙铁壁》雕塑。

师：此时此刻，再次观看这座《铜墙铁壁》雕塑，你们有了哪些新的感受？

生1：再次观看，我想说：哪有什么岁月静好，只不过是有人为你负重前行！是革命先辈用他们的鲜血换来了我们今天的幸福生活，是他们用身体铸成了保卫我们的钢铁长城！

生2：我想对革命先辈说："你们放心吧，这盛世如你们所愿！"

生3：我终于知道为什么国歌这样唱："起来！不愿做奴隶的人们！把我们的血肉，筑成我们新的长城！中华民族到了最危险的时候……"没有奋勇献身的革命先辈，就不会有中华民族的今天！

…………

以上情境描述的是五年级下册道德与法治课"众志成城"这堂课的开始与尾声环节。在本节课上，教师巧妙地为学生创设了模拟参观抗日战争纪念馆的学习情境，并精心挑选了抗战馆内的部分史料，帮助学生沉浸式开展对那段峥嵘岁月的回忆，在学生的视野中再现各行各业的中华儿女是如何舍小家为大家投身到抗日救国运动中，众志成城，最终取得抗战胜利的。

情境教学法是指在教学过程中，教师有目的地引入或创设具有一定情绪色彩的、以形象为主体的生动具体的场景，以引起学生一定的态度体验，从而帮助学生理解教材，并使学生的心理机能得到发展的教学方法。情境教学法的核心在于激发学生的情感。生动的语言、有趣的游戏、角色扮演、富有挑战性的任务型学习活动等，都是寓教学内容于具体的情境之中，能激起学生对知识的好奇心，使学生积极主动地去探索。正所谓情到深处自然流，对本课中《铜墙铁壁》雕塑的前后对比解读，学生富有深度的情感表达，正是基于对课堂内容的深入理解，也是他们真情流露的体现。这种浸润心灵的教育能有效促进学生行为上的变化，提升道德与法治课堂的育人实效。

二、媒体技术，多感官体验，升华情感

教学片段：一面残墙

师（出示台儿庄古城遗留墙壁图片）：这是台儿庄古城一面被保留并修葺的残外墙。仔细观察，你们发现了什么？

生1：我看到这上面有很多弹孔，有大有小，而且都很深。

生2：介绍上说在这些弹孔的最密集处，0.5平方米就有30多个弹孔。几乎每块砖上都有弹孔，说明战争无比激烈。

师（播放音乐："枪炮声"）：同学们，看到战场遗留下的这面墙壁，此时此刻你们能联想到什么画面？听到什么声音？闻到什么味道？

生1：我仿佛看到很多身负重伤的战士还在奋力拼搏，面对枪林弹雨一点也不畏惧！

生2：我耳边仿佛响起持续不断的炮轰声，地面上已经血流成河，尸首遍野。

生3：我仿佛闻到空气中弥漫着血腥味，耳边响起持续不断的枪炮声，还有身负重伤的战士不顾自身的伤痛仍然与敌人厮杀的叫喊声！

生4：我仿佛听到战场上两军拼杀的嘶吼声、伤员的痛苦呻吟声，夹杂在枪炮的攻击声中此起彼伏。

师：无墙不饮弹，无土不染血。在民族危亡时刻，面对敌我悬殊的状况，共产党领导的八路军战士和国民党领导的国军战士，同仇敌忾，共同抵御日寇，展示了中国军人不畏强暴，血战到底的抗战精神！这是铮铮中华儿女不朽的民族气节，是敌军掠夺不走的民族之魂！

…………

生动、形象的图像、声音、文字、动画，可充分调动学生的眼、耳、口、手等多种感官投入学习中。本课中，教师通过残墙的视觉冲击，适时适当插入枪炮攻击声的听觉刺激，再通过精准的问题引导，使学生身临其境般感受战士的战斗精神！学生仿佛看到了战场上的激烈残忍，仿佛闻到了空气中弥漫着的弹药的味道和血腥的味道，仿佛听到了拼杀的嘶吼声、武器的攻击声和敌人的哀嚎声，这样的效果比视频更具冲击力，丰富的联想画面更能震撼学生的心灵，有效升华了学生对将士抗战精神的深刻感悟，提升了教学

效果。

本课中，教师还使用了 6 处背景音乐。背景音乐不仅可以烘托课堂氛围，还可以帮助教师掌控课堂时间。在学生读白刃格斗英雄连的故事，感悟抗战精神的环节，教师播放精心节选的符合阅读进度的节奏型背景音乐，让学生随着音乐的跌宕起伏同八路军战士一起经历激烈的白刃格斗。同时恰到好处的音乐，又巧妙地控制了阅读时间，默默带领学生从战场回到课堂。在英烈故事交流、小组讨论、给革命先烈写一写心里话等环节，教师都巧妙地插入了节奏长短合适的背景音乐，升华了学生的情感，有效提升了革命传统教育的教学实效。

三、颠覆常识，矛盾化认知，震撼情感

教学片段：何谓百团大战

师（出示八路军与日军主要武器对比）：在这样武器悬殊、敌强我弱的情况下，面对日军的囚笼政策，你们有什么对策？

生 1：因为武器差距实在是太大了，所以正面攻打根本赢不了，我们可以偷袭，这样或许才有胜利的可能。

生 2：我觉得敌人的这个策略太恶毒了，如果你偷袭其中一个据点，日军其他地方的兵力马上就会赶来支援，况且我们的武器也不如他们先进，这样等于白白送死！

生 3：我觉得可以趁天黑利用土地雷这样的武器先把交通线炸掉，等敌人修交通线的时候趁机攻打这个据点！

师：在这种武器悬殊、敌强我弱的情况下，同学们都想到了绝对不能不战而亡。为了保家卫国，我们必须战斗！但无论是破坏某个据点、交通线，还是偷袭，都可能会失败。下面就让我们看看指挥官彭德怀司令是如何决策的！（播放视频：《百团大战》电影剪辑）

生 1：我觉得彭德怀司令这个方法简直太棒了！日军一定都傻眼了，他们以为天衣无缝的"囚笼政策"就这样被八路军破坏了。我觉得战争中武器固然重要，但是军事策略更重要！

生 2：我感觉这样的战役必须很多人一起上，也终于知道为什么这场战役叫百团大战了。如果人少就无法做到多点出击，多点破坏。

生 3：我特别欣赏彭司令说的这句话："只有死人才躺在棺材里等死

呢！"虽然我们的武器不如敌人，但是我们利用才智仍然可以在劣势情况下取得胜利，这样的战斗实在是太精彩了！

…………

关于百团大战，学生通过阅读资料已经有了一定的了解，但很多学生存在着我们是以多制胜的认知偏差。本课中，教师通过呈现"囚笼政策"、武器对比等前期铺垫，使学生在常规化认知下，对这场战斗取胜的结果产生了矛盾化思考：敌我如此悬殊怎样才能胜利？这种策略以多制胜的胜算也不大啊？教师在此基础上呈现电影片段，使学生对彭德怀司令的高超指挥策略赞不绝口，由衷敬佩八路军不畏强暴、有勇有谋的作战能力。

教学中让学生有深刻记忆的片段往往就是颠覆了他们常规认知的一刹那，而在这一刹那所迸发出的震撼情感正是调动人的原有认知结构的某些线索，经过思维的内部整合作用，人就会顿悟或产生新的认知结构。这是一种智慧的唤醒或者启迪，这样迸发的智慧情感认知怎能不提升教学实效呢？

总之，作为一名专职思政课教师，我要努力为学生成长打好底色，加强能直击学生心灵的情感教育，培养新时代中国特色社会主义的建设者和接班人。苏霍姆林斯基曾说："请你记住，教育首先是关怀备至地、深思熟虑地、小心翼翼地去触及年轻的心灵。"触动学生心灵，首先要让他们动情。让思政课"以情动人，浸润学生心灵"，我们任重而道远，责无旁贷。

核心素养视角下信息科技课程学习活动探究

张　莹

核心素养本质上是关于"培养什么样的人"的问题，提升学生核心素养是把握教育目标的一种方式。《中国学生发展核心素养》总体框架为我们描绘了"21世纪中国学生应具备的能够适应终身发展和社会发展需要的必备品格和关键能力"这一宏观教育理想。学生的核心素养能否得到培养，关键在于其在课程教学中能否得到有效的锻炼和启迪。

《中国学生发展核心素养》以培养"全面发展的人"为核心，根本出发点是全面贯彻党的教育方针，践行社会主义核心价值观，落实立德树人根本任务，突出强调社会责任感、创新精神和实践能力。素养不只是知识和技能，它是在特定情境中，学生通过利用和调动各种心理社会资源，以满足复杂需要的能力。学生仅仅掌握表面知识是不足以支撑将来的学习和发展的，任何学科的学习，都是为了更好地帮助学生形成系统的知识体系，让学生在课程学习中形成学习能力、创造力。学生学习知识技能是为了在需要的时候能够有效使用，也就是所学知识对自己以后的学习、生活、工作有帮助。教师的教学目标从学生的习得中体现，在教学中充分利用课上有限的时间，设计符合学生发展的学习活动，能够有效培养学生的核心素养。下面，我从课程特点方面谈一谈具体做法。

一、保证技能，深化用途

信息科技课程的每一章节、每一课时，都有特定的、必须掌握的基础知识和基本技能。在教学过程中，"让学生掌握基本知识与技能"这一教学任务有着相当大的分量，它是学生继续学习的前提和保障，也是学生创新的源泉，更是学生走向更深的知识领域的基础。只有高质量地掌握了基础知识和基本技能，学生才能用所学知识和技能服务于生活和学习，才能使课程学习发挥真正的作用。

例如：在"充实演示文稿"一课中，活动一　呈现"我爱首都北京"演示文稿，引导学生思考：①如何插入文字和图片？通过思考，明确技能目标。②文字和图片有什么特点？通过观察，明确文字和图片可进行设置，再一次提出技能目标。通过实操，可以初步掌握技能；通过前后效果对比，可以感知技术背后所蕴含的信息思维方式。学生经过小组之间的借鉴、评价，得出设置文字、图片格式的含义。活动二　①让学生观看微课，学习插入相册（多张图片）的方法。②在"相册"对话框中，如何调整图片的顺序？学生通过制作相册，可以体会到：要想使文稿内容更加丰富生动，更有说服力，幻灯片还要达到一定的量，且文字和图片要经过筛选和设置。另外要根据表达的内容，调整好幻灯片的顺序，在整个操作过程中注重方法的运用。

又如：在"链接信息资源"一课中，活动一　呈现"北京的小吃"演示文稿，引导学生思考：①当指针指向目录中的小吃名称时，鼠标的形状发生变化了吗？②演示文稿中幻灯片的排列顺序与刚才播放的顺序一致吗？通过对比，学生可以体会到数字化阅读打破了传统的线性阅读方式，呈现出放射性和跳跃性等方面的特征，从而让学生感知技术背后所蕴含的非线性思维方式。学生在此基础上进一步揣摩体会、研习范例，提炼出链接载体和链接目标的概念。

二、创造情境，加深理解

在信息科技课程的学习中，学生往往只注重知识学会了没有，缺乏利用所学知识解决实际问题的意识。我们教育的目的，就是让学生通过学习文化知识与技能，去适应新社会、创造新生活，乃至参与服务社会。所以，在教学中，提高利用所学知识解决实际问题的意识，可以让学生更明晰学习目的，更明确学习动机，进而感受知识存在的价值和学习的意义。

例如：在"充实演示文稿"一课中，活动三　①展示并讲解学生作品"我爱首都北京"。②你认为他表达出自己的真情实感了吗？通过此活动，学生对制作过程有了更深刻的体验。教师可以让学生思考其讲解的内容和幻灯片是否吻合，以及幻灯片是否表达出了作者的思想，通过小组互评和自评，在运用技术的同时，使学生将自己的思想融入其中，深化对幻灯片的理解。

又如：在"链接信息资源"一课中，活动二　打开并播放范例演示文稿，仔细找一找，这个作品中分别有哪些类型的链接载体和链接目标？在这项活动中，教师让学生对范例中的"超链接"进行梳理，逐步理解超链接的作用，并找出范例中不同类型的超链接，进一步理解链接载体、链接目标的含义。活动三　浏览电子书《舌尖上的中国》，分析演示文稿的结构，规划电子书目录的超链接：用下划线标出目录幻灯片中的所有链接载体，用箭头指向它的链接目标。待完善的电子书是一个半成品，其中的幻灯片已经制作完成，只留下"超链接"这个技术空白，教师在创设真实问题情境的同时，可让学生体会信息加工的需求。另外，相对于整个作品来说，学生仅需做局部的加工，避免了从零开始造成的低水平重复学习，能够提高学习的针对性，也容易获得成功的体验。同时，以连线匹配的形式，引导学生对演示文稿中的超链接进行规划与思考，可以有效避免制作活动中的"链接混乱"现象。

三、结合实际，内化素养

信息核心素养需要在真实的、深入的知识探究和问题解决的过程中逐步形成。当学生具备了一定的技能之后，教师还要引导其深入理解技能的作用。只有把技术应用到实际需求当中，才能在真正意义上了解信息科技的价值，从而内化课程核心素养。

例如：在"充实演示文稿"一课中，活动四　完善"北京的桥"演示文稿：对文字和图片进行修改，适当添加文字说明。此文稿中，基本的文字和图片都已经插入完毕，属于半成品文件，配套的口述稿件也提供给了学生，学生可根据自己对稿件内容的理解，来修饰设置文稿内容。通过这个活动，学生的表达能力得到了一定的锻炼，也对幻灯片的感染力以及解说作用有了进一步的认知。

又如：在"链接信息资源"一课中，活动四　根据规划方案，完成超链接的设置：①如何创建文本超链接？②在"插入超链接"对话框中，还有哪些可供选择的"链接目标"类型？请按照规划完成电子书目录的内部超链接。③为电子书中的"网页地址"和"主编邮箱"图片创建外部超链接。活动五创建"返回"动作按钮并思考：①怎样创建动作按钮？②如何在多张幻灯片中快速创建"返回"目录按钮？③"插入超链接"和"动作按钮"有什么区别？

在活动四和活动五中，通过制作不同类型的"超链接"，使单"个"技能的学习，上升到同"类"技能的使用，再过渡到"返回"按钮知识点上，引导学生发现不同方法在运用中的区别。这样既保证了学生对基本技能的掌握，也实现了学生对规律的把握，从而培养了学生解决实际问题的能力。

总的来说，在这两节课的学习中，学生首先理解知识的概念、分析知识的用途，基本掌握操作技能；其次设计并解决问题，在解决问题的过程中，逐步理解技能的核心价值，为在真实的学习情境中解决实际问题做好准备；最后创设真实的学习情境，将技能与解决"真实"的问题结合起来，从而进行有意义的学习。

总之，培养信息科技课程核心素养，应该注重学生应用信息科技解决生活实际问题的能力。在设计学生学习活动时，教师不仅要重视学生技能的学习，还要循序渐进地加强学习，创设真实的学习情境，使学生在使用所学知识的同时感受学习的真正含义。建立技能与用途之间的联系，让学生真实感受技能在生活中的重大意义，从而真正有所得、能应用，这就提升了学生的信息科技课程核心素养。

轻松快乐学英语

——北京丰台二中附属看丹小学英语课程建设

高 艳 孙俊杰 王燏鹳 肖 冰 孟晓琼 吴 爽

基于北京丰台二中附属看丹小学学生现状、英语学习规律和英语学科发展目标，我校英语学科组在完成国家课程的基础上，增加了英语歌曲、自然拼读与英语绘本阅读校本课程，在实施过程中推进英语学科发展，促进学生英语素养提升，转变教师英语教学观并提升教师英语教学水平，推动学校发展。

一、英文歌曲课程

儿歌是少儿口头传唱的歌谣，在任何一种语言中都有着启迪作用，是学生学习语言的一种有效工具。儿歌是培养儿童语言技能的最佳素材和最好形式，将儿歌引入小学英语课堂，不仅能活跃课堂气氛，激发儿童学习英语的兴趣，还能开启心智，培养学生的语感和节奏感。英语儿歌充满童趣、富有动感、朗朗上口，诵读儿歌有利于学生学习语音、增加词汇量，能增强学生的语感和语言文化的熏陶，能激发学生学习英语的兴趣，也能为课堂创设轻松愉快的学习气氛。它们是最佳的语言表达学习方式，是最简洁的学语言途径，所以儿歌在语言教学中的作用是不可忽视的。

针对 1～6 年级相关话题及学生兴趣特点，我们选择了充满童趣、朗朗上口的英文歌曲，让学生利用课前 5 分钟欣赏、学唱。英语组教师整理了北京丰台二中附属看丹小学英语歌曲资源库（表 4-13），该歌曲资源库每年都会根据学生的情况进行调整。

表4-13　北京丰台二中附属看丹小学英语歌曲资源库

年级	上学期	下学期
一年级	Jumping ABC Song	Happy birthday to you!
	Hello Hello How are you?	Daddy finger
	1—7	Apple red
	How many?	A is for apple
	Walking Walking	Can you clap?
	Happy New Year	Make a circle
二年级	Days of the week	Open shut down
	One little finger	Daily routines song
	Animals on the farm	Seasons song
	Row your boat	Head shoulders knees and toes
	Shake my hand	Rain rain go away
	Count 1 to 20	This is the way
三年级	Ten little Indian boys	Spring is here
	Months of the year	The more we get together
	Twinkle, twinkle, little star	Drawing shapes
	What's the weather like today	I like food
	Breakfast time	Mother's Day
	We wish you a merry Christmas	What do you want to be?
四年级	The wheels on the bus	Edelweiss
	Can you help me?	Outdoor safety tips
	London Bridge is falling down	It's a small world
	This is the way we trick or treat	Down in the valley
	Five little monkeys	I want to say thank you
	Down by the station	If you are happy
五年级	You are my sunshine	Lemon Tree
	Over the summer sea	I get up in the morning
	Jingle bells	America, America
	Follow the rules	Fly fly in the sky
	We are one big family	School days
	Can you play basketball very well?	What is she/he doing?
六年级	The last rose of summer	Five hundred miles
	Yesterday once more	I'd like to teach the world to sing
	Do Re Mi	Monsters
	In December	You raise me up
	Happy dance	Dream it possible
	It's a small world	How do you do?

我们根据学生的年龄特点，拓展多种形式的歌唱活动。对于低年级的歌谣，我们让学生适当加上动作，边表演边唱，增加趣味性。对于高年级的歌谣，我们则适当增加一些小诗歌朗诵和听歌曲填歌词的挑战性活动。我们的理想目标是学生在小学毕业时，能有五六十首英语歌曲的储备。

二、自然拼读课程

英语是一种拼音文字。英语单词由字母组成，字母或字母组合决定了单词的读音。自然拼读法又称为"Phonics"，是目前国际主流的英语教学法。它不仅是以英语为母语国家的孩子学习英语读音与拼字，增进阅读能力与理解力的教学法，更是以英语为第二语言的英语初学者学习发音规则与拼读技巧的教学方法。自然拼读法可解决小学生在英语学习过程中记不住、不会读单词的问题，使小学生逐步发现和掌握单词拼读规律，从而提高英语学习兴趣。自然拼读法也能有效提升小学生的记忆能力和学习效率，不断增强学生的词汇积累和阅读能力，促进学生语言能力的发展。在小学，从低年级开始，循序渐进地进行英语拼读教学是可行的。

基于此，我们进行了自然拼读的校本化。我们参考了《牛津拼读世界》教材，先教学字母发音，然后教学元音字母的长短音、字母组合的发音。我们将拼读内容制作成课件，一、二、三年级利用每节课的前五分钟，对学生进行拼读规律的指导和练习。为了让学生在家练习有抓手，我们把拼读内容整理成 Word 文档发给学生，并阶段性地把学习过的拼读规律用思维导图的形式整理出来，以便学生梳理总结（图 4-18、图 4-19）。四、五、六年级课堂上遇到新单词，教师巩固复现拼读规律，帮助学生记忆单词的发音，目的是让学生在六年当中不断地巩固，达成见词识词，有效背诵记忆。

以下每学期自然拼读内容介绍。

Book 1：The Alphabet（字母名称和发音，一年级上）

Book 2：Short Vowel（短元音，一年级下）

Book 3：Long Vowel（长元音，二年级上）

Book 4：Consonant Blends（辅音混合发音，二年级下）

Book 5：Letter Combinations（字母组合发音，三年级上）

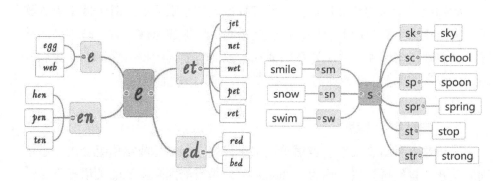

图 4-18　e 拼读思维导图　　　　　图 4-19　s 拼读思维导图

三、绘本阅读课程

《义务教育英语课程标准（2022 年版）》强调要合理利用和开发课程资源，拓展学用渠道。绘本因与课程理念的契合而成为深受师生欢迎的英语阅读资源。绘本具有插图易懂、情节有趣、语言地道、主题广泛等特点。对于喜好新鲜事物的小学生来说，绘本充满神奇的力量，符合他们的思维方式。在小学这样的基础教学阶段，英语绘本的作用是不可替代的。

学生综合英语能力的提升离不开真实的英语语境，而在实际的教学活动中，英语语境是非常缺乏的。绘本可以解决这个问题，可以提供真实的英语语境。绘本图文并茂，用图片营造了具体语境，并用英语进行描绘，发生真实的对话，可以让学生融入其中，切身体验英语。阅读英语绘本可以让学生了解丰富的英语表达，学习理解陌生的单词，增加词汇量，培养语感。

我校选用大猫海尼曼分级阅读绘本，分年级实施绘本阅读课程。绘本图文并茂，用图片营造了具体语境，可以让学生融入其中体验英语。学生可以自主选用网络资源进行绘本配音。在课内课时受限的条件下，我们利用课后延时服务的时间段，进行每月一次的绘本阅读课程。

为促使校本课程落地，给学生搭建展示英语的平台，我校开展"尚品英语节"活动。让每个学生在轻松愉快的活动中感受英语、应用英语、体验学习英语的快乐；让每个学生在活动中找到自信，通过各种形式展示自己的英语能力。

北京丰台二中附属看丹小学英语校本课程设计着眼于未来，以期让每个学生都通过对这些课程的学习，在小学毕业的时候能够达成课标中二级要求，能有五六十首歌曲的积淀，拼读能力达到见词能读，能用英语多角度地谈论主题，为将来中学的英语学习打下坚实的基础。

总之，语言学习是建立在大量的"习得"和"学得"相结合的基础上的，我们要尽可能为学生创造多渠道、多模式的语言输入，帮助他们在"学得"语言的阶段自然而然地内化语言，轻松愉快地"习得"语言，从而真正掌握语言。

第五章　尚品课堂

尚品课堂

单巍巍　赵爱东

　　课堂是落实学校文化的主阵地。在课堂建设中，我们秉承学校"尚品文化"理念，积极开展以核心素养为引领的课堂教学实践研究，构建"尚品课堂"。

　　从2021年"双减"政策的实施，到《义务教育课程方案（2022年版）》的发布，新的政策与标准对我们的教学提出了更高的要求，也给我们带来新的挑战与思考。以核心素养为导向的课堂教学改革，是全面落实培养担当民族复兴大任时代新人的要求，结合义务教育的性质与课程定位，将党的教育方针具体细化为着力培养学生核心素养，体现正确的价值观、必备品格和关键能力的要求。

　　新课标的出台，预示着课堂教学重点要从检查知识点转化成检查解决问题的能力。这就要求我们进行"单元"或者"主题"的设计，确定单元学习主题，创设真实情境；确定单元学习目标，形成学习预期；设计单元学习活动，实施任务驱动；设计持续性评价，持续反馈调整。

　　为贯彻落实"双减"政策及新课标，我校开展了课堂教学改革，课堂教学、教师、学生等都发生了很大的变化，在一定程度上提高了课堂教学效率。但是，教学还存在其他一些问题，直接影响着课堂教学质量。

　　例如，一部分教师还不能合理地依据教学内容形成主题教学，出现了以知识为主体、以教为主的传授式课堂教学；虽然很多教师依据自身的经验进行设计与实施教学，但他们或在学情分析中缺乏对学生已知、未知、难知的学习内容的精准把握，导致问题设计不能激发学生的学习欲望；或因问题设计与学生已有知识、经验匹配得不准确，教学过程与目标关联性不强，导致学生不能形成解决问题的能力；或因持续性评价不到位，导致缺乏对影响学习效果因素的精准分析，教学流于形式。

鉴于此，我们开展精准课堂教学研究作为破解这些难题的抓手，通过精准课堂教学研究，改变教师教学观念，改善教师教学行为，提高学生学习能力，提高课堂教学效率，打造师生高品质发展的"尚品课堂"，促进教学水平高质量发展。

（一）内涵与特征

1.内涵。

"尚品"课堂是指崇尚高品质的课堂教学，具体内容是追求师生高品质发展，学生想学、能学、会学、乐学，教师乐教、会教、教会。

"尚品"课堂的核心是核心素养导向下的精准教学，即以各学科核心素养为基本依据与标准，教师根据学生的实际情况，遵循教育教学与学生发展规律，聚焦课堂教学任务，准确制定教学目标，选择合理的教学与评价任务，设计科学的教学流程与作业，开展教、学、评高度一致的教学活动，达成预期教学目标，实现师生共成长的活动过程。

2.特征。

"尚品"课堂教学中凸显关注生活、关注思维、关注情感的特征。

（1）关注生活。杜威说："教育即生活。"陶行知说："生活即教育。"课堂教学中的问题和情境，来源于学生的生活，基于学生的生活经验，学生在生活中会运用学到的知识思考问题和解决生活中的实际问题。

（2）关注思维。思维能力的培养是课堂教学的核心任务。根据布鲁姆的目标分类学，我们把学生的思维分为低、中、高三个阶段，低阶思维指记忆、理解，中阶思维指应用、分析，高阶思维指评价、创造。在课堂教学中，根据学生的实际情况，教师不仅要引导学生达成低阶思维目标，更重要的是学生中阶思维的达成以及高阶思维的初步培养。

（3）关注情感。课堂不仅要传递学科知识，更要关注学生的情感体验。在课堂教学中，教师要营造和谐共融、相互尊重的氛围，创设真实的情境，调动学生参与的积极性，引导学生在学习探究的过程中体验成功的快乐。

（二）目标

"尚品"课堂的目标是教师高品质教、学生高品质学。具体请见"尚品"课堂教学评价标准（即"尚品"课堂教学目标体系）。

（三）主要措施

制定"尚品"课程教学评价标准及目标体系。

北京丰台二中附属看丹小学"尚品"课堂教学评价量表如表 5-1 所示。

表 5-1　北京丰台二中附属看丹小学"尚品"课堂教学评价量表

学科：＿＿＿＿　　　课题：＿＿＿＿＿＿＿＿＿　　　授课人：＿＿＿＿＿

一级指标	二级指标	三级指标	分值	得分
学生学（60分）	想学（10分）	精神饱满，对学习充满期待	5	
		学习兴趣浓厚，积极回答问题，主动参与各项学习活动	5	
	能学（20分）	善于思考，敢于质疑，能够发现问题，提出有价值的问题	10	
		能够阐述自己的观点，提出解决问题的方法	10	
	会学（20分）	学会解决问题的方法，形成有效策略，养成良好的学习习惯	10	
		善于反思，归纳所学所得，提升获取知识的能力和思维能力	10	
	乐学（10分）	乐于与同学合作、探讨、交流	5	
		课堂学习效果好，目标达成率高	5	
教师教（40分）	教学设计（10分）	通过多种途径精准分析并把握学生的学习基础，准确制定与表述教学目标，目标具体、明确、有层次	5	
		创设合理真实的教学情境，依据核心知识与课时教学目标设计问题，问题的表述具体、清晰	5	
	教学过程（10分）	能够以学定教（教学活动和策略），思路清晰，分层教学，有实效，有效率	5	
		当堂练习有针对性，有层次，注重知识链接与整合，以利于学生的后续发展	5	
	评价反馈（10分）	关注全体学生，收集有价值的信息，及时作出有针对性的评价，并据此对教学进行相应的调整	5	
		结合学科特点，多角度评价学生的学习状况，多维度对学生进行激励	5	
	教学环境（5分）	教态亲切自然，注重创设和谐、融洽、善思、乐学的学习氛围	5	
	信息技术应用（5分）	媒体的选择要结合教学内容，为实现教学目标、突破重难点服务。在媒体使用过程中，要突出体现生生、师生的互动	5	
评价总分				
评价意见：				

北京丰台二中附属看丹小学精准教学流程如图 5-1 所示。

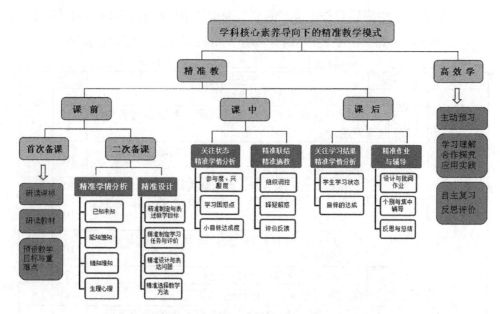

图 5-1 北京丰台二中附属看丹小学精准教学流程

（四）精准课堂教学的基市特征

1. 精准确定学习目标。

（1）教师通过多种途径学习和理解本学科课程标准与学科核心素养，并内化于心。

（2）教师通过多种途径精准分析并把握学生的学习基础（已知未知、能知想知、错知难知、生理心理），并创设合理真实的教学情境，准确制定与表述教学目标。

2. 精准确定单元学习主题。

教师认真研读教材，准确确定单元教学主题，搭建单元学习框架。

3. 精准设计学习与评价任务。

（1）将学习目标的落实分解为几个核心任务，明确每个核心任务要落实的具体目标，对学习目标是否达成的评价要贯穿整个学习过程。

（2）精准设计与表达问题：依据核心知识与课时教学目标设计问题，问题的表述要具体、清晰，让学生想答、能答。

4. 精准开展课堂评价。

（1）精准收集评价信息：教师要关注全体学生，收集有价值的信息，尤其是错例和特例。

（2）精准处理评价信息：教师要及时对学生的学习作出有针对性的评价，并据此对教学做出相应的调整。

5. 精准选择教学方式。

教师要根据教学目标、教学内容、学情及教学任务等，结合学科特点，选择恰当的教学方法引导学生学习。

6. 精准作业设计与辅导。

（1）精准分层作业：教师通过范式练习、变式练习、复式练习等方式设计与布置作业。

（2）精准辅导：教师通过多种批阅作业的方式对学生开展集中辅导与个体辅导。

（3）反思总结：教师反思单元教学中的优点、经验与不足之处，以及在下一单元教学中的改进措施，以此作为后续教学的新起点。

上述六个基本特征最终指向的是学生高效地学，包括主动预习、学习理解、合作探究、应用实践、自主复习和反思评价。

"宇宙的另一边"教学设计

刘思雨

一、指导思想与理论依据

《义务教育语文课程标准(2022年版)》要求学生"积极观察,感知生活,发展联想和想象,激发创造潜能,丰富语言经验,提高形象思维能力"。我校提出"鼓励学生在口头交流和书面创作中,运用多样的形式呈现作品,发挥自己的创造性;引导学生成长为主动的阅读者、积极的分享者和有创意的表达者"。

二、教材分析

(一)教学内容分析

从教材各年级教学内容编排角度看,关于培养学生想象力的语文要素是层层递进的,如图5-2所示。

图 5-2 培养学生想象力的语文要素

　　由此可见，统编教材非常注重学生想象力的发展，从一年级"展开想象说几句话"，到二年级"运用词语把想象的内容写下来"，即由说到写，到三年级可以"展开想象，尝试编写对话"，不仅对想象力培养的要求逐步提高，同时也要求为学生的想象搭建表达的阶梯。

　　从习作单元编排的特点看，所有习作单元的编排，与普通单元相比，都自成体系，尤其是独特的编排意图与教学价值，呈单元内的小阶梯，如图5-3所示。"宇宙的另一边"为本单元的第一篇精读课文，讲述的是一个充满童趣的故事。课文中的"我"先是晚上趴在窗台上，看着浩瀚的星空展开奇妙的想象，进入宇宙另一边的秘密世界；接着在课堂上想象宇宙另一边的神奇课堂；而后语文老师把"我"从"宇宙的另一边"拉回来，"我"又给大家讲述了宇宙另一边的习作妙闻。天马行空、独特的体验，使整个故事充满了感染力。

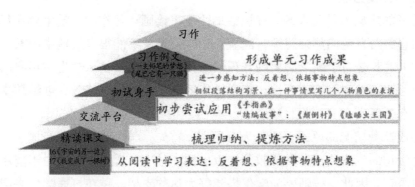

图5-3　单元学习内容

（二）单元整体教学思路

　　综上所述，结合"想象力比知识更重要"的单元主题，我们对本单元教学内容进行了整合与调整，将任务指向习作，分成四个环环相扣的任务板块，形成从体会表达到学习仿写再到实践历练的能力进阶。单元习作任务板块如图5-4所示。

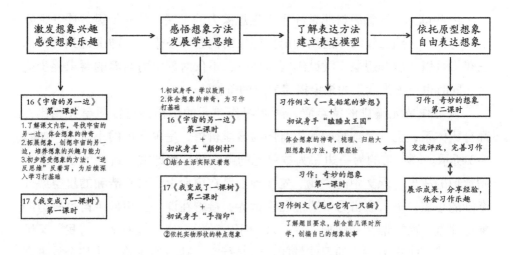

图5-4　单元习作任务板块

三、学情分析

儿童的想象力是无限的。在以往的手工、绘画、习作中，学生都在释放自己的想象力，他们热爱想象，渴望表达，但想象不能很有效地指向某一预定目的，尤其是对于缺乏必要的知识经验或不熟悉的事物。学生在想象的过程中缺乏逻辑性和思维联系性，想象的内容往往显得简单贫乏，创编故事不自然、不合理。

形成这种情况的原因，我认为有两点：首先，学生的想象没有抓手，容易脱离事物的本来特征，需要教师加以引导；其次，学生在表达时不能用上积累的语言。因此，教师要为学生搭建好表达的支架，重在打通学生兴趣的桥梁，努力创设学生喜闻乐见的教学情境。

四、教学目标

1.通过梳理和回顾课文中的内容，了解想象是可以从不同角度展开的。（重点）

2.能够灵活、大胆地创造自己的想象世界，感受想象的乐趣。

3.能根据"初试身手"中给出的故事大胆想象、有逻辑地接龙编写故事。（重、难点）

五、教学过程

（一）游戏导入，放飞体验，初步感受想象的魅力（课前两分钟）

介绍新朋友"小牧童"，他特别喜欢做这样的游戏：

1. 说相反。

鼓励学生从天气、位置、特点等不同角度说一说。

2. 做相反。

（老师说，学生做相反的动作）

【设计意图】在上课伊始，教师创设学生喜闻乐见的情境，向学生介绍特别喜欢做游戏的新朋友小牧童，激发学生兴趣，引发学生了解颠倒村的欲望，让学生初步感受反着想的乐趣。

（二）打开思路，感受神奇，探寻想象独特的写法

1. 明确要求，确定内容，提取有效信息。

课件出示：

> 展开想象，大家一起接龙编故事。
>
> 一阵大风过后，小牧童被吹到了颠倒村。他睁开眼睛，只见树枝和树叶长进土里，树根却张牙舞爪地伸向天空……

（1）学生读一读题目要求和故事的开头，说说知道了哪些信息。

（2）理解"颠倒"的意思，展开想象试说小牧童看见的景象。

出示填空：小牧童来到颠倒村，他看到（　　　　　　）。（这里是学生第一次说，说得可能比较天马行空，容易脱离事物的本来特征，大部分学生联想到的是方向相反）

（3）抓住"村庄"，合理想象。

①这是在颠倒村里发生的事情，我们要结合村庄里的植物、动物和人进行想象。

②小牧童走进颠倒村会看见哪些颠倒的景象呢？引导学生继续说一说。（第二次说）

【设计意图】明确题目要求，提取关键信息，为后续编故事打基础。

2. 根据表格，关联文本，体会想象角度。

（1）回顾《宇宙的另一边》第3～7自然段，重温方法，了解反着想

有很多角度 。

出示内容回顾（表5-2），学生根据之前课堂所学，进行口头填写。

表5-2 《宇宙的另一边》内容回顾

宇宙的这一边	宇宙的另一边
从书包里拿出作业本	把作业本放回书包
爬楼梯	正下楼去
雪是在冬天下的	雪是在夏天下的
太阳从东边升起	太阳从西边升起
石头没有生命	石头像花朵一样开放，或者像人一样走路
出门向左走	出门向右走
第一节是语文课	第一节是数学课

师：通过之前课堂的学习，同学们知道了宇宙另一边的秘密就是要和现实情况反着想。现在请你仔细看看这个表，试着说一说它们都是怎么反着想的。

学生试着说一说。

（2）学生再来说一说。

师：原来有这么多内容可以反着想，那颠倒村里颠倒的景象……

生：也有很多种。

出示：小牧童来到颠倒村，他看到（　　　　　　）。（第三次说）

【设计意图】回顾课文，了解颠倒的种类，为拓宽"颠倒村"想象思路、感受想象的神奇、体会想象的快乐打基础。在学生交流的过程中相互启发，让学生体会到想象的神奇、美好，以及交流的快乐。

3.朗读体味，想象画面，说出独特感受。

（1）默读课文第8、9自然段，边读边想象画面，说说你喜欢哪个秘密，并说说为什么。

再看看以下这几幅图，你还能想到什么？

（出示PPT里的图片。）

大雪过后，外面银装素裹，孩子们兴奋地跑出家门，在雪地里快乐地玩耍，一个个憨态可掬的小雪人，一团团可爱洁白的小雪团，空气中满是快乐的味道，那愉悦的笑声传得很远很远。

早春二月，桃花娇俏，翠竹招摇，大地从沉睡中苏醒，下起了绵绵细雨，一切充满了生机与活力。孩子们脱掉厚重的棉衣，来到绿油油的草地上，放起了五颜六色的风筝，也放飞了无尽的快乐。

（2）总结：想象给我们带来奇妙的感觉，带来快乐与向往，这是一件多么美好的事情。

【设计意图】体会课文第8、9自然段表达方式的奇特，感受这种大胆想象的魅力，为学生提供一种新的可以借鉴的表达方式。经过不同形式的朗读，加深感悟，内化语言积累，感受想象的奇妙、美好，使学生明白想象的基础就是生活。其实，作者写这篇想象文章，很多地方都用到了对生活的感受和体验。

（三）大胆想象，学以致用，续编奇妙故事

出示：小牧童来到颠倒村，他看到（　　　　　　　）。

1. 小组合作，有序分工，故事接龙。

2. 小组展示，分享各自创编的故事。

3. 班级评比，赠送寄语。

请其他学生猜一猜，老师写了什么寄语。请这个同学保密，即使下课有同学来问，也不能告诉他们，必须等到第二天早上再揭晓。

寄语：心中满怀真善美，笔下盛开想象花。

【设计意图】学以致用，体会并感受想象的神奇与美好。根据学生所说，在以鼓励为主的前提下，继续渗透给学生"想象依托现实生活，想象的世界一切皆有可能，想象不仅神奇，还有人们对美好希望的寄托"等意识，帮助学生在写好自己的想象的同时，也对想象有一个深入的认识。猜寄语，制造悬念、延长期待，激发学生兴趣，让学生保有学习的热度，掌握写好想象习作的真谛，为后续学习打基础。

六、教学反思

（一）优势

1.单元整合，整体备课，结合学生特点、教学内容等进行整合，提高习作教学的实效性。

2.在交流、研讨、试讲、完善的过程中，教师的教学理念、教学水平均有了较大提升。

（二）有待提高的方面

1.对于理论知识、先进的教学理念，还要加强学习。

2.对于课堂的调控能力要加强，教师的教学语言要精准。

"三角形内角和"教学设计

胡文杰

一、指导思想与理论依据

《义务教育数学课程标准（2022 年版）》明确指出，学生的学习应是一个主动的过程，认真听讲、独立思考、动手实践、自主探索、合作交流等是学习数学的重要方式。教学活动应注重启发式，激发学生学习兴趣，引发学生积极思考，鼓励学生质疑问难，引导学生在真实情境中发现问题、提出问题、分析问题和解决问题，获得数学的基本活动经验，逐步形成核心素养。

《义务教育数学课程标准（2022 年版）》还提出，教师要合理利用现代信息技术，提供丰富的学习资源，设计生动的教学活动，促进数学教学方式方法的变革。在实际问题解决过程中，教师要创设合理的信息化学习环境，激发学生的探究热情，开阔学生的视野，激发学生的想象力，提高学生的信息素养。

二、教材分析

《义务教育数学课程标准（2022 版）》将"图形与几何"中的四个主题整合为两大主题，图形的认识与图形的测量整合为一个大主题，即图形的认识与测量。因为认识是测量的基础，测量也是从度量的角度再认识图形。本课"三角形内角和"属于"图形的认识与测量"范畴，意在通过测量等手段认识三角形内角和，从"角的度数"的构成再次认识三角形，理解它的特征。"三角形内角和"的知识安排在京版五年级上册"三角形三边关系"的探究之后，教材的意图是让学生分别从边、角两个角度研究图形特征，感受"研究对象"。

三角形内角和的知识让学生经历猜测、验证的过程，从特殊规律切入，寻找一般规律。通过测量，初步感知三角形的内角和，在撕、拼、折等操作中进行推理，认识内角和，借助媒体技术的使用进行观察比较，理解内角和。联系生活实际，体会内角和的应用。

虽然教材将三角形分类安排在三角形内角和之前，但是因为学生对包含关系、并列关系的理解和接受程度不同，为了帮助学生理解这个知识点，教师可以进行教材的重组，即将三角形的按角分类调整到内角和知识之后。这样不仅有助于学生理解知识，也是对内角和知识的一种实际运用。

三、学情分析

学生在四年级已经学习过角的度量和角的分类等知识，具有一定的测量技能。在本单元伊始，学生初步认识了三角形是由三条线段首尾相接组成的封闭图形，有三条边和三个角，具有一定的稳定性；尤其对三角形的三边关系有了认识……这些都是学生学习三角形内角和的重要经验。"三角形内角和"的教学，重在引导学生经历大量的数学活动，在测量、拼折等动手操作中，对内角和的认识由模糊到清晰，由直观到抽象，在合作中探究，在激发兴趣的同时掌握"会学"的方法。

四、学习目标

1.通过量一量、拼一拼、折一折等数学活动，探索、发现三角形的内角和等于180°，并能解决简单的实际问题。

2.通过猜想、验证与交流等数学活动，经历自主探索三角形内角和的学习过程，积累数学活动经验，发展空间观念，培养推理意识。

3.激发探究兴趣，在学习中感受猜想和验证的价值，形成良好的数学学习习惯，促进数学核心素养的形成。

学习重点：探索并发现三角形的内角和等于180°，借助数学活动认识并理解。

学习难点：①尝试用拼一拼、折一折的方法验证三角形内角和。
②体会三角形内角和是常数，与三角形的大小、形状无关。

五、教学过程

（一）认识"内角和"

1. 出示课件图片，提问：大家认识这个图形吗？（正方形）

2. 说一说这个图形有什么特征。

（预设：四条边都相等、四个角都相等且都是直角）

3. 重点引导：都是直角的四个角在图形里，我们可以称这样的角为图形的内角。或者说，正方形有四个内角，且每一个内角都是直角或 90°。正方形的内角和就是 360°。

4. 如果将它分成两个三角形，你能分别说一说每一个三角形的内角和是多少吗？你是怎么猜出来的？

【设计意图】从学生的已有经验出发，从正方形的内角和引入，借助正方形与分割后的三角形的关系，直观感知三角形的内角和。教师可抓住这个特殊的三角形引入课题，激发学生探究的热情。

（二）感知"三角形内角和"

1. 如果任意画一个三角形，它的内角和会是多少呢？今天我们一起来研究。（出示课题）

2. 数学活动（一）。

出示学习建议：

（1）画出一个三角形；测量每一个内角的度数；计算出三个内角的和。

（2）将自己测量和计算的数据填在表格中。

（3）观察内角和的结果，说说你有什么发现。

3. 教师巡视学生活动情况，并将小组汇总数据拍照上传。

4. 请同学们观察，这些三角形内角和的数据有什么特点？

（预设：内角和数据不同，但是都接近 180°。）

【设计意图】学生在操作中通过画任意的三角形及量角器测量的方式，初步探究三角形内角和的度数；经历个人、小组和全班数据的汇总过程，建立三角形内角和接近 180° 的模糊意识。这也是学生数据意识培养的过程，可以让学生初步感受大数据。

（三）理解"三角形内角和"

1. 180° 这个度数让我们想起……

师：如果三个内角凑在一起能组成一个平角，就说明内角和可能是 180°。

2. 数学活动（二）。

活动要求：利用手中的学具，折一折、撕一撕、拼一拼，继续寻找三角形内角和的度数。（限时 5 分钟）

3. 教师根据学生的实际操作情况，进行拍照。

预设：

（1）将三个角撕下来拼在一起，凑成一个平角。

（2）将三角形的三个角折一折，拼在一起凑成平角。

4. 小结：通过动手操作，我们发现它们都可以凑成一个平角，也就是内角和是 180°，但是这些都属于特殊的三角形，如果是任意一个三角形呢？

5. 教师利用几何画板展示：拖动任意一个顶点，三角形每一个内角的度数在变，三角形的形状在变，从这些变化中你能否发现不变的内容？（和都是 180°）

师：所以，任意一个三角形的内角和一定是 180°。

补充板书的结论部分。

6. 可是为什么刚刚展示的小组的数据不一样呢？（带领学生们认识误差的存在）

7. 课堂游戏——趣味选择。

根据三个角的度数进行选择：①能组成三角形；②不能组成三角形。

60°、100°、20°；60°、40°、90°；20°、50°、60°；

45°、45°、90°；40°、50°、90°；50°、20°、110°

呈现正确答案，追问：为什么有的度数可以组成三角形，有的度数却不能？

8. 课堂游戏——拔河比赛（进一步激发学生的兴趣，巩固知识）。

多选：能组成三角形的三个内角是（　　　）。

A. 90°、60°、30°　　　　　B. 50°、70°、40°

C. 60°、20°、100°　　　D. 35°、25°、120°

9. 播放视频：帕斯卡与"三角形内角和"的故事。

小结：帕斯卡在 12 岁的时候发现了三角形内角和，你们今年也是 12 岁左右，也有了对三角形内角和的发现，相信通过努力，你们也能和帕斯卡一样优秀！为自己点赞！

【设计意图】在学生通过绘画和测量对三角形内角和有了自己的初步感

知后，脱离测量工具，依靠动手操作和推理，完成内角和的探究活动。当学生通过操作活动意识到三个内角可以凑成一个平角，也就是三角形内角和是180°时，教师依旧提出学具的特殊性，让学生体会数学的严谨性。教师利用几何画板，直观地动态演示，让学生发现变中的不变，直观感知三角形内角和，实现进一步理解。借助数学课堂活动中的游戏功能，不同的游戏形式为学生提供不同的练习层次和梯度，学生不仅有兴趣，也深刻理解了本课的知识重点。

（四）应用"三角形内角和"

1. 一个任意三角形，从一个点向对边引一条垂线段，将这个三角形分成两个大小不同的三角形，你能分别说出它们的内角和吗？如果将它们再合成一个三角形，它的内角和是360°吗？（图5-5）

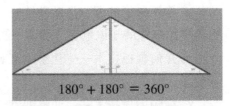

$$180° + 180° = 360°$$

图5-5 "三角形内角和"练习（1）

（预设：合成一个大三角形时，两个直角消失了，依旧是180°）

再次提升认识：三角形的内角和是一个固定的数，永远都是180°，不会因为三角形的形状变化而改变。

2. 小明不小心将镜框上一块三角形的玻璃摔成了两半（图5-6）。他想重新买一块玻璃安上去，去玻璃店购买时必须带上哪块（只带一块）？

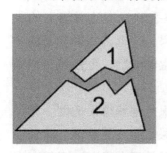

图5-6 "三角形内角和"
练习（2）

【设计意图】三角形内角和的应用，实际还存在不同的设计目标。第1小题重在帮助学生通过图形的变化，辨析三角形内角和的知识难点（三角形的内角和与三角形大小、形状无关），这是学生理解的难点，必须加强几何直观，以便学生在观察后利用知识进行解释。第2小题是知识在生活中的实际应用，教师不仅要抓住已知两个角就可以判断第三个角的大小这个重点知识，还要将知识扩大化，即如何确定边的长短，让学生对所学知识有一个综合的应用。

六、教学反思

（一）信息技术的应用与效果

1. 希沃白板拍照上传——通过拍照上传，学生不仅能观察数据的特征，更能感知大数据的作用，从而形成数据意识，教学效果甚好。

2. 希沃白板的批注功能——学生运用批注边说边画，体现自我探究，实现生生互动。

3. 希沃白板的计时器功能——依靠计时器帮助学生树立时间观念，培养良好习惯。

4. 希沃白板的课堂活动功能——不仅能活跃课堂气氛，激发学生兴趣，更能突出本课的知识重点，可谓一箭双雕。

5. 几何画板技术——让学生直观感知变中的不变，理解三角形内角和是不变量。

6. 视频播放技术——调整课堂节奏、调节课堂氛围和学生情绪，开阔学生的视野。

（二）信息技术应用的关键点

1. 在教学活动中，教师运用了希沃白板课堂活动功能。为了突出重点，调动学生积极性，提高练习的梯度，教师首先设计了趣味选择游戏的形式。一个同学进行带动，其他同学用掌声或举手示意表达对答案的判断，形成热烈的生生互动，且达到全员参与的效果，这也是一种和谐的学习氛围。之后的答案公布环节，不仅是对答题学生的激励，更是抓住知识重点再次进行师生互动，分析正确选择的依据。

在这个活动中，学生的积极性比较高，对知识点理解得很透彻。教师没有就此停止，而是进一步开展课堂活动，提升课堂游戏的难度，即开展拔河对抗赛。这个游戏虽然只是双方派出代表，但是要求很高：不仅考查学生对新知识的理解，还考验计算能力和答题速度。游戏的形式在变化，难度在提升，但是学生参与的热情不断高涨，对重难点的突破和师生深层次互动都产生了良好的效果。可能受到比赛时间的影响，学生比较紧张，忽略了最后一个选项（顾此失彼），未取得理想成绩。

2. 在教学活动中，也是在激烈的课堂游戏活动之后，教师设计了视频播放环节，讲述"帕斯卡和三角形内角和的故事"。课堂氛围一下从激烈、热闹瞬间转变为安静，从另一个角度激励学生专心学习。教师借助这个数学故事，宣讲数学文化，开阔学生的视野。故事结束后，教师抓住故事的素材，针对帕斯卡 12 岁发现三角形内角和是 180°，询问学生的实际年龄后，鼓励学生："你们今年才 10 岁就发现三角形内角和是 180°，你们比帕斯卡还要厉害，为你们点赞！"视频播放后教师说的话，既是对视频播放的小结，更是对学生的激励，效果甚佳！

"分数除以整数"教学设计（一）

李 然

一、指导思想与理论依据

《义务教育数学课程标准（2022年版）》指出："学生经历由数量到数的形成过程，理解和掌握数的概念；经历算理和算法的探索过程，理解算理，掌握算法。"数形结合思想体现的是数与形之间的转化和联系，这样的转化可以把抽象的数学问题直观地展现出来，使复杂问题简单化，抽象问题具体化，使学生形成清晰的解决问题的思路。

二、教材分析

教材以学生参加采摘活动的现实情境为背景，呈现信息，引出问题，借助图形直观引导学生理解把 $\frac{9}{10}$ 吨平均分成 3 份，就是把 9 个 $\frac{1}{10}$ 吨平均分成 3 份，每份是 3 个 $\frac{1}{10}$ 吨，即 $\frac{3}{10}$ 吨。学生看到分数除以整数时，如果分数的分子能被除数整除，可以直接去除。然后联系已学过的分数乘法的意义，说明把 $\frac{9}{10}$ 吨平均分成 3 份，也就是求 $\frac{9}{10}$ 吨的 $\frac{1}{3}$，可以用乘法计算，即平均每个小队采摘 $\frac{9}{10} \times \frac{1}{3} = \frac{3}{10}$ 吨，使学生初步体会除以整数也就是乘这个数的倒数。最后通过"试一试""议一议"，总结分数除以整数的一般计算方法。

三、学情分析

本课是在学生学习了分数乘法、倒数并理解了分数除法的意义后进行教学的。学生理解了分数乘法的算理，掌握了分数乘法的计算方法，能够通过画图、折纸等方法理解分数乘法的算理。学生掌握了分数的意义，在解决问题时有一定的转化意识，就能为本节课的学习提供丰富的知识储备和探究方法。本节课的教学也将为学生以后学习分数除以分数和分数混合运算打下基础。

四、学习目标

1.在具体情境中，通过画图等活动探索分数除以整数的计算方法，理解算理，能正确地计算分数除以整数。

2.结合具体的问题情境，体验分数除法计算方法的探究过程，感受数形结合、转化等数学思想方法在数学学习中的重要作用。

3.通过学习，进一步感受数学知识之间的内在联系，感受数学探索的乐趣，增强学好数学的信心。

学习重点：掌握分数除以整数的计算方法并能正确计算。

学习难点：理解分数除以整数的算理。

五、教学过程

（一）复习旧知，情境导入

1.出示"$\frac{9}{10}$吨"，说说其含义。

2.五、六年级的同学周六参加了垃圾分拣志愿者活动。

【设计意图】复习旧知，帮助学生回忆知识，通过情境引入问题。

（二）联系生活，探索新知

活动一：六年级 3 个班的同学上午共分拣垃圾 $\frac{9}{10}$ 吨，平均每班分拣多少吨？

1.列式计算。

2.今天的除法算式跟之前学的有什么不一样？揭示课题：分数除以整数。

3.出示学习提示：请你想一想、算一算，写出计算过程，尝试借助画图验证自己的想法。

4.拍照展示学生作品。

5.这些图能不能表达题意、展示大家的想法呢？

6.我们请几位同学来说说自己的想法。

$$\frac{9}{10} \div 3 = \frac{9 \div 3}{10} = \frac{3}{10}（吨）$$

$9 \div 3$ 表示什么？你是怎么想的？

7. 大家看到这幅图时想到了什么？（展示学生作品）

$$\frac{9}{10} \div 3 = \frac{9}{10} \times \frac{1}{3} = \frac{3}{10}（吨）$$

8. 同桌之间互相说说对计算过程的理解。

9. $\frac{9}{10} \div 3$ 为什么可以写成 $\frac{9}{10} \times \frac{1}{3}$ 呢？

10. 分数除法可以转变成分数乘法来计算。大家尝试用这种方法算一算，然后和同桌说说是怎样计算的。

11. 你喜欢用哪种方法？

活动二：五年级 4 个班的同学下午共分拣垃圾 $\frac{5}{7}$ 吨，平均每班分拣多少吨？

1. 学生独立完成。

2. 全班交流。

3. 观察算式，对比方法。

活动三：归纳分数除以整数的计算方法。

分数除以整数（0 除外），等于分数乘这个整数的倒数。

【设计意图】引导学生借助已有知识经验独立解决问题，学生在自主探索、集体交流中展示不同的算法，经历借助画图验证方法的探究过程，感悟数形结合思想，理解分数除以整数的算理并总结归纳计算方法。

（三）巩固练习，深化方法

1. 出示题目：不计算，直接判断，以下有（　）个算式的左右两边相等。

$$\frac{7}{9} \times 5 \ \square \ \frac{7}{9} \div 5$$

$$\frac{7}{15} \times \frac{1}{7} \ \square \ \frac{7}{15} \div 7$$

$$\frac{2}{9} \div 2 \ \square \ \frac{2}{9} \times 1$$

$$\frac{4}{13} \div 13 \ \square \ \frac{1}{13} \times \frac{4}{13}$$

①1　②2　③3　④4　⑤0

学生选择，交流想法。

2.思考：把一根木料截成 5 段需要 $\frac{12}{5}$ 分钟，照这样计算，截成 3 段需要多少分钟？

独立完成，全班交流。

【设计意图】通过按点选择促使学生在观察、对比、辨析的基础上落实重点，巩固分数除以整数的计算方法。

（四）课堂总结，分享收获

我们一起回顾一下这节课学习的内容，你有什么收获呢？

【设计意图】引导学生回顾整节课的学习历程，梳理探究的方法、获得的知识，反思学习过程中的得与失，积累数学活动经验。

六、教学特色

本节课充分利用学生已有的知识基础和学习经验，引导学生自主探索分数除以整数的计算方法。通过希沃课件使学生在自主探索、合作交流的过程中展示不同的算法，体验借助图形直观、分数的意义进行分析的探究过程，从中感悟数形结合思想，使学生借助图形清晰、有条理地表达自己的思考过程，不断积累获得数学结论的经验。

"分数除以整数"教学设计（二）

黄思楠

一、指导思想与理论依据

《义务教育数学课程标准（2022年版）》明确提出："能进行简单的小数、分数的四则运算和混合运算，感悟运算的一致性，发展运算能力和推理意识。"史宁中教授在《关于除数是分数或者小数除法的一个注》一文中提出，需要注意两个一致：乘法除法运算一致；整数、小数、分数运算一致。

对于小学阶段的除法运算，通过分析现有教材可以发现，二、三、四年级的学生主要学习整数除法，五年级的学生学习小数除法，六年级的学生学习分数除法。从运算的过程来看，分数与整数、小数除法在形式、计算过程中都有很大的差异，但是其中的算理可以归纳为以"十进制""位值制""计数单位"等为核心要素的除法运算。在分数除法的计算中，学生要能够很好地迁移整数、小数除法的方法和经验，实现除法运算的一致性以及相互贯通的整体结构。

二、教材分析

本单元包括分数除法的意义和计算方法，"已知一个数的几分之几是多少，求这个数"的简单实际问题，分数连除、乘除混合、四则混合运算以及简便运算。学生掌握了这些知识，不仅可以解决有关的实际问题，也可以为后面学习较复杂的分数实际问题和百分数打下基础。

分数除以整数，借助具体情境引出问题，探索分数除以整数的算理与计算方法。借助图形直观引导学生理解，把一张纸的 $\frac{4}{5}$ 平均分成2份，即把4个 $\frac{1}{5}$ 平均分成2份，一份就是2个 $\frac{1}{5}$，也就是 $\frac{2}{5}$。学生看到在分数除以整数时，如果分数的分子能被除数整除，就可以直接除，这个过程实际上就是分的计数单位的个数。然后，补充"如果将这张纸的 $\frac{4}{5}$ 平均分成 3 份，每份是这张纸的几分之几？"，使学生发现 4 个 $\frac{1}{5}$ 平均分成 3 份不够分，暴露出学生的问题。经过进一步探究，学生发现分数除以整数也可以像整数除法和小数除法一样，通过细化单位进行再分，从而体会除法运算的一致性。

三、学情分析

学生已经掌握了整数除法的意义和小数除法的算理及计算方法，知道在有余数的除法中，如不够分可以通过细化单位进行再分。学生已经学习了分数的意义、基本性质以及分数单位，能够利用分数的基本性质，将一个分数转化成分数单位不同但是大小相同的分数。从整数除法到小数除法，因其形式相似，利用将未知转化为已知的思想，基本实现了整数除法与小数除法的一致性。分数除法这一部分，也需要迁移整数、小数除法的方法和经验，但因为分数的形式比较特殊，三者之间不一致，不利于学生构建知识网络、理解相关内容，更不利于学生形成良好的思维习惯。因此，有必要打通分数除法与整数、小数除法之间的关系，探寻并实践除法运算的一致性，理解算法与算理的关系，帮助学生学会整体思考、自觉迁移，发展学生的运算能力和推理意识。

四、学习目标

1.通过回顾整数除法的算理，沟通不同除法之间的关联，感悟运算的一致性。

2.在发现、验证的过程中，进一步体会细化单位在除法中的作用以及细分单位的原则。

3.在感悟运算一致性的过程中，体会运算之间的联系。

学习重点：借助直观与操作，经历与他人交流的过程，理解分数除以整数通过细化单位进行计算的算理。

学习难点：通过发现、验证、对比的过程，感悟细分单位的原则。

五、教学过程

（一）回顾旧知，引发学习需求

1.师：我们在学习乘法的时候，把整数乘法、小数乘法和分数乘法打通了，发现它们之间是有相通的地方的。今天我们开始研究分数除法，它会不会也和我们原来学过的除法运算一样有相通的地方呢？

2.出示：把78根小棒平均分成3份，每份有多少根？

师：你能结合图示，说一说我们是怎样把78根小棒平均分成3份的吗？

【预设】先整捆整捆地分，每份分2个十。

追问1：剩下一个整捆不够分了，怎么办？

【预设】把1个十拆成10个一，和其余的8根小棒合成18个一。

结合图示，继续把18根小棒平均分成3份，每份分到6个一。

追问2：把1个十拆成10个一的目的是什么？

【预设】可以继续分。

总结：我们拆开这捆小棒的时候就会发现，从1个十变成10个一后，计数单位小了，但是数量多了，因此还可以继续分，这就叫细化单位。那么分数除以整数，会不会也是这样的呢？我们今天一起从这个角度来研究分数除以整数。

板书：分数除以整数。

3.出示情境：把一张纸的 $\frac{4}{5}$ 平均分成2份，每份是这张纸的几分之几？

理解一张纸的 $\frac{4}{5}$ （可从意义说，也可从数的组成说）。

【预设1】把一张纸平均分成5份，表示这样的4份。

【预设2】表示4个 $\frac{1}{5}$ 。

4.师：现在我需要把4个 $\frac{1}{5}$ ，也就是 $\frac{4}{5}$ 平均分成2份，请你圈一圈一份是多少。

（边说边出示算式： $\frac{4}{5} \div 2 = \frac{2}{5}$ ）

追问：在计算中，我们是怎样得到的呢？

【出示】 $\frac{4}{5} \div 2 = \frac{4 \div 2}{5} = \frac{2}{5}$

追问：算式中的4÷2表示什么意思？现在分的是什么？

【追问预设】$4 \div 2$ 表示 4 个 $\frac{1}{5}$ 平均分成 2 份，分的是计数单位的个数。

总结：分数除以整数，其实也是个平均分的过程，即把分数单位的个数平均分一分。

板书：平均分。

5. 师：$\frac{4}{5}$ 除了可以平均分成 2 份，还可以平均分成几份？

【预设】$\frac{4}{5}$ 还可以平均分成 4 份。

追问：为什么可以除以 4？

【预设】因为平均分成 4 份，可以分出来。

【设计意图】导入环节的 78 根小棒平均分成 3 份，就在铺垫有余数不够分了，因而需要细化单位，增加数量，来继续。用挪小棒的方式，唤起学生对整数除法，包括小数除法的算理的认知，也能够在后面的环节进行旧知识的迁移。

（二）迁移经验，探究细分的原则

1. 出示：把一张纸的 $\frac{4}{5}$ 平均分成 3 份。

师：你们认为行不行？

【预设】不行，$\frac{4}{5}$ 除以 3，除不尽了。

师：那我们今天就试试，到底有没有办法把它除尽。

2. 师：结合图示，我们来看看到底可以怎样分。

师：看图想一想，现在我们可以把谁先分走？

【预设】能整份分走的先分走，也就是先分走 3 个 $\frac{1}{5}$。

（课件展示：把三个 $\frac{1}{5}$ 分走的例子）

板书：$\frac{4}{5} \div 3 = \frac{1}{5} \cdots\cdots \frac{1}{5}$。

追问 1：这两个 $\frac{1}{5}$ 表示的意思一样吗？

【预设】第一个 $\frac{1}{5}$ 表示每份分到了 1 个，第二个 $\frac{1}{5}$ 表示还余下一个 $\frac{1}{5}$。

追问 2：接下来继续分的时候，分的是谁？

【预设】余下的 $\frac{1}{5}$。

板书：$\frac{1}{5}$。

3.师：余下 $\frac{1}{5}$ 的给谁好呢？能做到平均分配吗？你能在这个图上画一画吗？

（学生在图上直接画一画）

追问1：我们把刚才的1大份变成了3小份，也就是把刚才的 $\frac{1}{5}$ 转化成了什么呢？

（引导学生发现 $\frac{1}{5}$ 要转化成 $\frac{3}{15}$）

追问2：你们有没有发现，从 $\frac{1}{5}$ 到 $\frac{3}{15}$，其实就是单位变小了，数量变多了。这不就是我们刚才细化单位的过程吗？

板书：$\frac{1}{5} \div 3 = \frac{3}{15} \div 3 = \frac{3 \div 3}{15} = \frac{1}{15}$。

师：那最后每份分到了多少呢？

$\frac{1}{5} + \frac{1}{15} = \frac{4}{15}$

4.师：回顾这道题，遇到除不尽、分不了的情况，我们可以把余数的单位变小一点，数量变多一点，也就是细化单位后继续分。

板书：细化、再分。

5.总结：现在大家应该有了一个初步的感受，分数除以整数和原来的除法好像有相通的地方。

6.师：刚才被大家认为不可能的事情现在解决了，但是方法可不止这一种哦！请你做好准备，来看看下面这个小视频。（播放小视频，最终以问题定格，如图5-7所示。）

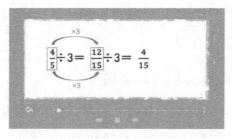

图 5-7　分数除以整数计算方法

小组讨论：为什么要将分子分母都乘以3呢？

【预设】①能说出为了把 $\frac{4}{5}$ 转化成 $\frac{12}{15}$。②能说出将分子分母都乘以 3 的原因是把计数单位的个数转化成 3 的倍数。

总结：只有把计数单位的个数转化成 3 的倍数，才能进行平均分。

7. 师：这两种做法有什么区别吗？你更喜欢哪一种？为什么？

强调：细化单位的时候既可以从余数进行，也可以从一开始就进行。

【设计意图】$\frac{4}{5} \div 2$ 在计数单位可以直接平均分的基础上，引导学生明确分数平均分的其实也是计数单位的个数。分数有一点特殊之处，就是在细化单位的时候不像整数和小数都是十进制，所以在细化单位时，选择合适的单位进行细化就成了这节课的重点，也是这节课的难点。$\frac{4}{5} \div 3$ 这样一个算式，4 份不能平均分成 3 份，这是学生容易产生的一种错觉。在探究解决方法时，能够对旧知识进行有效迁移，是非常重要的。对这个例题，课上探究了两种解决方法：一种是在余下一个分不了的时候，细化余数的单位，从而继续分；另一种是在被除数 $\frac{4}{5}$ 上直接进行单位的细化，然后直接均分。之所以要出示第二种方法，一是因为这种方法比细分余数更简单也更易懂，二是这种方法其实是为下一节课要继续学习的"分数除以整数等于乘整数的倒数"做铺垫。因为在整体细化单位的过程中，就表示除以一个整数等于在求这个数的几分之一是多少。

（三）提升巩固

1. 师：有了这两种方法，老师相信利用细化单位的办法解决分数除以整数对你们来说已经不成问题了，你们敢挑战一下吗？（开启"挑战之书"）

出示：$\frac{2}{7} \div 4$

2. 独立完成，汇报交流。

（拍照上传）

讨论交流：在细化单位的时候，你们选择"乘几"。

3. 总结：这道题让我们有了新的发现，并不是除以几就乘几，而要根据除数去找最容易计算的数据，这样才能简化步骤。

【设计意图】$\frac{2}{7} \div 4$，除了能让学生根据题目的数据巩固确定细化单位的标准，还能体现数学的简洁性。在多种选择中，我们为什么要选择乘以

2，而不是一眼就看出的乘以 4 呢？那是因为我们要选择最优最简的数据。凡是乘以 4 的学生还会遇到一个问题，就是对结果约分，而乘以 2 的时候就不会遇到这个问题。

（四）总结收获

1.师：通过今天的学习，你发现分数除以整数和我们之前学过的除法之间有什么相通的地方吗？（学生谈收获）

2.总结：通过今天的学习，我们打通了除法运算之间相通的地方，但是今天这种方法应用起来却很麻烦。下节课我们学分数除法的另一种方法，比今天的这种方法简单多了，但是道理是一样的。

【设计意图】通过最后的反思收获环节，引导学生回顾本节课的所有重点，尤其是在细化单位时的依据和原则，从而培养学生反思收获的能力。

六、教学反思

学生在课堂学习中遇到难点的时候，如在几何直观的情况下充分理解了 $\frac{4}{5} \div 3$ 是如何在余下一个 $\frac{1}{5}$ 分不了的时候，细化余数的单位继续分，之后通过小微课的方式呈现了第二种解决方法。这样做一是因为第二种方法比细分余数更简单也更易懂，但是学生不容易想到；二是因为第二种方法能为下一节课要继续学习的 "分数除以整数等于乘整数的倒数" 做铺垫，而且在微课的最后，提出了一个问题，为什么分子分母都要乘 3，这正好是本节课的难点。分数在细化单位的时候不像整数和小数一样，都是十进制，所以如何选择合适的单位进行细化就是重中之重。相关视频的播放既可以顺理成章地延伸出第二种方法，也可以激发学生的学习兴趣，同时解决本节课的难点。

最后的课堂活动环节是对这节课知识的一个检验，通过游戏对抗赛的方式进行，以免做题枯燥乏味，但是结果有些出人意料。两道题，两名学生都没能正确做完。反思这个过程，备课时我可能只注重了趣味性和公平性，却没意识到这道题的呈现方式和课上所有内容呈现出来的方式略有区别。学生正是因为这一点点的改变，出现了差错。在之后的课堂中，如果我能及时发现学生的问题，或许会有更好的结果。

"整数除以分数"教学设计

牛海燕

一、指导思想与理论依据

数学是研究客观世界的空间形式与数量关系的学科，其中"数"是"形"的抽象概括，"形"是"数"的直观表现。数学家华罗庚先生曾说过："数缺形时少直观，形缺数时难入微，数形结合百般好，隔裂分家万事休。"这句话形象、生动地说明了"数"与"形"的关系，明确、深刻地揭示了数形结合思想的价值。

二、教材分析

整数除以分数是小学数学六年级上册的一个教学内容。第二单元的主题是分数除法，单元教学的重、难点是理解分数除法的算理、掌握分数除法的算法。本课的教学是在例 1 和例 2 的教学基础上进行的。教材通过例 1 的教学，明确分数除法的意义；通过例 2 的教学，由学生参加采摘活动的现实情境引出问题，借助几何引导学生探索分数除以整数的算理与计算方法。

教材中的例 3 通过情境呈现了两组信息，引出问题，探索并掌握一个数除以分数的算理与计算方法。一个数除以分数包括整数除以分数和分数除以分数两种情况，它们在计算时都要把除以某个分数转化为乘这个分数的倒数。因此教材呈现了两个问题，让学生根据已学过的速度、时间、路程之间的数量关系式列出除法算式。例题的第一个问题为本节课设计的教学内容，其本质是掌握整数除以分数的算理和算法。

在教学例题"鳟鱼平均每小时能游多少千米"时，教师借助图形直观地找到其中各个条件间的数量关系，从而发现鳟鱼每小时能游多少千米；通过迁移行程问题的数量关系，正确列式。理解整数除以分数的算理，在对比方法辨析异同的过程中找到整数除以分数的最普遍、简单的计算方法——整数除以分数可以转化为整数乘这个分数的倒数。通过对这节课的学习，学生体会了转化、猜想、验证的数学思想的实践过程，为下节课"陆龟平均每小时爬行多少千米"做了思维和方法上的铺垫。

三、学情分析

分数除法是在学生掌握了整数除法的意义、分数的意义和性质、分数加减法、分数乘法的意义和计算方法、解方程以及小数四则混合运算等知识的基础上进行教学的。它是学生进一步学习与分数有关的实际问题的重要基础。学生在之前的学习中，经历过利用"商不变的性质"将新知转化为旧知的过程，对转化的数学思想并不陌生；在第一单元分数乘法的学习中，经历了借助直观模型理解算理、算法的过程。这些都为学生在这一单元学习分数除法奠定了基础。对于学生来说，分数除法的算理和算法是教学的重难点。尤其是对于"除以分数可以转化为乘它的倒数"这一计算方法，学生不容易理解。在教学过程中，我通过借助直观模型、分析数量关系的方法，运用转化的数学思想帮助学生理解整数除以分数的算理。

四、教学目标

1. 理解整数除以分数的算理。

2. 借助直观模型探索整数除以分数的计算方法的探究过程，理解并掌握整数除以分数的计算方法并正确计算。

3. 在学习过程中体会转化、猜想、验证的数学思想方法。

学习重点：借助直观模型探索整数除以分数的计算方法的探究过程，理解并掌握整数除以分数的计算方法并正确计算。

学习难点：理解整数除以分数的算理。

五、教学过程

（一）画图理解题目内容

1. 画图理解 $\frac{2}{5}$ 小时。

（1）说一说 $\frac{2}{5}$ 小时表示的意义。

（2）画图表示 $\frac{2}{5}$ 小时。

（3）教师结合学生的说明展示图 5-8。

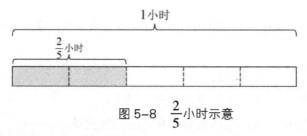

图 5-8 $\frac{2}{5}$ 小时示意

2. 理解题意，完成示意图。

（1）补充信息：鳟鱼 $\frac{2}{5}$ 小时大约能游 2 千米。

（2）提问：你能提出什么数学问题？

完整展示题目：鳟鱼 $\frac{2}{5}$ 小时大约能游 2 千米，它平均每小时能游多少千米？

（3）将题目中所有的信息和问题呈现在图上。

3. 观察推理，解决问题。

（1）巡视拍照，找出有特点的图。

（2）解释图的意义。

（3）推理：鳟鱼 1 小时能游多少千米？

【设计意图】通过将例题信息拆分"先出示 $\frac{2}{5}$ 小时，再出示完整的题目信息"，既可以帮助学生快速、准确地理解题目内容，又能够引导学生找到画图的抓手，即以时间为单位"1"。在观察图的过程中，使学生建立表象，理清图中各部分的关系，为理解算理算法打好基础。

（二）计算中理解算理算法

1.自主探究，突破算理。

（1）结合图示思考，应该怎么计算？尝试写一写计算过程，再与同桌交流。

预设1：$2 \div \frac{2}{5} = 2 \div 2 \times 5$（通过分析图中条件间的数量关系：2份对应2千米，1份就是1千米。1小时有这样的5份，所以有5个1千米。）

预设2：$2 \times \frac{1}{2} \times 5 = 5$（通过分析图中条件间的数量关系：1小时就是5个 $\frac{1}{5}$ 小时，通过寻找 $\frac{1}{5}$ 小时能游1千米，可以发现1小时就是游了5个1千米。）

（2）对比方法，发现联系。

（3）借助数量关系，重审原题，进行列式。

（4）利用转化思想，用不同的计算方法进行验证。

预设1：$2 \div \frac{2}{5} = 2 \times \frac{5}{2}$

预设2：$2 \div \frac{2}{5} = 2 \div 0.4 = 5$

拓展思维：运用转化思想将分数转化成小数，想一想还可以转化成什么数。

2.方法对比，确定算法。

（1）建立由图中数量关系得到的两种算法之间的联系。

$$2 \div \frac{2}{5} = 2 \times \frac{1}{2} \times 5 = 5$$

$$2 \div \frac{2}{5} = 2 \div 2 \times 5 = 5$$

小结："$2 \div 2$"和"$2 \times \frac{1}{2}$"的含义是一样的，所以 $2 \div \frac{2}{5} = 2 \div 2 \times 5 = 2 \times \frac{1}{2} \times 5$；"$\frac{1}{2} \times 5$"就是5个 $\frac{1}{2}$，即 $\frac{5}{2}$，$2 \div \frac{2}{5} = 2 \div 2 \times 5 = 2 \times \frac{1}{2} \times 5 = 2 \times \frac{5}{2} = 5$。

（2）对比两种算法，验证"$2 \div \frac{2}{5} = 2 \times \frac{5}{2}$"。

$$2 \div \frac{2}{5} = 2 \div 2 \times 5 = 2 \times \frac{1}{2} \times 5 = 2 \times \frac{5}{2} = 5$$

$$2 \div \frac{2}{5} = \left(2 \times \frac{5}{2}\right) \div \left(\frac{2}{5} \times \frac{5}{2}\right) = 2 \times \frac{5}{2} \div 1 = 5$$

3. 方法小结。

（1）观察算式，说特点。

（2）总结计算方法。

整数 ÷ 分数＝这个整数 × 分数的倒数

【设计意图】多样化的算法可以对计算结果起到验证的作用。这些不同的方法求解的是同一个对象，学生在寻找不同计算方法的内在联系的过程中可以更好地理解算理，通过推导也可以进一步感受整数除以分数的计算方法的合理性。

（三）学以致用，巩固练习

1. 完成练习。

下面各式中左右相等的算式共有（　）个。

$$\frac{1}{4} \div \frac{3}{5} \bigcirc \frac{1}{4} \div \frac{5}{3} \qquad \frac{2}{7} \div \frac{2}{3} \bigcirc \frac{2}{7} \times \frac{3}{2} \qquad \frac{3}{10} \div \frac{7}{9} \bigcirc \frac{3}{10} \times \frac{7}{9}$$

$$8 \div \frac{1}{2} \bigcirc \frac{1}{8} \times \frac{1}{2} \qquad \frac{5}{6} \div 10 \bigcirc \frac{5}{6} \times \frac{1}{10} \qquad \frac{1}{2} \div 8 \bigcirc \frac{1}{2} \times \frac{1}{8}$$

①2个　②3个　③4个　④5个

2. 反馈交流。

【设计意图】通过多选式的按点设计，检测学生对"分数除以整数"和"整数除以分数"计算方法的掌握情况；同时对分数除以分数做出合理的猜测，为下节课埋下伏笔。

（四）对比算法，总结统一

1. 回顾分数除以整数的计算方法。

分数除以整数的计算方法：一个分数 ÷ 整数＝这个分数 × 整数的倒数

2. 对比两种不同形式的除法算式，你有什么发现？

小结：无论是"分数除以整数"还是"整数除以分数"，我们都可以通过将除以一个数变成乘这个数的倒数的方法来计算。

【设计意图】希望学生通过对比"分数除以整数和整数除以分数"两种不同形式的分数除法的计算方法，发现二者的方法是统一的，为探索分数除以分数的计算方法做好知识储备。

（五）总结收获

六、板书设计

整数除以分数。

$$2 \div \frac{2}{5} = \boxed{2 \times \frac{5}{2}} = 5$$

$$2 \div \frac{2}{5} = 2 \div 2 \times 5 = 2 \times \frac{1}{2} \times 5 = \boxed{2 \times \frac{5}{2}} = 5$$

$$2 \div \frac{2}{5} = \left(2 \times \frac{5}{2}\right) \div \left(\frac{2}{5} \times \frac{5}{2}\right) = \boxed{2 \times \frac{5}{2}} \div 1 = 5$$

七、作业与拓展学习设计

（一）作业设计

1.把下面的算式填写完整。

$$\frac{6}{7} \div 3 = \frac{6}{7} \bigcirc \frac{\square}{\square} = \frac{\square}{\square} \qquad 8 \div \frac{4}{5} = 8 \bigcirc \frac{\square}{\square} = \square$$

2.计算

$$\frac{8}{9} \div 4 \qquad 8 \div \frac{5}{2}$$

（二）拓展学习设计

在〇里填上"＞""＜"或"＝"。

$$\frac{8}{9} \div 5 \bigcirc \frac{8}{9} \qquad\qquad \frac{11}{12} \div 1 \bigcirc \frac{11}{12}$$

$$1 \div \frac{3}{5} \bigcirc 1 \qquad\qquad 9 \div \frac{8}{7} \bigcirc 9$$

八、教学特色与反思

第一，充分利用希沃白板的交互功能。一方面，教师能够在学生画图理解题意的过程中，及时抓住学生的课堂生成；另一方面，在交流反馈的过程中，生生间、师生间的沟通也在交互功能的辅助下进行得更加顺畅高效。

第二，利用互动反馈技术全面了解学生对知识的掌握情况。互动反馈的使用，使每个学生的选择情况都被清晰地记录下来和反馈出来。在反馈中，教师可以有针对性地进行提问。

反思这节课的整个过程，我对交互式白板的功能掌握得还不够。在今后的教学中，我会继续研究探索更多的新技术，以提高课堂教学的效率和学生的学习效率。

九、信息技术应用反思

（一）信息技术功能应用效果

本节课我使用了希沃白板和互动反馈技术。

首先，希沃白板是将电脑端和手机端同步使用的。希沃白板手机端的同步授课功能，既能够解放课件播放对老师的禁锢，使老师可以在和学生互动的过程中去操作课件，也能够让老师在巡视学生完成各项任务的过程中，随时抓住学生生成中的典型作品进行抓拍，并及时和学生进行分享和交流。其次，在授课中我使用了希沃白板的计时器功能，通过计时器的倒计时显示，可以在一定程度上帮助学生提高效率，使注意力不集中或者效率略低的学生更好地利用有限的时间。最后，白板的板书功能，在学生对不完善画图提出修改建议时，能够让生生间的互动更直观、更有效。

互动反馈技术在使用中利用了它的多选、翻牌、统计等功能，让我可以清晰地了解每一位学生的作答情况。通过分析学生的作答情况，我可以更准确地了解每一位学生对本节课的新知识和与之相关的知识的掌握情况。

（二）信息技术关键事件反思

关键事件 1：理解 $\frac{2}{5}$ 小时（时间：44 秒～ 3 分 35 秒）

本节课例题中出现了 $\frac{2}{5}$ 小时和 2 千米这样两个数量，选择谁为单位"1"，是学生准确理解题目的关键。结合学生的学情，我在设计之初选择了以画图的方式透彻理解 $\frac{2}{5}$ 小时为突破口，这样可以降低难度，为突破教学难点做好画图理解阶段的铺垫。

关键事件 2：理解题目信息和问题（时间：5 分 33 秒～ 10 分 2 秒）

在巡视学生完成图示的过程中，我发现学生有的选择了画线段图，有的选择了画示意图，两种不同的画图方式都可以表达题目的意思。有个别学生的图示不够完整甚至存在错误，我便通过手机希沃的同步授课功能，将典型的学生作品拍照，并和全体学生共同交流，在对正确的图示进行理解的过程中，完成了学生对题目中对应量的理解和纠正，紧接着在对不完善的图示进行分析和修改的过程中，加深了学生对对应量的理解。只有学生正确理解对应的时间和路程，才能为后续在探究不同计算方法的过程中理解算理和算法做好铺垫。

关键事件 3：课堂检测（时间：31 分 30 秒～ 36 分 32 秒）

利用互动反馈技术，我清晰、准确、高效地了解到每一位学生的作答情况，这样的效果是只通过教师巡视达不到的。通过课堂上学生的及时反馈，可以让出现错误的学生反思自己出现了哪些失误，对知识进行及时查漏补缺；通过在课后分析每一位学生的作答数据，我更准确地了解了每一位学生对本节课的新知识和与之相关的知识的掌握情况，对学生的易错点进行梳理和分析，从而为后续的教学和复习提供了帮助。

（三）信息技术应用创新点

在希沃白板的使用过程中，我充分利用了手机希沃与电脑端的同步功能，这一功能让交流更高效。教师可以最大范围地关注学生的不同表现，从而在有限的课堂时长内，对不同的学生作品进行展示和交流，提高课堂效率。同时，学生可以对同伴的图示中不完善的地方进行纠正修改，也为生生间的沟通提供了一种很好的方式。这一功能还降低了学生解决问题的难度，学生通过两次画图和即时的反馈交流，能够正确理解题目的含义，找到解决问题的方法，从而避免因找不到单位"1"而产生理解错误的可能。

依托互动反馈技术，我对教材中的练习题进行调整，将一道判断题改成了多选题，从而更全面地了解了学生的作答情况，更深入地分析了学生作答数据背后所反映出来的问题。

"编码"教学设计

郭文雁

一、指导思想与理论依据

《义务教育数学课程标准（2022 年版）》指出：综合与实践是小学数学学习的重要领域。学生将在实际情境和真实问题中，经历发现问题、提出问题、分析问题、解决问题的过程，感悟数学与社会生活之间的联系，积累活动经验，感悟思想方法，提高解决实际问题的能力，发展核心素养。

在本节课中，学生通过观察、思考、交流等形式，了解了身份证号码所包含的信息，在学习的过程中体验了数字的重要性。学生在积极参与的过程中，体会了数学与实际生活的密切联系，获得了积极的数学体验。

二、教材分析

"编码"是北京版数学四年级上册第十单元数学百花园的第三小节。教学的主要目的是引导学生知道编码在生活中的作用及一些简单的编码规则；引导学生感受数学在生活中的广泛应用，提升学生用数学的方法解决问题的能力；在制作编码的过程中感受数学的价值，获得成功的学习体验；通过对身份证号编码规则的认识，了解编码就是把一些数字按一定规则排列，表示特定信息的一种方式，知道在编码中最重要的是约定规则；初步了解编码在生活中的应用，从新的角度感受数学的应用价值。

三、学情分析

学生在课前收集身份证号的过程中，已经对身份证号码有了一些了解，知道生活中车牌号、手机号、报警电话、学号等编码，但不知道这些号码就是编码，对这些号码的编排过程和方法也不了解，没有编码的思想，也不了解编码的规则。

四、教学目标

1.了解身份证号码的编排方法，知道编码的一些简单规则，会设计简单的编码。

2.在观察、猜想、交流等中经历编码的过程，感受编码的思想和方法。

3.感受数学与生活的密切联系，体会数学的价值，增强学生保管个人信息的意识。

教学重点：了解身份证号码的编排方法，知道编码的一些简单规则，会设计简单的编码。

教学难点：经历编码的过程，感受编码的思想和方法。

五、教学过程

（一）游戏导入了解身份证号码

身份证号码就是一种编码，是每个公民唯一的、终身不变的身份代码。

1.通过收集自己和家人的身份证号码，小组交流对身份证号码的了解。

【设计意图】了解学生对身份证号码的认识情况，为下一环节做铺垫。

2.大家对身份证号码有了一定的了解，请大家认真观察小芳一家 4 口的身份证号，判断每个人的身份证号码。

爷爷　奶奶　爸爸　妈妈

（　　）　110106×××11236422

（　　）　110106×××0423001X

（　　）　110106×××03020011

（　　）　110106×××08244325

【设计意图】在反馈过程中介绍身份证号码的 7 ～ 14 位是表示出生日期的号码叫出生日期码，倒数第 2 位是性别码，单数代表男性、双数代表女性。

3.小视频：介绍身份证号码。

4.小芳爸爸有一个孪生兄弟，这对双胞胎的出生地址、出生日期、性别都一样，那他们的身份证号码会完全一样吗？不会！因为身份证号码是唯一的，每个人的都不一样。介绍顺序码和校验码，强调校验码是用前面 17 位数字通过一定规则计算产生的，如果前 17 位一样，那么校验码就会相同。

5.了解了身份证号码的规则，谁能说说孪生兄弟的身份证号码哪里一样、哪里不一样。

6.请你根据所给信息补全小钢的身份证号码中的空白处。

小钢是北京市丰台区人，他出生于 2012 年，可是到 2024 年他却只过了三个生日，请你把小钢的身份证号码中空白处补全。

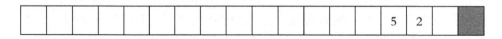

| | | | | | | | | | | | | | 5 | 2 | | |

130208 河北省唐山市丰润区   110101 北京市市辖区东城区
210104 辽宁省沈阳市大东区   110106 北京市市辖区丰台区

反馈中处理二月要写 02、强调性别码不一样校验码也会不同。

（二）小设计师：设计学籍号

1.每个公民都有自己唯一的身份证号码，每个学生也都有自己的学籍号。

按点：你认为学籍号应该包括哪些信息呢？（ ）

①年级 ②班级 ③入学年份 ④学号 ⑤身高和体重

明确我们在选择信息时要选重要且不变的信息。

2.接下来请大家按照入学时间、班级、学号的顺序给自己编一个 8 位数的学籍号。

【设计意图】引导学生在应用、交流中，经历编码的过程，进一步掌握编码的方法。

（三）生活中的编码

1.刚刚我们学习了身份证号、学籍号，你还知道生活中的哪些编码？

2.接下来我们一起看看生活中的编码。播放小视频介绍生活中的编码，车牌号、学号、邮编、特殊电话号码（如 110、119 等），门牌号，卡号，快递编号，图书编号，电器上的编号，商品编号（条形码）等。

【设计意图】通过练习，学生在巩固、强化编码相关知识的同时，感受数学与生活的密切联系。

六、教学反思

（一）充分运用希沃白板，打造高效课堂

在整节课中，希沃白板技术的运用贯穿始终。在制作课件的过程中，无论是插入视频、动画，还是进行表格制作及绘图等，希沃白板的使用都很方便。本节课中，学生认识身份证号码的出生日期码、性别码、补全身份证信息和编写学号时进行画批、填写及改正都运用了希沃白板的画批和擦除功能。它操作方便，为学生清晰表达自己的想法提供了有效的技术支撑。学生在对身份证信息判断的讲解时运用了希沃白板的拖曳功能，清晰直观地展示了他们的想法和结论。

在学生活动时，我常用到希沃白板的闹钟功能，对学生讨论、练习环节进行计时。这样不仅方便我对课堂时间的把控，还大大提高了课堂的学习效率。除此之外，希沃白板的传图功能也是很实用的，可以随时对学生的作品进行展示，不仅可调节大小使学生看得清楚，还能同时上传多张作品以便学生进行比较和择优，也可以在图片上进行勾画批注，边讲边画使表达更清晰。希沃白板使课堂变得更直观、更有趣、更高效。

（二）恰当运用微视频，直观呈现知识点

在身份证号码介绍和了解生活中的编码环节，我采取了微视频的方式呈现。这样可以使知识点变得更直观，学生边看边听，不仅了解了知识点，还在头脑中形成了直观的图像，从而便于记忆。微视频的运用是介绍记忆性知识点和了解性知识的有效手段，能让课堂变得更直观高效。

（三）巧用互动反馈技术，促进课堂交流

在编学籍号环节，为了培养学生筛选信息的能力，我设计了筛选重要信息的按点，目的是让学生在互动交流的过程中，知道编码过程中要选择重要且不易变的信息。在反馈的过程中，根据学生选择数据先明确身高、体重和年级是易变的信息，再解决学生对学号、班级也会变化产生的疑惑。学生在看到反馈数据后会对自己的选择重新思考，也会思考更多的可能性，这样学生的思维就活跃起来了。接下来学生会提出疑问，在交流的过程中解决问题，使课堂变得生动而高效。

"I think life is better now" 教学设计

单巍巍

一、指导思想与理论依据

《普通高中英语课程标准（2017 年版）》指出，英语学科核心素养是学科育人价值的集中体现，是学生通过学科学习而逐步形成的正确价值观念、必备品格和关键能力。英语学科核心素养主要包括语言能力、文化意识、思维品质和学习能力。

英语课程内容是发展英语学科核心素养的基础，包括六个要素：主题语境、语篇类型、语言知识、文化知识、语言技能和学习策略。所有的语言学习活动都应该在一定的主题语境下进行，即学生围绕某一具体的主题语境，基于不同类型的语篇，在解决问题的过程中，运用语言技能获取、梳理、整合语言知识和文化知识，深化对语言的理解，重视对语篇的赏析；同时，尝试运用所学语言创造性地表达个人观点和态度，并通过运用各种学习策略提高理解与表达的效果，由此形成六要素整合、指向学科核心素养发展的英语学习活动观。

二、教材分析

本节课的话题是 the living environment，属于人与社会主体语境。

What：（主体与内容）本文是一篇记叙文，一个 70 多岁的北京老人李女士使用第一人称讲述了她所经历的过去生活及现在生活的变化，如居住条件、工作与生活、饮食问题、女性教育和工作情况、交通和娱乐情况等。

How：（文体与语言）作者采用了"总—分—总"结构进行叙述，文章结构清晰，各部分主题分明。第一部分，做了李女士的简介和分享的话题——她自己生活的过去与现在。第二部分，介绍了她过去的居住条件、工作、生活、饮食等方面的状况和现在的家庭成员、女性教育，以及工作、交通和娱乐方式等生活方面的变化。第三部分，李女士以自己的亲身经历作为参考，感到生活越来越好。文章在表述中，用一般过去时呈现过去的生活和用一般现在时、现在完成时描述现在的生活状况及生活上的变化；同时，李女士在表述美好变化的过程中，也用大量的转折词 but, though 表达一些不够好的地方，暗含社会的发展在带来便利的同时，也给不同群体带来新问题。

Why:（主题与意图）通过对内容语言的分析，明晰了本节课的主线。明线是时代发展，给百姓生活带来的诸多好的变化；暗线是在发展的同时，也有新的社会问题的出现。本文意图是引导学生关注社会发展，聚焦生活，培养公民意识。

三、学情分析

（一）对话题的了解与认知

我所教授的班级为丰台二中九年级一班，全班共 37 人。在以往的学习中，学生对描述生活状况的词汇比较熟悉、多种时态的意义掌握比较准确，但因为缺乏社会经验，对生活的理解可能不够深刻，因此在课堂上我将引导学生从生活的零散信息中关注教育、工作、生活、交通、娱乐等方面的情况，建立结构化的整体知识体系。而后通过设置问题，引导学生辩证地看待变化中的新问题。

（二）对话题语言的掌握情况

本课所涉及的描述过去和现在生活的词汇对于学生来说难度不大，但是学生对一些词在现实生活中的理解不够准确，如 electric lights, in the winter cold, in the summer heat, a farm girl, a full-time job, afford 等。我通过创设情境、展示图片等方式，帮助学生准确理解语言。转折连词 but, though 所蕴含的发展过程中的新问题是隐藏含义，学生往往只能从浅层理解意思，而无法更深入地思考变化中的新问题。我将通过对生活中实际问题的追问，实现对主题意义的探究。

（三）学生学习风格与能力

班级学生水平比较均衡，大部分学生语言素质和语言能力较好，且在长时间在线学习的过程中，已经具备了一定的信息技术能力，如连麦回答问题、练习任务上交小程序、群组分享、两人检查答案、用小管家 APP 相互打分、共享屏幕等。为了提高学生的参与度与教学目标的达成度，我通过教师示范引领、学生自主探究、多元自主评价的方式，既落实了过程参与的量与质，又保证了教学目标的达成。

四、学习目标

1. 学生通过独立阅读，以思维导图的形式，获取和梳理李女士有关过去与现在的生活、教育、工作等方面的事实性信息。

2. 学生基于所获取的过去与现在生活状况的事实性信息，举例说出自己对生活中的变化的感受，并阐明自己的观点。

3. 学生小组通过微电影或海报、演讲的方式，完成"Life Now and Then in My View"的展示交流活动。

五、教学过程

（一）Pre-reading

Lead into the topic

Activity 1: Ss guess what Mrs. Li was talking about by the picture.

Activity 2. Ss talk about what they know about the life in Beijing in the past.

Q: What do you know about the life in Beijing in the past? For example, how did people travel in the past? What were the houses like? What about the food in the past?

Step 1. Ss share in class.

T: Let's read the passage Life Now and Then to know about it.

【设计意图】激活学生对话题的已知，引入课文。

（二）While-reading

Ⅰ. General reading

Activity 3. Ss read and get what the life in the past was like and what life today is like.

Step 1. Ss read and answer the question alone.

Q: What was the life in the past like? And what was the life today like?

Step 2. Ss share the answers in class.

Step 3. Ss get the structure of the passage by teacher's demo.

【设计意图】在教师的指导下，初步了解文章大意和文本内容框架，形成宏观语篇和宏观结构。

Ⅱ. Detailed reading

Activity 4. Ss read and get the structured information about the life in the past and the life today.

Step 1. Ss read the passage again and get the structured information about the life in the past and life today by mind-map alone.

Step 2. Ss share their work in APP.

【设计意图】学生通过再次阅读原文，获取并梳理相关信息，构建有关过去生活与现在生活的结构化知识。

Step 3. Some students share their work in class.

According to the students'work, Ss build the structured information about the life now and then again and deal with some difficulties about——

electric lights, candles, in winter cold , in summer heat, a farm girl, be more than a full-time job, simple, afford, the role of women.

【设计意图】学生阐释与过去生活和现在生活相关的表层信息，在语境中理解生词的含义。

（三）Post -reading

Theme exploration

Activity 5: Ss talk about the changes of life.

Step1. Ss review the whole picture of the passage and think about the changes of life by questions.

Q1.What was the life in the past like and how about the life today?

Q2. What does Mrs. Li think of today's life?

Q3.Is she pleased with all of things?

Q4: What do you think of the changes of Life? Can you take some examples?

【设计意图】在教师问题的引领下，学生围绕作者对现在生活的观点和现实问题开展讨论。同时，将自身已有的经验、情感与文本相结合，实现主题意义的深层探究。

（四）Homework

Finish the task by video or posters and presentation about Life now and then in their views by text and further reading on Exe. book or the Internet.

1.What is the life now and then like?

2.What do you think of these changes?

3.What's your view on the life today?

【设计意图】学生将所了解的生活中的变化信息，通过微电影、海报或演讲的方式，运用到"我眼中的北京的昨天与今天"的情境中，对语言进行有意义的表达。

六、教学特色

（一）采用三个层次的活动实现主题意义的探究

1. 学习理解。

帮助学生在主题意义的引领下，实现对昨天与今天的生活在生活、教育、工作等方面的结构化信息的建构。

2. 应用实践。

通过设置问题"你眼中的昨天与今天的生活"，让学生辩证地看待时代的发展、生活的改善，也关注与之俱来的新问题。

3. 迁移创新。

通过制作宣传片"北京的昨天与今天"，实现所学语言的迁移与创新。

（二）采用教学评一体的方式，发挥评价的反馈、激励、评价作用，保证了学生参与度、学习增值和教学目标的达成

1. 通过教师示范引领，保证学生能参与、会参与。

2. 在自主探究过程中，教师通过摄像头监督巡查、学生自主探究、任务上传 APP 的方式保证学生的参与度。

"I can jump far" 教学设计

吴 爽

一、指导思想与理论依据

《义务教育英语课程标准（2022 年版）》指出，英语课程内容的选取遵循培根铸魂、启智增慧的原则，紧密联系现实生活，体现时代特征，反映社会新发展、科技新成果，聚焦人与自我、人与社会、人与自然等三大主题范畴。内容的组织以主题为引领，以不同类型的语篇为依托，融入语言知识、文化知识、语言技能和学习策略等学习要求，并以单元的形式呈现出来。

秉持在体验中学习、在实践中运用、在迁移中创新的学习理念，倡导学生围绕真实情境和真实问题激活已知，使学生参与到指向主题意义探究的学习理解、应用实践和迁移创新等一系列相互关联、循序渐进的语言学习和运用活动中。

二、教材分析

本节课的话题 "I'm a Shining Star!" 属于人与自我主题语境。

What：（主体与内容）主要内容是 Amy 和 Sam 在操场上比赛谁跑得快、跳得远。

How：（文体与语言）本文是一篇对话，Amy 和 Sam 运用情态动词 can 询问、表达自己能否跑得快、跳得远的场景。

Why:（主题与意图）通过对本文内容的分析，明确了本节课的主题是自信乐观，悦纳自我，懂得欣赏别人。

三、学情分析

学生已掌握 play basketball,play ping pong,play football,swim,run,jump 等简单的运动词汇，本节课要学习 run fast, jump far 两个新的运动类词组，教师要

创造多种情境引导学生用 ××× can ... 的句型表述某人能做的事情。学生虽然是第一次表达自己是否有能力做某件事这类句型，但是本话题贴近学生生活实际，因此不难理解。

四、教学目标

1.学生通过视听说等活动，提取、梳理 Bob、Sia、Amy 和 Sam 能做的事情。

2.学生根据以往所学，完成校园之星推荐卡。

3.学生通过制作海报，介绍自己的校园之星推荐人。

4.学生通过本课的学习，培养乐观自信的性格，并学会欣赏他人。

五、教学过程

（一）Warming up

Activity 1. 创设评选 Shining Star 的情景，引出话题。

T:In this class,we'll choose Shining Stars.What's Shining Star?(出示板书)

T:If you want to be the Shining Star,you need to tell us what things you can do well.

T:Are you a Shining Star?

T:You can say "I'm a Shining Star!"

T:What can you do well?

S:I can ...

【设计意图】调动学生的学习兴趣，唤醒已知。

（二）Presentation

Activity 2. 看图片、视频，提取 Bob、Sia、Sam 和 Amy 能做的事情。

①走进 Animal School, 提取 Bob 和 Sia 能做的事情。

T:There are 2 schools,they are choosing Shining Stars,too.Let's see together. First,let's go to the Animal School.

T:(出示图片)Who are they ?　Guess:What can they do?

S:They are Bob and Sia.

S:Maybe...

T:Let's watch and check in the video.

S: Bob can jump and run fast. Sia can jump. 教师根据学生回答进行板书。

T:Can you jump and run?Now stand up and try!Jump,jump.I can jump.

S:Jump,jump.I can jump.

T:Now,let's run.Run,run.I can run.

S: Run,run.I can run.

T:Now,let's run fast.Run fast, run fast.I can run fast.

S:Run fast, run fast.I can run fast.

T:Ok,sit down,please.Look!What's wrong with Bob?Yes,Bob runs so fast and hit the tree.It's very dangerous.We can say "Be careful!" to Bob.

S:Bob,be careful!

T: When you do sports,you should be careful.

②走进 Beijing School, 提取 Sam 和 Amy 能做的事情。

T:Now,let's go to the second school——Beijing School.Look,who are they?Guess:What can they do?

S:They are Sam and Amy.

S:Maybe...

T:Let's watch the video and check.

S:Sam can run fast.Amy can jump far.

T:Now,let's check in the book.Open your book,turn to page 20.Let's read together.Who can run fast?

S:Sam can run fast.

T:How do you know that?Look at this word,"winner"means you are No.1，You are the best!"can't "means you cannot do something. "slow"means...（动作表示）。

T:Sam says"You can't run fast.You are slow." Is it good?

S:No.

T:It's not good.Maybe we can say"Come on!"""You can do well!"to Amy.

T:Let's read on.Who can jump far?

S:Amy can jump far.

T:Look at this sentence,can Sam swim well?

S:No.

T:Yes,It's just a joke.

Activity 3. 跟读对话。

Step 1. 全班逐句跟读，提醒学生注意发音准确。

Step 2. 分角色朗读对话，男生饰演 Sam，女生饰演 Amy。

Step 3. 提问学生重点词句的意思、发音。

Step 4. 两人一组读。

Step 5. 小组展示。

Step 6. 他人评价。

【设计意图】提取对话信息，理解对话内容，认读本课重点词汇和句型。以跟读模仿、角色扮演、转述对话的形式，让学生尝试表达，体会语言。

（三）Production

Activity 4.Make group poster 制作小组海报。

T:I know some of you can do something very well.Let's see together. 出示学生照片。

T:Who is he/she?What can he/she do?

S:He/She can ...

T:Now,you need to make your group poster. 海报制作步骤如图 5-9 所示。

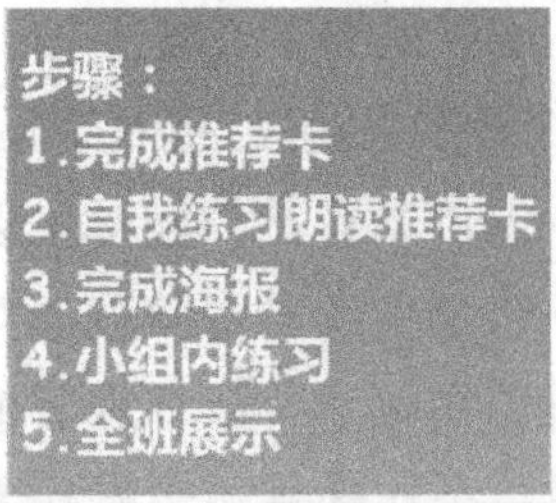

步骤：
1.完成推荐卡
2.自我练习朗读推荐卡
3.完成海报
4.小组内练习
5.全班展示

图 5-9　海报制作步骤

小组展示后，请其他学生对展示的小组进行评价。"闪亮星"小组展示评价表如表 5-3 所示。

表 5-3　"闪亮星"小组展示评价表

展示小组	评价内容	评价星级
第（　）小组	能介绍自己或他人的特长	☆☆☆☆☆
	语言准确	☆☆☆☆☆
	表达流利、有感情	☆☆☆☆☆
	能加上恰当的手势	☆☆☆☆☆
	表达有逻辑性	☆☆☆☆☆

【设计意图】借助真实情境的活动帮助学生更好地运用语言。

（四）Homework

1. 听 2 遍录音，跟读、朗读课文各 1 遍。

2. 通过录制视频、制作海报、写宣传稿、制作 VLOG 等形式推荐校园闪亮星，可以推荐自己或他人。（优秀作品将有机会在公众号展示）

六、教学反思

（一）应用电子白板技术辅助教学

以往的多媒体课件是提前制作好的，在教学过程中课件的内容无法更改，导致学生有时无法参与，只能按照老师的思路一步一步走。电子白板具有放大、缩小、拖曳、复制、粘贴、随写、随画、随擦等多种功能，能够吸引学生的注意力，让学生的目光始终集中在白板上，从而帮助学生理解和掌握知识。

在这节课中，我运用了白板技术中的移动授课功能，使学生能够充分发挥身体语言，清晰、直观地看到他人的作品分享。这样就把学习的主动性交给了学生，让他们主动参与到学习中，从而提高了学习兴趣。

（二）利用多种评价活动促进学生发展

我为本节课设计了几个评价活动：第一个活动是学习完对话后，两人一组练习对话时对同伴进行评价，旨在鼓励学生读对话时要准确、流利、富有感情；第二个活动是请一组学生到讲台前表演对话后，请其他同学对他们的表演进行评价，目的是引导其他学生认真观看他人的表演并对他们提出意见，帮助他们取得进步；第三个活动是小组制作完海报向大家汇报后，大家根据他们汇报的情况进行评价，目的是引导学生有逻辑地、准确流利地表达。在这些评价活动中，我注重发挥学生的主体作用，使学生成为评价活动的参与者、合作者，帮助他们进行自我评价和相互评价，主动反思，促进自我监督性学习，在评价活动中取长补短，总结经验。

"The Double Ninth Festival" 教学设计

孙俊杰

一、指导思想与理论依据

《义务教育英语课程标准（2022 年版）》提出"秉持英语学习活动观组织和实施教学"，倡导教师的教学设计与实施要以主题为引领，以语篇为依托，通过学习理解、应用实践和迁移创新等活动，引导学生整合性地学习语言知识和文化知识，进而运用所学的知识、技能和策略，围绕主题表达个人观点和态度，解决问题，达到在教学中培养学生核心素养的目的。

二、教材分析

本节课是北京出版社义务教育教科书《英语》（一年级起点）五年级上册第三单元 "Can You Tell Me More About the Mid-Autumn Festival？" 的第二课时。本单元围绕中西方传统节日与饮食这一话题，重点学习询问中西方传统节日的日期及回答的方法，如 "It's on the fifteenth day of the eighth month in the Chinese calendar."，初步学习介绍传统节日的特色饮食、相关活动等。前两个课时以中国传统节日为主，对话中学习的节日分别是中秋节和重阳节，第三课时以西方英语国家传统节日为主，对话中介绍的节日为万圣节，第四课时则是中西方传统节日的对比学习。在第一课时 Sara 向 Lingling 询问中秋节的情景中，学生初步学会了运用语言描述农历日期的表达方式以及节日活动、节日食品等内容的表达方式，利用思维导图对节日进行简单介绍；在第二课时 Mike 向 Maomao 和 Lingling 了解重阳节这一对话情景中，学生更深入地学习、了解了中国传统节日，在学习与交流中进一步掌握了相关语言知识与节日习俗。

本单元涉及的节日话题在一年级上册、二年级上册、三年级上下册以及四年级下册都有相关的内容，都是对节日基本信息的学习和丰富。其中一年级上册主要谈论节日的名称及相关祝福语，二年级上册谈论节日礼物、标志性事物及感受，三年级上册增加了节日日期、特色食物及活动内容，三年级下册涉及了节日设立的目标人群，四年级下册出现了农历日期的概念和庆祝范围。学生在前面年级的学习中，对节日的认识逐步丰富和全面。本单元综合了各个方面，同时强调了习俗、意义和其中蕴含的文化特点。

本单元的线索：

（1）工具线：建构贯穿整个单元的节日思维导图，在不断丰富完善的过程中，学会由浅入深地认识、了解节日，并进行清晰的介绍。

（2）人文线：以节日名称、特色食物或者活动为切入点，探究节日的意义及其承载的传统文化思想，体会中西方文化的特点和差异。

基于对学习内容的分析和教学目标要求，明确学习本单元的意义，即深入了解中国传统节日及习俗，理解中国传统文化思想，在了解中西方传统节日的过程中体会中西方文化差异，增进文化知识和增强文化自信。

三、学情分析

本次授课的对象是五年级学生。学生经过前面四年的学习，在语言知识层面有了一定的积累，学习过与节日有关的日期、食物、活动、祝福语等词句，特有习俗和进一步了解的表达是本单元新的语言内容。其次，学生通过前面四年的学习，在学习能力方面，能够进行有效的自主学习、合作学习；有一定的知识迁移能力和阅读能力；在思维品质方面，在以往的学习中，能够分析、归纳，进行推理判断，并且以书面形式呈现出来；在生活经验方面，有丰富的庆祝节日的经历和表演的经历，知道基本的庆祝活动、形式。

本单元除设计了学习理解的活动，还在 Lesson 9 设计了撰写邀请函邀请 Sara 一起过中秋节的实践应用和迁移创新的活动。在本次授课中，我发现学生对节日意义知识欠缺，且对节日与文化之间的关系没有认知，由于语言支撑不足，在表达和交流中有些困难。所以我们希望通过本单元的学习，学生能够借助思维导图，将整个单元学习连贯起来，给予学生有逻辑表达的支撑，并以节日、特色食物和活动为切入点，探究节日意义和文化内涵，从而发展学生的思维能力和语言能力。

四、教学目标

1. 能够理解并正确朗读对话内容。

2. 听懂、认读 the Double Ninth Festival 专有词汇及传统食品；能综合运用语言向他人介绍重阳节。

3. 初步了解对话内容以外的重阳节习俗：赏菊花、插茱萸。

4. 理解并弘扬重阳节尊老、爱老的传统美德。

五、教学过程

（一）Warm up

1. Let's review.

教师引导学生复习第 9 课中秋节的相关内容。

Question: Can you tell us more about it?

Question: Do you know more Chinese festivals?

【设计意图】激活学生关于节日表达的相关语句，为他们学习重阳节做铺垫。

2. Let's enjoy.

Today we are going to talk about another tradition Chinese festival. Let's enjoy a video. （自制《九月九日忆山东兄弟》英文诗朗诵视频，内容是 Lesson 13 P28 Read and write 部分）

Question: What festival is it?

Ss：重阳节或 It's the Double Ninth Festival. 结合图片和日历帮助学生理解 Double Ninth。

Can you ask the date of the Double Ninth Festival? 引导学生提出问题 When is the Double Ninth Festival? 并进行回答。

【设计意图】学生通过观看，推测出本节课所要学习的节日为"重阳节"，激发学生对本课话题的学习兴趣。

（二）Presentation

1. Listen and say.

They are in an exhibition hall（展厅）. Mike is from Canada. He is looking at the pictures on the wall.

Question: What's in the picture?

Answers: Climb mountains and drink tea/wine.

【设计意图】引导学生关注非文本信息，用希沃白板中的"放大镜"工具观察图片，使学生感知重阳节相关活动。

2. Let's watch.

Question: What does Mike think of this festival?

通过选择练习，理解 It sounds like a holiday for the old people.

Question: Do you think so? Why? 学生看书找出依据。

【设计意图】观看视频，整体感知重阳节的相关内容，找出相应的语言依据。

3. Let's think and say.

利用思维导图梳理引导学生提问并说出答案。

Question 1: What do people do on that day?

(The old people... .)

Question 2: What do young people do?

(The young people... .)

Question 3: What will Yangyang do on that day?

(I'm going to... .)

Question 4: What do people eat on that day?

(We eat... .)

完成选词填空

【设计意图】通过问题引领，启发学生思维，帮助学生深入理解会话，学习核心语言，并在学习过程中感知、理解重阳节的意义。

4. Let's communicate.

Question 1: What will you do on the next Double Ninth Festival?

(visit grandparents, have a big dinner with grandparents, cook for them, go outing with them, go to the park, watch movies)

【设计意图】通过图片并结合生活实际，引导学生表述下一年重阳节自己想做的活动。

（三）Practice

1. Let's listen and repeat.

学生 3 人一组，朗读对话，表演对话。

2. Let's read.

【设计意图】回顾完整视频，理解对话内容并朗读。

（四）Expanding

1. Let's learn more about the Double Ninth Festival.

Question: What new knowledge have you learned from the video?

教师播放重阳节视频，学生观看视频，了解更多重阳节的相关活动。（爬山、吃重阳糕、赏菊花、喝菊花茶或菊花酒、佩戴茱萸）

（They also enjoy the chrysanthemums. People drink chrysanthemum tea or chrysanthemum wine. In the past, people liked to wear dogwood.）

【设计意图】通过视频资料，帮助学生了解关于重阳节的其他传统活动和习俗，体会中国传统文化的特点。

2. 询问"九"的含义：Why is it on the ninth day of the ninth month?（课件出示图 5-10）

图 5-10 "九"的含义

Number "9" means longevity in China.

【设计意图】深入中国传统文化，培养学生孝亲、敬老的品质。

3. What do you think of this festival?

We should care for the old people in our daily life and respect them.

We should inherit our traditional Chinese culture.

【设计意图】提出重阳节的意义，引导学生了解并传承中国传统文化。

（五）Homework

1. Let's talk about the Double Ninth festival.

借助板书的重阳节思维导图（图 5-11）介绍节日。

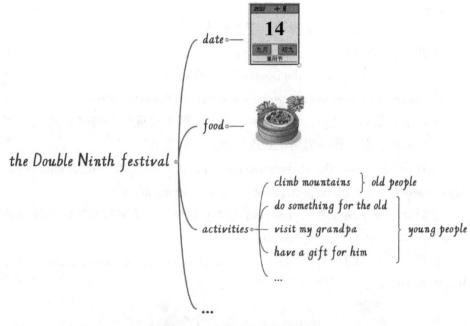

图 5-11　重阳节思维导图

2. Let's write.

延续 Lesson 9 邀请信的形式，给 Sara 写封邀请信：你想和她一起过重阳节，为老人们做一些事情（图 5-12）。

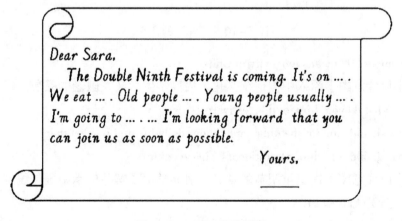

图 5-12　重阳节邀请函

【设计意图】发展学生综合运用语言的能力，促进学生的交流能力。

（六）板书设计

板书设计如图 5-13 所示。

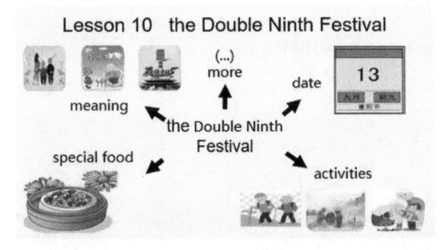

图 5-13　板书设计

（七）评价方式

1. 在课堂学习活动中，教师对学生的语言生成进行口头评价。

2. 教师对学生的表演给予评价（表 5-4）。

表 5-4　学生表演评价表

Read the dialogue ★		
Act or retell the dialogue		
Correctly	Correctly & Fluently	Correctly, Fluently & Emotionally
★★	★★★	★★★★

六、教学反思

1. 利用思维导图梳理重阳节的日期、饮食、活动、意义等，为学生搭建语言支架，以便学生认识、了解重阳节。

2. 在拓展环节，通过视频补充介绍重阳节喝菊花茶／酒、戴茱萸、赏菊花等习俗的英语表达，丰富学生的知识体系及语言表达。补充九九重阳节的意义，取"九"同"久"有长寿之意，引导学生关爱、尊敬老人，传承中华优秀传统文化。

3. 课程之初，引导学生先用自己的语言（中英文都可以）描述一下对重阳节的认知，再开始新对话的学习。

"校园里的调音师" 教学设计

杨雯婷

一、指导思想与理论依据

本课的内容依据《义务教育道德与法治课程标准（2022 年版）》"负责任，有爱心地生活"中的"懂礼貌，守秩序，爱护公物，行为文明"编写而成。通过本课的学习，旨在让学生认识到在人员聚集的公共场所不大声喧哗，不打扰他人，保持良好的公共秩序，养成小声说话的习惯。同时让学生明白，在公共场所不大声喧哗不仅是对他人的尊重，更是社会责任和个人素质的体现。

发展学生核心素养以培养全面发展的人为目标。其中在自主发展层面，要求学生在健康生活的同时做到自我管理。通过本课的学习，学生要认识到在公共场合保持安静就是文明的体现，从而对自身进行约束，时刻提醒自己在公共场所不大声喧哗，做到自我管理，培养自身责任意识和道德修养。

党的十八大报告提出："倡导富强、民主、文明、和谐，倡导自由、平等、公正、法治，倡导爱国、敬业、诚信、友善，积极培育和践行社会主义核心价值观。"文明作为社会主义核心价值观的内容之一，体现了中国特色社会主义现代化国家的本质要求。从个人的角度讲，文明是指人的教养和开化状态。通过本课的学习，学生要能够将文明内化于心，外化于行。

二、教材分析

本课重在使学生养成在公共场所不大声喧哗、不打扰他人的良好行为习惯，意识到说话小点儿声就是一种公共文明习惯，在公共场所不大声喧哗就是对他人的尊重，也是一种修养。本课与本单元其他三课之间是并列关系。

三、学情分析

作为小学二年级的学生，经过一年的学校集体生活，已经初步形成了在公共场所不大声喧哗、不打扰他人的观念。在日常生活中，很多学生尚不能完全做到这一点，尤其是在人多、热闹的地方，总是会不由自主地放大说话的音量。所以，我们需要继续帮助学生养成在公共场所不大声喧哗、不影响他人的好习惯，并引导他们在日常生活中有意识地践行。

四、教学目标

1.知道在校园里说话小点儿声是遵守学校规章制度、讲文明、有教养的行为。

2.懂得控制自己说话的音量，尽量不打扰他人。

3.能自觉调低音量，初步养成小声说话的好习惯。

教学重点：意识到不大声喧哗是有教养、讲文明、尊重他人的行为。

教学难点：初步养成小声说话、不打扰他人的文明习惯。

五、教学过程

（一）导入

1.师：同学们，在生活中我们能听到各种声音，下面请大家闭上眼睛听一段声音，听完说一说你的感受。

2.播放音频：课间，楼道里嘈杂的吵闹声（预设：我觉得太吵了，心里很烦）。

3.师：你遇到过这种情况吗？怎样就不吵了？

4.小结：正是因为有些同学不知道控制自己说话的音量，才会让大家产生烦躁等不好的感受，所以我们每个人都要说话小点儿声。

过渡语：今天，我们就来学习"校园里的调音师"，看看同学们能不能成为一名合格的调音师。

【设计意图】通过音频使学生体会日常经历的课间的吵闹，让学生初步意识到吵闹的环境会令人心情很不愉悦，平时说话要小点儿声，并揭示课题，为后面的学习做好铺垫。

（二）活动一：找一找

1.师：在我们的教室里，哪些声音打扰过大家呢？

预设：①同学们讨论的声音大，影响学习；

②课间休息，班级里有同学大喊大叫，让人很烦；

③进出教室开关门声音太大，影响听课；

④拖拽桌椅声音大，很刺耳；

⑤课堂上，同学的水壶或者铅笔盒突然掉地上，把人吓一跳；

⑥吃午饭的时候有人说话；

……

2.师：在我们的校园里，教室外面哪些声音让大家有不好的感受呢？

①上厕所说话声音太大，特别吵；

②上操时有人在队伍里聊天；

③举行升旗仪式时有人在队伍里说话；

……

3.师：原来我们的校园环境如此嘈杂啊！大家被这么多的声音都打扰过，你们想要一直这样被打扰下去吗？（不想）是啊！老师也不想，因为过大的声音就形成了噪声，对我们会造成一定的危害。我们一起来看看噪声的危害有多大。

4.播放视频。

5.小结：噪声对我们的身体、心理都有危害，同学们也不喜欢这样的校园环境，所以我们要从自身做起，学会小声说话，不打扰别人。

【设计意图】从学生熟悉的教室内环境开始，引导学生回顾亲身感受，体会大声说话带给他人的不良感受；引导学生继续回忆教室外嘈杂的环境，意在让学生身临其境，感受校园里吵闹声带来的不和谐，并通过视频认识噪声的危害，以此引导学生懂得在校园里说话要小点儿声，不打扰别人。

（三）活动二：调一调

1.师：小小调音师们，你们会小点儿声吗？我们发挥小组的力量，完成下面的任务。

小组合作学习要求：

①结合教室内、教室外找到的声音，每人挑一种，说说调音办法；

②每组汇总两种调音办法；

③选一人到讲台前汇报。

办法预设：

①小组讨论时，说话要小点儿声，如果有人声音大了，要及时提醒；

②课间休息时，派专人检查，如果有人大声说话，要纠正提醒；

③张贴"说话小声"的标志；

④关门的时候提醒自己动作轻点；

⑤挪椅子的时候，把椅子搬起来；

⑥上课时把水壶放在桌洞里，摆好铅笔盒不乱动；

……

2. 小组汇报。

3. 小结：大家想到的调音办法都非常好。老师刚刚一边听，一边帮同学们整理了一下，即言语轻、走路轻、摆放轻（张贴板书），我们在这些方面要做到自我约束；同时，发现其他人做事大声的时候要及时提醒。相信这样一来，我们的校园将不再吵闹，而是安静和谐。

4. 师：请同学们想一想，我们的张主任，还有班主任老师，平时在声音方面是怎么要求大家的？

5. 师：对，其实老师们的要求，正是出自我们学校的日常行为管理细则。我们一起来看一看。

6. 小结：所以在平时，同学们要做到不大声喧哗。小点儿声、不打扰他人，就是遵守学校校规校纪的表现，更是尊重他人的表现。正如校规所要求的，老师希望大家凡事都能小点儿声，成为文明的"小天使"。

【设计意图】针对教室内外有点儿吵的情况，通过小组合作学习，提出改进办法，解决问题。结合学校校规，使学生意识到不大声喧哗，凡事小点儿声，是有教养、讲文明、尊重他人的行为。

（四）活动三：画一画

1. 师：同学们刚刚说得都非常好，希望你们通过这节课的学习，能将校规放在心中，真正做到小点儿声。

2. 为了让文明"小天使"更多一些，我们现在帮助学校制作警示标识，来提醒其他同学小点儿声吧！

制作要求：

①从工具袋中选取小贴纸，贴到任务单的相应位置；

②贴好后，补充文字内容；

③制作好后，小组内一起说一说；

④选一个进行汇报展示。

3.展示。

4.小结：有了这样的警示标识，相信我们的校园会更安静、更和谐，文明"小天使"会更多。

【设计意图】学生通过自己动手为校园设计"小点儿声"的警示标识，加深对在校园内如何做到小点儿声的方法的回顾，也能提醒其他人，让校园变得更安静。

（五）活动四：玩一玩

1.师：小小调音师们，通过今天的学习，你会小点儿声了吗？（会）

2.那通过几个小游戏，来看看对于今天的学习内容，你是不是真的掌握了。

【设计意图】通过小游戏的形式进行本节课的教学评价，检验学生对本节课内容的掌握情况。

课堂总结：为营造一个良好的校园环境，需要我们每一个同学自觉约束自己，提高文明素养，说话小点儿声，不打扰他人的生活和学习。希望大家从小都能树立尊重他人的意识，做文明的小学生。

六、教学反思

1.本课通过几个活动使学生在做中学，提高了学生的学习兴趣，符合道德与法治课程实践性的要求。

2.学生动手为校园设计警示标识，在画一画的过程中既对本节课的教学目标进行了落实，又能够使我们美丽的校园变得更加安静和谐，为大家营造一个舒适的环境。

3.利用学生喜欢的形式进行本节课的教学评价，在落实教学目标的同时，也使学生在轻松的氛围中对本节课的学习情况进行检验。

"养小龟"教学设计

张　然

一、指导思想与理论依据

技术源于生活，服务于生活。我们在学校课堂上学习的各种技能，最终要应用到生活中，为生活服务。

本课的实践目的是让学生能够真正理解每种动物都有它的生活习性，因此饲养小动物首先要遵循动物的生活习性，布置适合它的生活环境，为它准备食物以及采取一定的管理措施。

二、教材分析

"养小龟"一课是《劳动》三年级上册"小养殖"单元技术实践板块的最后一个实践内容，也是修订教材时增加的唯一一个养殖实践内容。养小龟可以使学生知晓饲养小动物必须做的一些准备，了解饲养小动物的一些常识，从而培养学生踏实认真的意志品质和热爱生活的情趣。

三、学情分析

学生在学习本课内容之前，已经学习了养殖单元的技术基础（动物的生活环境、养殖基础知识）和技术实践（养金鱼、养蜗牛）等内容，掌握了一些浅显的养殖知识，知道了要为小动物布置合适的生活环境、准备适当的食物，了解了一些管理养护常识。"养小龟"一课作为最后一个技术实践内容，应体现对本章内容的总结。因此，本课强调根据动物的生活习性准备生活环境、食物等的养殖方法。

很多学生家中都养了各种各样的小动物。通过本单元对小动物的熟悉和有关养殖方法的学习，学生对小动物充满兴趣，对生命富有爱心。

四、教学目标

1. 初步认识巴西龟，知道它们的生活习性。

2. 能够根据乌龟的生活习性布置养殖箱。

3. 在学习的过程中锻炼学生踏实认真的意志品质，培养他们热爱生活的情趣。

教学重点：了解乌龟的生活习性，并根据这些生活习性设计布置养殖箱。

教学难点：水面大小、水深和晒台的设计。

五、教学过程

（一）引入课题

同学们，谁家养了小动物？请为大家介绍一下：你家养了什么小动物？它住在哪儿、吃什么？

学生介绍自己家中养了哪种小动物，住在什么地方、吃什么等。

今天，老师为大家带来了一个好朋友——小乌龟。它的名字叫——爬爬，爬爬还带来了它的朋友们。今天，我们就一起来学一学怎样养这些小乌龟。

出示课题：养小龟。

（二）初步设计

1. 认识巴西龟。

老师带来的这些小乌龟是巴西龟。我们先来认识一下它们：

给每组发一只巴西龟，请学生观察。

利用 PPT 介绍巴西龟。

这是巴西龟，是一种两栖龟。

介绍巴西龟：巴西龟生活在河流中，它们是用肺呼吸的，呼吸的时候需要把头伸出水面。巴西龟每天都需要晾晒背壳，但不能在中午的阳光下暴晒。巴西龟喜欢吃肉食。

板书：水生、用肺呼吸、晒壳、食肉。

2. 设计养殖箱。

了解了巴西龟的这些特点，你觉得应该给这些小龟准备什么样的房子呢？

（1）选择容器。提供几种容器（如整理箱、水族箱、水槽……）供学生选择，4～5人一组。

学生通过小组内讨论研究，选择适当的容器作为龟缸。

小塑料盒：透明，小，有盖。

常见的小整理箱：半透明，大、高。

科学课水槽：大、高。

总结：大一些的容器有充足的地方供小龟活动；高一些的容器可以避免小龟爬出来。

请学生把选择的容器拿到本组。

（2）布置容器。小龟的房子选好了，里面要怎样布置呢？怎样才能让小龟有一个舒适又漂亮的房间呢？

我们来看看市场上都有什么样的龟缸：以图片的形式展示几种养龟容器，说说它们有什么共同点。

学生观察展示的龟缸，发现其功能：都有晒台和水域。

讨论并设计：巴西龟喜欢在水中生活，但又需要经常晾晒壳。养龟容器里要怎样布置呢？说说你的想法。

学生介绍准备的材料，说明用途、功能等。

老师为同学们准备了一些水，这些水都是晒过的，跟养金鱼一样，自来水要晒过才能用于养龟。

学生分组布置龟缸。

要求：轻拿轻放，保持卫生。

（三）展示交流

1.把学生布置的龟缸拍照展示并进行交流。

刚才，老师把各组布置的龟缸都拍下来了，现在我们一起来看一看。

边看边思考，他们设计的龟缸有哪些优点是你们可以学习的？有哪些不足应该改进？

学生介绍自己所在组设计的龟缸。

2.根据学生交流情况进行总结。

（1）播放小龟摔下来的视频。

引导学生思考：小龟怎么摔下来了？

学生观看视频，找出视频中龟缸的不足：晒台要比小龟大一些，以便小龟在上面活动。

总结：晒台要比小龟大，让小龟能够在上面爬行；同时要考虑从水中到晒台的连接，以便小龟上下。

晒台材料可以用大一些的卵石，也可以用稍小的卵石垒成，但注意不要太小，以免松动，还可以用一些木制品、玻璃制品、塑料制品制作。

当然还要注意石头是否稳当，晃动的石头容易伤害到小龟。

有些石头比较高，小龟不容易爬上去，我们可以用小石头给它搭建一个爬梯。

板书：晒台——大、平、稳。

（2）我们都知道，巴西龟是生活在水中的，喜欢游泳。因此，龟缸里面的水域要大一些，至少占龟缸的一半。

水域：够大但不要太深，占龟缸的一半至三分之二面积。自来水要晒过才能用于养龟。

板书：水面大。

水放多深合适呢？

由于小龟需要经常把头露出来呼吸，所以水不要太深，刚好没过龟壳就可以了。

（四）改进设计

1. 我们刚才观看了各组给小龟布置的家，同学们的设计各有优点。有些同学也受到了启发，发现自己家所在组布置的龟缸还有不足。

接下来，同学们可以对自己所在组的龟缸进行改进。

改进龟缸布局。

2. 放入小龟。

把龟放入养殖箱的时候要注意安全，不要被龟咬伤。

要轻拿轻放，不要伤到小龟。

（五）养护管理

介绍喂食、换水等养护知识。

除了给小龟准备一个家之外，我们还要好好地养护小龟。

究竟应该怎样养护呢？我们一起来看大屏幕。

水质：自来水要晒过之后再用，并且要定期换水。

晒壳：每天让小龟晒太阳 15 分钟，但不要暴晒。

食物：新鲜的肉或者鱼虾、龟粮。

板书：晒水、换水；晒太阳；肉、鱼、虾。

口诀：食物定量保新鲜，温暖卫生常晾晒。

（六）总结与鼓励

1. 展示。

各组展示设计的龟缸。

2. 总结。

学生介绍自己所在组龟缸的设计特点和设计依据。

3. 拓展。

展示陆龟的介绍页面和养殖箱布置。

我们今天认识的是巴西龟，它是生活在水中的动物。还有一类乌龟并不是生活在水中，叫陆龟。如果你养了一只陆龟，给它布置的家就和水龟的家完全不同：没有游泳的水面，完全是干燥的环境。

4. 结语。

通过学习各种小动物的饲养方法，我们懂得了一个道理：不论是养哪种小动物，我们都要依据它的生活习性来布置它的家，喂养它，这样才能让它健康成长。只有适合的，才是最好的。

板书设计：

养小龟

习性	环境	管理
水生	水面大	晒水
用肺呼吸	与龟背齐	换水
晒壳	晒台：大、平、稳	晒太阳
食肉		鱼虾

六、教学特色分析

1. 授人以鱼不如授人以渔。

在本课中，巴西龟的生活习性是设计养殖箱的依据。学生通过总结规律、反复验证，懂得了饲养小龟需要先了解它的生活习性，然后布置饲养环境及照顾小龟等。同时，学生知道了动物的生活习性各不相同。因此，不论饲养什么动物，都需要先了解这种动物的生活习性，然后据以进行养殖前的准备。

2.感悟自然，懂得人与自然应和谐相处。

学生在养殖过程中懂得了饲养小动物要顺应它的天性，适应它的生活习性的道理，这培养了学生关爱小动物、与小动物和谐相处的行为习惯。

"初识汉诺塔"教学设计

张　朋

一、指导思想与理论依据

《义务教育信息科技课程标准（2022 年版）》指出，算法是计算思维的核心要素之一。以身边的算法为载体，使学生了解利用算法求解简单问题的基本方式，培养学生初步运用算法思维的习惯，并通过实践形成设计与分析简单算法的能力。

二、教学分析

（一）教学内容分析

"解密玩具汉诺塔"是《义务教育信息科技课程标准（2022 年版）》第三学段（5～6 年级）"小型系统模拟"的跨学科主题。本主题的教学内容是第三阶段"身边的算法"教学内容后的跨学科主题，综合运用信息科技和数学等学科知识探究汉诺塔的算法，是算法的具体应用和实践，涉及的核心概念是计算思维。

（二）学情分析

1. 知识、能力基础。

学生通过第三学段"身边的算法"模块的学习，掌握了用不同的算法求解简单问题的基本方式后，也就初步养成了运用算法思维的习惯，并通过实践形成了设计与分析简单算法的能力。

2. 学习过程中可能遇到的困难。

五年级的学生已初步完成从形象思维到抽象思维的转变，但是他们抽象思维的能力不足。本单元将汉诺塔游戏抽象化，让学生认识到自身解密玩具汉诺塔能力的不足。

三、单元教学总目标

（一）单元目标

1. 知道汉诺塔的规则，掌握如何解密 1 ～ 4 层汉诺塔。

2. 通过摆一摆、画一画的方式，将抽象问题具体化，探究汉诺塔问题的数学规律；递归解决问题，感受算法的魅力。

3. 进一步探究汉诺塔背后的数学问题、不规则汉诺塔，拓展汉诺塔问题在解决类似问题中的应用，进一步提升计算思维能力。

（二）单元课时目标

第一课时：

1. 知道什么是汉诺塔问题，了解汉诺塔问题的历史。

2. 理解汉诺塔基本规则。

3. 用 2 个圆环解决问题。

4. 用 3 个或 4 个圆环解决问题，发现汉诺塔的数学规律。

第二课时：

1. 探究问题的数学特性：递归解决问题。

2. 计算解决问题所需的步数。

3. 尝试用不规则的汉诺塔、更多圆环的情况进行验证。

第三课时：

1. 使用表格解密汉诺塔问题。

2. 使用三步算法解密汉诺塔。

3. 使用其他算法解密汉诺塔。

四、重点课时（第1课时）教学目标及重难点

教学目标：

1. 知道什么是汉诺塔问题，了解汉诺塔问题的来历和汉诺塔玩具的基本规则。

2. 通过摆一摆的方式，掌握 1 层、2 层、3 层、4 层汉诺塔的玩法。

教学重点：

理解汉诺塔游戏的规则，通过摆一摆、填一填的方式，掌握 1 ～ 4 层汉诺塔的解密方法，发现解密汉诺塔的数学规律。

教学难点：

掌握 2～4 层汉诺塔的解密方法，发现汉诺塔隐含的数学规律。

五、教学主要环节

（一）导入环节

1. 同学们，你们知道汉诺塔的传说吗？我们一起通过视频来了解一下！

（学生观看视频及汉诺塔实物）

【设计意图】了解汉诺塔的来历和规则。

2. 世界末日真的会到来吗？法国一位著名的数学家爱德华听了这个故事，就动手玩起了这个游戏，结果他笑了。他为什么笑了呢？

3. 揭示课题：今天我们就来玩转汉诺塔。

【设计意图】设置疑问，激发学生解密汉诺塔的兴趣。

（二）探究新知

1. 为了方便描述，我们把汉诺塔的三根柱子分别叫 A 柱、B 柱、C 柱。这 8 个圆环从上至下叫 1 环、2 环、3 环……，1 环也可以叫首环。通过刚才的视频，你们知道这个游戏的规则了吗？

（预设：我明白了，在玩的过程中一次只能移动一环，要小环在上，大环不能压在小环上，简单来说就是：一次一环，大不压小。）

2. 出示游戏规则。

（1）将所有盘按原来的排列方式移到另一根柱子上。

（2）在玩的时候，每次只能移动一个圆环。

（3）大圆环永远不能压在小圆环上面。

（4）按上面的规则尽可能用最少的步数移出。

【设计意图】进一步明确游戏规则。

3. 同学们，明白了游戏规则后，快来试着玩一玩 10 层汉诺塔吧。按照规则，把所有的圆环从 A 柱移动到 C 柱。

【设计意图】试玩身边的玩具，感受汉诺塔游戏的规则。

4. 刚才在操作中，你们遇到了什么困难？

预设：我移到 3 根柱子都有圆环的时候就不知道怎么办了。

有时候我移来移去又移回到 A 柱了。

【设计意图】10 层汉诺塔问题的难度大，思考如何简化这个问题。

5. 看来要成功完成游戏太不容易了，那我们该怎么办呢？

预设：10 层太多了，我们可以先玩少几层的，那样简单点。

6. 小结：当复杂的问题无从下手时，我们可以尝试从简单之处入手，即由易到难。

【设计意图】提出解决问题的方法：减少层数。

7. 玩转 1 层汉诺塔。

（1）想一想，将一个环从 A 柱移动到 C 柱要用几步？

预设：1 步就可以了。

（2）同学们拿出一本书当作圆环，把自己的课桌分成三部分，分别看作 A、B、C 三根柱子。（学生尝试移动一本书）

【设计意图】把书当成圆环，把桌子当成柱子，将抽象的问题具体化。通过找到 1 层汉诺塔的解决方法，探究多层汉诺塔问题。

8. 玩转 2 层汉诺塔。

（1）要是 2 个环，我们怎么移出呢？请你试试。

预设：试玩 2 层汉诺塔，出现了 3 步、5 步等。

（2）比较、思考。

①你更喜欢谁的方法？为什么？

预设：用 3 步完成的，因为它的步数最少。

②为什么有的同学用了 5 步呢？

预设：因为他把首环落在了 C 柱上，首环如果先挤占了 C 柱，最大环就不能直接去 C 柱了，这样就浪费了步数，所以首环应落在 B 柱。

（3）如果把 2 个环从 C 柱移动到 B 柱需要几步呢？从 B 柱移动到 A 柱呢？

预设：它们都是从一根柱子移到另一根柱子，所以都是 3 步。

（4）小结：移动 2 层汉诺塔最少需要 3 步。

【设计意图】探究解决 2 层汉诺塔的最优步数，进一步探究非最优步数的原因，从数学计算的角度探究汉诺塔步数的计算方法。

9. 玩转 3 层汉诺塔。

（1）通过研究 2 层汉诺塔的结论，你能猜出移动 3 层汉诺塔最少需要几步吗？还有比 7 步更少的吗？

（2）看来把 3 层汉诺塔从 A 柱移到 C 柱最少需要 7 步。为什么呢？

（3）请你再试一试，将 A 柱上的 3 层汉诺塔用 7 步移到 C 柱。

【设计意图】探究 3 层汉诺塔问题的数学计算方法。

10. 玩转 4 层汉诺塔。

（1）我们继续探究，将 4 层汉诺塔从 A 柱移到 C 柱最少需要几步？

（2）这样想有道理吗？请大家移动 4 层汉诺塔并验证一下。

【设计意图】探究 4 层汉诺塔的最优解并进行验证。

（三）总结反思

1. 同学们真了不起，通过摆一摆、挪一挪的方法，掌握了 4 层汉诺塔的解密方法。同学们在玩汉诺塔的过程中，对哪个环节印象最深刻呢？

预设：在第一轮游戏中，我们都没有挑战成功。后来，我们通过研究 2 环和 3 环的玩法，发现了环数和最优步数之间的联系，然后猜想 4 环最少是 15 步，通过验证，我们成功了！

【设计意图】知道可以通过实践操作的方法验证猜想。

2. 同学们说得太好了。当我们遇到比较复杂的问题时，不妨从简单的问题入手，试着发现规律，再猜测、验证、推理，也许就能找出解决复杂问题的方法。最后让我们一起来欣赏 6 层汉诺塔的吉尼斯世界纪录，感受汉诺塔的魅力吧！

【设计意图】感受汉诺塔的魅力，学生能表达和展示自我，爱上算法。

六、本教学设计的主要特点

1. 将抽象问题形象化，支撑教学活动。

在汉诺塔的教学情境中，将抽象的汉诺塔问题转换成摆一摆大小不同的书本问题，充分利用了学生身边已有的教具开展教学。

2. 以画图的方式书写学案，便于学生描述算法。

通过在学案上以画图的方式直观展示汉诺塔的摆一摆操作过程，以便学生横向对比每步的移动，同时纵向探究和描述层数不同时的移动方法。

第六章　尚品教师

校本研修新举措，提升教师专业化发展

——"十四五"校本研修工作计划

单巍巍　郭跃清

百年大计，教育为本；教育大计，教师为本。教育要以习近平新时代中国特色社会主义思想为指导，全面贯彻党的二十大精神，以立德树人为根本任务，加强干部教师队伍建设，培养一支结构合理、充满活力、符合新时代教育要求的教师队伍。

教师专业发展一靠自身的努力，二靠环境的推动。校本研修是立足学校培养目标和实际需要，聚焦解决教育教学实际和学生成长过程中出现的普遍性、发展性、关键性问题而开展的教师研修。

一、现状分析

（一）学校发展

丰台二中附属看丹小学是在北京市"加大市级优质资源整合力度，构建北京新教育地图"的教育形势下，根据丰台教委"集团化办学"战略，于 2020 年 8 月 11 日，将丰台区看丹小学、人民村小学合并后加入丰台二中教育集团，形成的一所公立学校。

学校的办学目标：秉承丰台二中"坚忍不拔、志存高远"的精神，以"尚品"文化为指导，以"规范、活力"为外显特征，把学校办成"中国传统文化气息浓郁、管理机制科学、师生健康自主、社会广泛认可、环境优美"的尚品教育基地。

学校的办学使命：围绕立德树人根本任务，发挥集团办学的优势，构建系统的学校文化体系、符合小学生成长需求的公民教育体系、丰富优质的课程体系和卓越的教师培养体系，为国育才，为党育人。

学校的办学理念：结合新的时代和新的发展要求，重塑办学理念，围绕"尚品文化"，从汲取思想、立足当下、着眼未来三个视角，提出"做中国美丽的尚品教育"——"崇尚品质、唤醒潜能，让每个生命都闪亮"的办学理念。

学校的教风：厚生、博学、善导、乐研。

学校的学风：厚学勤思，善问乐践。

学校教师培养总体目标：培养具有高尚的师德、精湛的专业知识，重视学生的精神生活，在工作中具有有效的沟通能力、合作能力，能围绕学生成长规律和需求开发适合的课程的明名之师。

学校校本研修理念：学校培训和个人工作磨合，理论研修与行动研究整合，走出去与做起来结合。

学校校本研修原则：追求卓越，坚守底线。

（二）师资队伍

学校在看丹小学校址的基础上，分为东西两个校区。2022～2023学年全校有539名学生，18个教学班，78名教师。

学校教师中有高级职称教师9人，市级骨干1人，区级学科骨干12人，骨干班主任1人，青年新秀4人，研究生学历教师3人。

1. 学校教师人数及年龄分布情况如表6-1所示。

表6-1　2022～2023学年学校教师人数及年龄分布情况

人员结构	性别结构		年龄结构					
	男	女	35岁及以下	36～40岁	41～45岁	46～50岁	51～55岁	55～60岁
人数／人	12	66	17	13	15	14	18	1
占比／%	15.4	84.6	21.8	16.7	19.2	17.9	23.1	1.3

从教师队伍的年龄结构看，学校各阶段的教师人数比较均衡：35岁以下教师数量占全校教师总数的21.8%，36～45岁教师数量占全体教师总数的35.9%，46～60岁教师数量占全体教师总数的42.3%。可以看出，中老年教师的占比较大，年轻教师的占比较小。

2. 学校教职工基本情况如表 6-2 所示。

表 6-2　学校教职工基本情况

分类	学历			职称			骨干教师	
	研究生	本科	其他	高级	中级	初级	市级	区级
人数／人	3	62	15	9	41	30	1	13

3. 教师教龄分布情况如表 6-3 所示。

表 6-3　教师教龄分布情况

教龄	5 年及以下	6～10 年	10～20 年	20 年以上
人数／人	5	18	21	36
占比／%	6.25	22.5	26.25	45

从学校教师教龄分布情况可以看出：学校有约一半的教师具有 20 多年的教龄，他们经验丰富，教学基本功扎实，能够准确把握教材，了解学生，但也存在着教学观念陈旧、固有思想保守、容易墨守成规、缺乏创新精神的问题。很多教师的身体也随着年龄的增大，亮起了红灯，因而力不从心。6～20 年教龄的教师，虽然年富力强，教育教学工作已经能得心应手，但家庭中上有老，下有小，负担重，导致用于专业发展的时间不足。

（三）校市研修

1. 校本研修优势。

看丹小学能够与集团中其他学校进行研修，资源共享。以备课组、教研组为活动单元的研修氛围初步形成。教师关系和谐，遇到问题群策群力，同时教师有了更强的学习意识，渴望在校本研修活动中提高自己的专业化水平。校本研修问卷调查如表 6-4 所示。

表 6-4　校本研修问卷调查　　　　　　　（单位：人）

年龄	有倦怠感，感觉十分疲惫	就是一份工作而已	愿意研修，希望通过学习解决问题	工作和学习使我进步，使我快乐	受访总人数
25 岁及以下	0	0	1	0	1
26～35 岁	4	0	16	2	22
36～45 岁	4	0	18	5	27
46 岁及以上	5	0	14	3	22

2.校本研修遇到的困难。

（1）缺少激励机制。缺乏时间和激励机制是教师专业发展最大的阻碍因素，我校也不例外。教师专业发展时间与工作时间冲突是教师目前面临的最大障碍，部分教师对待专业发展活动呈现出消极应付的态度，学习动能不足。从上表中也可以看出，虽然68%的教师都愿意参加研修，但仍有18%的教师产生了职业倦怠感。

（2）研修内容的统筹安排。能够兼顾全体教师的校本研修内容不好进行安排，分层次、分学科的研修内容在学校的整体研修工作中难度很大。

二、研修目标

（一）总体目标

尚品教师应具有高尚的师德、精湛的专业知识，重视学生的精神生活，具有高效的沟通与合作能力以及围绕学生开发合适课程的能力。

（二）具体目标

优化结构：优化学校教师专业发展组织架构，细化组织管理模式。

精准分层：依据教师发展需求及成长阶段特点，分层次、按阶段、依岗位确定教育教学研修课程，提升教师的专业化水平，唤醒个人发展的内驱力。

精准课程：聚焦教师培训课程体系的建立，丰富教师培训课程项目，有主题、有步骤地推进培训课程建设。

评价制度：建立校本研修效果评价制度，以及教师个人研修效果评价标准，增强教师的研修意识。

研修方式：合理安排研修时间，建立个人学习、集体研讨、专家引领、同伴互助的研修方式，形成浓郁的研修氛围。

研究效益：力争在"十四五"结束时，市级骨干教师增至2人，区级骨干及"新秀"增至15人，区级兼职教研员2～3人，切实提升教师队伍的影响力。

三、研修重点

（一）重点工作

1.优化校本研修组织架构，细化管理模式。

确立以校长为学校校本研修第一负责人的校务会，构建校务会领导下的党支部、课程发展中心、学生发展中心、后勤服务中心的学校校本研修组织管理系统。

学校校本研修组织框架如图6-1所示。

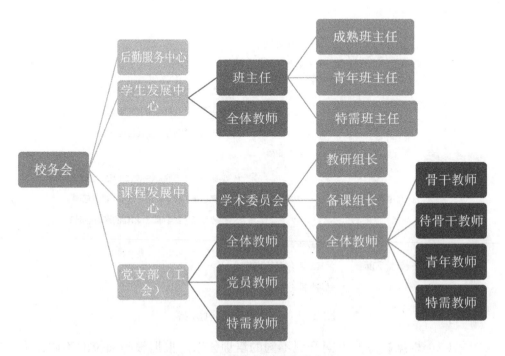

图6-1　学校校本研修组织框架

2.依据教师发展阶段精准分层,确定研修内容。

(1)依据教师各发展阶段确定研修目标。针对青年教师、骨干教师、待骨干教师、特需教师开展不同层次的培训。依据不同教师的发展阶段建立相应的研修内容。

骨干教师:研修对象为区级骨干教师。研修目标为:解决教育教学实际问题,在课题研究的基础上,积淀教育教学经验、理念与方法,能在区、校起到示范引领作用。

待骨干教师:研修对象为入职10～20年的教师。研修目标为:能够自觉反思自身的教育教学实践,具有一定的反思和研究能力,在学校发挥示范引领作用。

青年教师:研修对象为入职不足10年的教师。研修目标为:主动进行教育教学实践研究，学习教育教学相关的基本理念与方法，带好班级，努力成为校级骨干。

各阶段教师研修内容如图 6-2 所示。

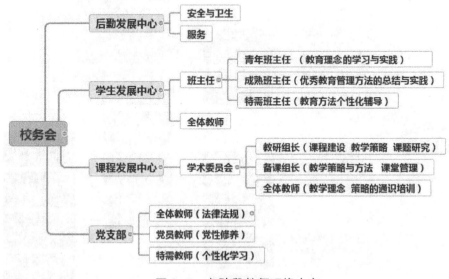

图 6-2　各阶段教师研修内容

（2）根据岗位的不同开展不同的培训体系。根据教师岗位的不同，构建贴近岗位的通识性与专业性的研修体系。

教研组长（备课组长）研修：注重教研组长（备课组长）队伍的建设，开展教研组长（备课组长）共同体研修活动，以解决问题的学习、学校工作的决策为主体，促进教研组长的角色意识，调动其开展工作的积极性，提升其理论水平、引领能力。

班主任研修：邀请德育专家担任班主任工作坊主持人，以活动、讨论、讲述等多种方式，共同探讨如何做好班主任。基于问题进行典型案例研讨，借助理论分析教育问题，并结合实际找到具体策略，掌握和提升操作性知识。

服务保障教师研修：为更好地服务教学，对学校后勤行政人员开展通识性教育与本职服务工作研修。

3.构建不同层级人员的培训课程。

（1）以党支部为主体，构建师德师风建设培训课程。党支部开展师德师风建设的顶层设计。针对不同层面的人员开展通识性法律法规的培训、党员党性修养的培训。结合各年度研修目标重点，以习近平新时代中国特色社会主义思想、社会主义核心价值观、全国教育大会精神与新时代教师队伍建设政策解读，学科育德的途径与方法，"四有"好老师的使命与担当设计课程，并建立科学、全面、量化的师德积分指标体系，为教师师德发展指明方向。每学年开展一次"我喜爱的教师"评比活动，每学年组织师德考核活动，以此激发广大教师履德尽责、立德树人的内驱力。

（2）以课程发展中心为主体，构建提升教师教学能力的培训课程。课程发展中心结合各年度研修目标，重点从专业理念、学科核心素养、学科教学知识、学生学习能力、校本课程开发与实施、学科育人与教学反思、信息技术融合学科教学路径、课题研究等模块设计培训课程，引领教师完善知识结构，增强文化底蕴，优化教师的教学方式和教学效率，提升学科教育教学的能力，提升专业素养。

（3）以学生发展中心为主体，构建提升教师育人能力的培训课程。学生发展中心结合各年度研修目标，重点从班级建设、主题实践活动设计、学科德育渗透、特殊学生教育、家校合作、有效沟通等模块设计培训课程，引领教师立德树人，提升教师的育人能力。

（4）以后勤发展中心为主体，构建提升教师安全卫生教育培训课程。后勤发展中心重点从安全卫生法律法规、自我防护、互救自救、卫生防疫、提升应对突发安全卫生事件能力等模块设计培训课程，提升教师的安全卫生教育能力。

4.依据研修内容，开展多样的研修形式。

运用理论学习、教学课例研讨、专家引领、研讨沙龙等方法，以学校集中培训、备课组（教研组）内的同伴互助等方式，有计划、有目的地完善、开发和丰富日常的教研活动。

（1）加强理论学习。重点学习教育理论以及上级有关文件，领会其精神实质，明确教育改革的指导思想、改革目标及具体要求，使教师转变教育观念，理解学科教学的性质及目标，正确把握学科教育的特点。

（2）抓好集中研修。制订周密的学校研修工作计划，保证每周一次的校本研修质量。校本研修以集中与分组学习研讨为主，倡导研修中的积极研讨，确保有计划、有内容、有讨论、有中心发言人。研修工作要有资料留存。

（3）重在小组研讨。以教研组、备课组为单位，利用每周教研活动时间，围绕教研课题、单元主题备课等，研讨学习体会、单元教学设计、课后反思、教学评价等，务求实效。

（4）参与网络研修。鼓励教师积极参与网络教研，充分利用网络直播系统等资源，组织教师开展网络交流活动，帮助教师丰富课堂教学实践知识；组织教师开展网络论坛活动，围绕实践提出主题，展开探讨和交流。

（5）坚持带教制度。按照学校相关规定，区级骨干教师对其他教师进行相应指导工作，区级骨干教师每学年应和自己主要辅导的教师一起进行关于辅导成效的汇报。

（6）注重课题引路。在"十四五"教育科研中，以学校课题和教研组课题为引领，在课题研究中提升教师专业化水平。在课题研究活动中，充分发挥骨干教师、教研组长、课题组成员在科研方面的核心带头作用，相互学习、共同提高，提高科研水平，为校本研修增添活力。

（7）聘请专家指导。聘请本校、外校、教研部门的名优教师、专家等来我校开展听课、评课、讲座等指导活动，积极组织教师参与上级研修活动，组织教师外出参观学习，促进与周围学校的合作交流，汲取先进的教学方法和教学理念。

（8）以老带新，促进青年教师、班主任的成长。把新老教师、班主任结成对子，通过培训学习、传帮带等方式，在年轻教师队伍中挖掘培养出一批优秀、有特色的教师、班主任，形成骨干教师、优秀班主任队伍梯队。

（二）研修举措

1.研修课程按照必修、选修两种方式进行设计与实施。

2.建设校本研修的系列课程，确保教师研修的深入开展。

四、保障措施

（一）组织保障

成立以校长为第一责任人的校务会，由党支部、课程发展中心、学生发展中心、后勤服务中心负责人组成的领导小组，全面负责校本研修工作的计划、实施、指导和监督工作。

（二）制度保障

制定学校"十四五"校本研修规划和阶段性年度校本研修工作计划，完善教师研修制度。完善教师的成长档案制度和区级骨干教师考核档案制度，保证教师个人参与校本研训的质量，切实把学校研修规划落到实处。

（三）执行保障

每学期初，教务处、教研组、教师分别制订计划，在层层计划中将研修工作的重点细化，落到实处。教务处及时检查监督教研组，教研组长则检查督促教师落实好计划。

（四）经费保障

为确保学校研修规划的顺利实施，加强师资队伍建设，根据工作需要，严格按照财务制度落实相关经费，优先满足师资队伍建设所需，确保教师的校内校外培训和聘请专家所需的各类资金。

五、预期成果

1. 形成学校的单元主题教学的资源。

2. 形成教育教学实践案例集。

3. 形成系列课题研究成果。

"美""德"同行，浸润童心

——小学道德与法治课程中的美育渗透

杨雯婷

2018 年习近平总书记在全国教育大会上指出："要全面加强和改进学校美育，坚持以美育人、以文化人，提高学生审美和人文素养。"美育是审美教育，也是情操教育和心灵教育，不仅能提升人的审美素养，还能潜移默化地影响人的情感、趣味、气质、胸襟，激励人的精神，温润人的心灵。

美育有助于促进学生的全面发展，培养德智体美劳全面发展的社会主义建设者和接班人是教师的重要任务。新课程标准对美育教育提出了明确要求，具有情感性的要求为：重视实际生活当中的情感和形象，实施合理的教育以及审美教育，教材的编排上要注重将学生的内心情感加以丰富，帮助学生对生活有较深的感悟以及感受他人，将学生对于道德与法治的清晰度加以提升，更加注重小学生在心灵情感上的体验，这样学生才会受到美的感染，接受美育智慧的启迪，将道德情感加以升华与感悟。学生从教材中挖掘道德美、行为美以及思想品质的美，从而更好地帮助学生进行学习。

德智体美劳五育是一个不可分割的有机整体，美育是人全面发展的需要，对促进学生全面发展具有不可替代的作用。课堂教学是开展美育的主渠道，美育课程是体现美育价值的重要载体，学科中渗透美育对小学实施美育意义重大，是促进小学生全面发展的一个着力点。同时，教育应落实立德树人的根本任务。教学实践中要坚持德智体美劳的有机结合，重视美育和德育的整合与融通。

小学《道德与法治》的 1～6 年级教材中都含有美育教育。例如，一年级上册"美丽的冬天"、二年级上册"我爱家乡山和水"等属于自然美的内容；

二年级上册"我们的班级""我们在公共场所"、四年级上册"为父母分担"等属于树立规则、进行德育教育的社会美范畴；二年级上册"装扮我们的教室"等是进行艺术美教育的重要载体，通过色彩搭配、艺术设计，提高学生的艺术审美。综上所述，小学道德与法治课程的开展对美育教育起到了一定作用。同时，教师在教学中也可以从美育出发，构建新的教学方式。

一、审美视角，构建课堂模式

在道德与法治的教学中，教师可以根据课程的美育功能，按照审美的方法，引导学生发现美、感知美、创造美。在二年级上册"班级生活有规则"一课中，教师可以这样进行教学：

（一）发现美

教师在课前可以收集校园内"有规则的班级生活"的照片、视频，引导学生认识和发现"规则"给我们的生活带来的美。

（二）感知美

教师通过联系生活实际，引领学生感知美、体验美，从而加深对"有规则的班级生活"的理解。教师可以通过说一说、做一做，让学生体验有规则的美，有规则可以让班级生活更美好。

（三）创造美

在制定班规的环节，教师通过找一找、议一议的活动，引导学生从班级做得不够好的方面来制定规则，目的是在规则的约束下创造出更美好的班级生活。

在"班级生活有规则"一课的教学中，教师对学生发现美、感知美、创造美的教学过程，也是对学生进行规则意识的教育、关心关爱班级的教育。

二、美育出发，开展教学活动

在道德与法治的教学活动中，从不同的审美角度出发，课堂的教学活动会有所不同，最终的教学效果也会不一样。从美育的角度出发，设计与众不同的教学活动，让学生获得不一样的学习体验。

在二年级上册"大家排好队"一课中的导入环节，教师播放学生下课到讲台上领取作业本时的混乱场面的视频。

师：看到这个视频，大家有什么感受？（学生交流）

教师通过学生的回答，引导学生发现不排队的行为不仅给我们带来了诸多问题和麻烦，也不够美观、文明。教师顺势提问学生：我们应该怎样做才能使这个画面变得美好呢？

让一组学生现场模拟一遍应该如何领取作业本，使学生亲身感受有序排队给我们带来的便利。最后向学生展示一些校园中排队的照片和视频，让学生看到守秩序、讲文明、整齐排队的场景，这样有序排队真是校园里一道美丽的风景线。

从美育角度入手，通过播放视频，引导学生发现日常生活中不够美的校园生活，在观看的同时反思自己是不是其中的一员，由此唤醒学生对美的行为的向往，让学生亲身体验，成为美的一员；再引导学生发现校园中的美——守秩序、讲文明、整齐排队，是我们校园的一道美丽的风景线。在认识、发现美和不美的审美活动中，唤醒学生的审美意识，培养学生的审美能力，在学生心里种下"美"的种子。

三、借助评价，将"美"外化于行

构建发展性美育课程评价机制，以学生的发展为本。在课程评价中，要把学生全面发展作为根本目的，评价学生的学习应基于学生个体发展的可能，注重过程性评价，重点考查学生对所学内容、课堂参与的积极性。教师在平时的教学中要多观察学生的课堂表现，让学生在实际操作中学习知识和发展能力。同时，注重学生个性的发展，强调评价指标的个性化与弹性化，以增强评价标准的适切性与灵活性，对学生的发展水平、发展潜力作出综合评价。

为了提高教育的有效性，教师需要结合教学目标对学生的分析、回答以及其他表现进行有效的评价，让学生时刻能够结合自己的认知和对问题的理解，提高对身边事物的认识。在具体的生活案例中，教师让学生逐步升华对生活的情感，构建出在生活中心灵美和行为美要相辅相成，从而缔造美好人生的审美思想。

例如，小学《道德与法治》二年级下册"生活中有他人"一课，在学生思考尊重他人的做法时，我让学生结合视频，思考谁做到了尊重他人，并说一说为什么。在观看完视频后，我出示了以下按点（图6-3）。

图 6-3　按点

　　这一按点是为了解决教学难点，检验学生是否知道尊重他人。从选择结果来看，通过互动交流，学生懂得了尊重他人的劳动成果就是尊重他人的具体表现。

　　在视频中，小女孩主动绕开保洁阿姨刚刚拖过的地面，说明她尊重保洁阿姨的劳动成果，是尊重他人的行为。通过这一课堂评价，既检验了学生对本堂课知识的掌握情况，又在一定程度上提高了学生对美的认识，发现行为美，感受心灵美，激励自己在日常生活中做到行为美，从而内化于心、外化于行。

四、审美情趣，提升核心素养

　　发展核心素养，以培养"全面发展的人"为核心，在文化基础方面明确提出要培养学生的"审美情趣"。这就要求我们在注重学生道德品质教育的同时，也要适当渗透审美思想教育。如果缺乏审美能力，就会影响学生对道德品质的判断、对规则意识的树立、对社会生活美的感受力，从而影响学生对道德与法治课程的学习效果。

　　在小学道德与法治课程的教学中，我们既要重视课程的美育功能，通过课程的学习让学生得到美的熏陶，提高审美素养，培养审美能力，也要重视学生的审美能力对道德与法治课程学习的影响，还要通过有关课堂的学习活动，检测学生的审美能力，根据检测的情况不断改进我们的教学方式，从而促进学生的发展。

　　美育是实现学生全面发展、培养学生综合素质的重要一环，是坚持"五育"并举、全面发展素质教育的重要组成部分。我们正向第二个百年奋斗目标迈进，追求美好的生活已经是社会的主旋律。对21世纪建设者的培养，关系到中华民族的千秋伟业。学生的道德水平关乎全民文化素质的提高，学生的美德培养关乎社会整体的行为规范，美育不单是一种教育艺术，更需要的是结合相应的道德内容，使学生打下正确的人格基础、树立人生理想、具备分辨美丑的能力。我们应运用"生活即教育"的学习理念，开展突出教育主题的生活实践和创新，从适合学生身心发展的教学方式等途径入手，抓住一切适合学生发展的契机，渗透美育观念，推动学生全面发展。

一切皆有可能：探究"变与不变"的奥秘

——"表面积的变化"主题教学初探

杜俊玲

《义务教育数学课程标准（2022年版）》把课程目标设计为"结果目标"和"过程目标"两类。前者要求"了解""理解"数学基础知识，"掌握""运用"数学基本方法；后者要求"经历""体验""探索"形成数学结论的过程，认识（发现）数学对象的特征。

数学核心素养之一是直观想象。直观想象主要指借助几何直观和空间想象感知事物的形态与变化，利用图形理解并解决数学问题的过程。直观想象能力的培养就是培养几何直观和空间想象能力，增强运用图形和空间想象思考问题的意识，提升数形结合的能力，感悟事物的本质，培养创新思维。

在解决长方体、正方体表面积的实际问题中，有很多随着立体图形的形状和体积的动态变化而形成的规律。这些内容仅靠学生的记忆和背诵，在实际应用中对很多孩子来说有着很大的困难，也会让孩子对枯燥、深奥的高年级数学望而却步。如果让学生在学习探究中，借助几何直观和空间想象，经历探索过程，体验探索活动，从而发现数学规律，就会培养学生探索知识的热情和意识，使他们在探索的"过程"与"活动"中得到新的发展和提高。

因此，笔者在五年级下册教学时整合了北京版教材中部分内容，构建了"表面积的变化"主题教学，引导学生在探究表面积"变与不变"的过程中培养直观想象能力，发展空间观念。

一、直面认知困惑："变"与"不变"

笔者梳理了五年级下册长方体、正方体内容安排，如表6-5所示。

表 6-5　北京版五年级下册数学教材长方体、正方体内容安排

单元	具体内容安排
第一单元　长方体和正方体	长方体和正方体的认识 长方体和正方体的表面积 长方体和正方体的体积 容积 探索规律（正方体染色问题） 包装中的数学问题
第六单元　数学百花园	表面积的变化

学生在学习长方体、正方体的知识时，普遍反映表面积的内容相对体积、容积更难一些。究其原因，一个是求表面积时，生活中的实际情况复杂多样（不全是六个面），另一个就是动态的实际问题，即有关表面积变化的内容，相关的规律比较多，也比较繁杂。

教材第 10 页"思考题"（图 6-4）、第 97 页"试一试"（图 6-5），都是从一个规则形体（长方体或正方体）上截去（或挖去）一个小正方体，求剩下图形的表面积。由于截去小正方体的位置不同，表面积也就不同。当立体图形的体积减小时，表面积有可能会减少，但也可能会增加或不变。

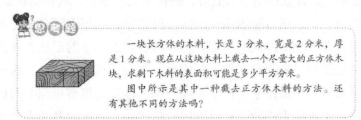

一块长方体的木料，长是 3 分米，宽是 2 分米，厚是 1 分米。现在从这块木料上截去一个尽量大的正方体木块，求剩下木料的表面积可能是多少平方分米。
图中所示是其中一种截去正方体木料的方法。还有其他不同的方法吗？

图 6-4　北京版五年级下册数学教材第 10 页"思考题"

从一个棱长是 4 厘米的正方体木块上挖去一个棱长是 2 厘米的小正方体，剩下的立体图形的表面积可能是多少平方厘米？

图 6-5　北京版五年级下册数学教材第 97 页"试一试"

与之相反，教材第 97 页练习题（图 6-6）是在原有立体图形的基础上，再放上一块小正方体，要求思考表面积会发生怎样的变化。通过对不同摆放方法的对比，让学生感悟规律：体积增加了，表面积可能会增加，但也可能

会减小或不变。

　　小华用 10 块棱长是 1 厘米的正方体摆出了一个立体图形（如图　）。如果再放上 1 块同样的正方体，并要求它至少有一个面和已有正方体的面完全接触，摆出的立体图形的表面积是多少平方厘米？

图 6-6　北京版五年级下册数学教材第 97 页练习题

　　在切挖、添加的过程中，体积发生了变化，但是表面积可能不变，也可能发生变化。

　　教材第 27 页"做一做"（图 6-7）是解决包装箱的用料问题，即在长方体体积不变的前提下，用不同的方法摆放，长方体的表面积也不同。通过对各种方法进行比较、分析，得出的规律可以有两种表述方式：一是重合的面积越大，拼成的长方体的表面积越小；二是体积一定，长、宽、高越接近，表面积越小。第一种结论对学生来说容易理解，但是解决问题时需要计算不同摆法的重合面积分别是多少，再进行比较，步骤比较烦琐。第二种结论在解决问题时方便易行，但是不易理解。此外，两种结论之间有什么内在的联系，没有经过深入的思考，学生是难以联系起来的。

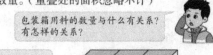

怎样设计包装箱能使材料最节省？

　　一种香皂的包装盒是长方体的，长 8 厘米，宽 5 厘米，厚 3 厘米（如右图）。现在要把这样包装的 6 块香皂放在一个大包装箱里。请你设计一种大包装箱，并计算出制作这种包装箱用料的数量。（重叠处的面积忽略不计）

包装箱用料的数量与什么有关系？有怎样的关系？

我来摆一摆，试验一下。

图 6-7　北京版五年级下册数学教材第 27 页"做一做"

　　这三部分关于表面积变化的内容，教材是以阶段式呈现的，没有编排在一起，但这样不利于学生对表面积的变化形成全面、深刻的认识。

　　学生对这三种表面积变化的情况掌握得怎样呢？笔者使用互动反馈技术

对五年级某班已经学完这些知识的 26 名同学进行了调研。题目和结果如下。

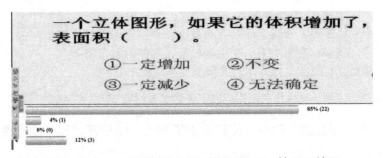

图 6-8 "表面积的变化"课后调研题目一结果反馈图

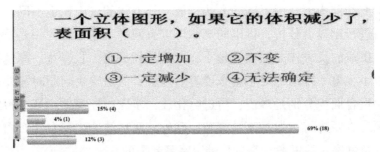

图 6-9 "表面积的变化"课后调研题目二结果反馈图

从这两题的选择结果（图 6-8、图 6-9）可以看出，绝大多数学生还是认为体积变了，表面积也会随之发生相应的变化。

从这道题的选择（图 6-10）可以看出，大部分学生知道体积相等时，形状不同，表面积不一定相等。

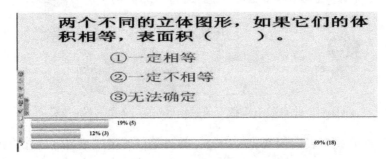

图 6-10 "表面积的变化"课后调研题目三结果反馈

　　教材所涉及的这些和表面积变化有关的规律和结论较多，学生很难通过简单的感知、记忆来掌握。例如：体积变了，表面积怎么变？一定会变吗？体积不变，表面积一定相等吗？面对变与不变纷繁复杂的情况，学生可能会有直觉上的错误认知，即使猜想是正确的，也会欠缺深入的探究与思考。所以，笔者把这些内容编排为一个主题单元，把表面积的变化，安排在学习完第一单元的内容之后，旨在通过学生的直觉思维，鼓励学生大胆猜想（是否一切皆有可能），借助几何直观和空间想象，研究图形体积和形状的变化引起的表面积的变化，通过一系列的探究活动，找到增加或减少立方体所在位置、个数，不同摆放方式棱的长度等相关要素，感悟变与不变的辩证关系，找到思考、解决问题的方法和策略，积累活动经验，发展空间观念，激发学生积极的情感体验，加深学生对数学学习的兴趣。

　　面对学生"变"还是"不变"的困惑，我的回答是："变与不变"皆有可能。所以，我借助几何直观和空间想象，引导学生经历猜想、操作、观察、比较、分析等活动，自主探索、发现总结表面积变化的规律。通过对立体图形的观察、操作与研究等活动，积累数学活动经验，促进学生对表面积变化规律的感悟，进一步发展空间观念。

　　这个主题教学我安排了三课时。

　　第一课时：体积增加时，表面积的变化。

　　第二课时：体积减小时，表面积的变化。

　　第三课时：体积不变时，表面积的变化［即多个包装时怎样最省料（表面积最小）］。

二、感知操作实践："变"与"不变"

（一）体积增加——表面积如何变化?

1. 初次操作，感知关系。

学生用 10 块棱长为 1 厘米的正方体拼摆出立体模型。

交流拼摆的模型（图 6-11）：一类是规则图形，一类是不规则图形。

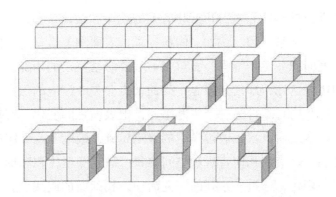

图 6-11　由 10 块棱长为 1 厘米的正方体拼摆出的立体模型

形状不同，体积相同，猜想表面积是否相等。

计算验证：表面积不一定相等。

小结求不规则图形表面积的方法。

2. 猜想验证，探究规律。

在图形上再放上一块相同的小正方体，先猜想：体积增加，表面积会怎样变化？然后小组合作操作验证。

3. 总结规律（图 6-12）。

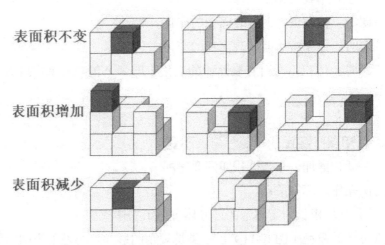

图 6-12　增加 1 个体积单位表面积变化情况分类

（1）表面积不变：遮住 3 个面，露出 3 个面，没有变化。

（2）表面积增加：遮住 1 个面，露出 5 个面，表面积增加 4 个面；遮住 2 个面，露出 4 个面，表面积增加 2 个面。

（3）表面积减小：遮住 4 个面，露出 2 个面，减少 2 个面；遮住 5 个面，露出 1 个面，减少 4 个面。

结论：体积增加，表面积可能不变，可能增加，也可能减小。

（二）体积减小——表面积如何变化？

1. 观察图形，大胆猜想：从棱长为 3 厘米的正方体上拿掉一个或几个小立方体后，体积减小了，表面积会如何变化？（减小、不变、增加）

根据经验，继续猜想：表面积的变化和拿掉的小正方体的什么有关？

（拿走的个数、拿走的形状、拿走的位置等）

2. 操作验证，探究规律。

梳理表面积变化的三类情况，发现规律。

（1）表面积不变：从顶点位置切挖，无论拿走几个，只要没有贯通，表面积都不变。

（2）表面积增加：从棱中间位置和面中间位置切挖，无论是否贯通，表面积都会增加。

（3）表面积减小：从顶点位置切挖，要贯通，表面积会减小。

（三）体积"不变"——表面积如何变化？

1. 生活导入，初步感知。

出示手帕纸和抽纸，学生测量相关数据（结果取整厘米数）并计算表面积。

出示包装在一起的：把同样的纸巾，两包或三包包装在一起，表面积与单个的表面积之和相比有什么变化？（减小）

出示三种包装方式，体积相等吗？表面积呢？

如果你是商家，会选择哪种包装？（表面积最小、最省料）

学生计算哪种包装最省料。

观察包装方法，初步感知规律：重叠大面，表面积最小。

2. 操作验证，探究规律。

猜想：是不是重叠大面，会让表面积最小呢？任选四包手帕纸或抽纸，小组操作验证。

交流：一共有六种拼摆方式：重合六大；重合六中；重合六小；

重合四中四小；重合四大四小；重合四大四中。

根据计算结果发现最省料包装：

手帕纸：重合六大；抽纸：重合四大四中。

同样是四包纸巾，表面积最小的包装方法为什么不一样？

观察、比较一个大面和两个中面的大小。

总结规律：重合面积越大，表面积越小。

三、感悟辩证原理："变"与"不变"

（一）体积增加拓展规律

如果放上若干块小正方体，将这些小正方体分别放在哪些位置，表面积会不变、增加和减小呢？

学生探究，感悟验证规律（图6-13）。

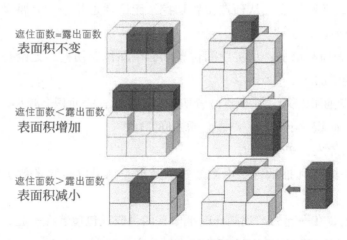

图6-13 增加多个体积单位表面积变化情况分类

1. 遮住的面数等于露出来的面数，表面积不变。

2. 遮住的面数少于露出来的面数，表面积增加。

3. 遮住的面数多于露出来的面数，表面积减小。

（二）体积减小，拓展规律

1. 学生用棱长为4厘米的正方体操作验证规律。

2. 出示一个不规则图形，拿走一块或几块小正方体，怎样拿会使表面积不变、增加、减小？（图6-14）

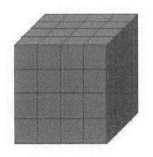
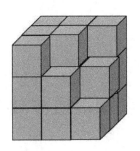

表面积不变
顶点,不贯通

表面积增加
棱中间,面中间

表面积减小
顶点,贯通

图 6-14　体积减小时表面积变化示意

体积减小时，表面积不变、增加或减小的情况规律都是相同的。

（三）体积不变，运用规律，沟通联系

六包纸巾，会有几种包装方式？

重合十大；重合十中；重合十小；

重合八大六中；重合六大八中；重合八大六小；

重合六大八小；重合八中六小；重合八小六中。

小组活动：选择抽纸或手帕纸，计算并比较哪种摆法表面积最小。交流发现：重合八大六中表面积最小。

观察比较：表面积最小时，长、宽、高有什么特点？

得出结论：长方体体积一定，长、宽、高越接近，表面积越小。

沟通两种规律之间的联系：观察操作发现，摆放多个物品时，要想重合的面积大，一定是保留较长的棱，将最短的棱变长，这样长宽高的差就会变小。

通过主题教学的尝试，笔者引导学生"经历""体验""探索"数学结论形成的过程，逐步培养学生直观想象的数学核心素养。鼓励学生在大胆猜想"变与不变"皆有可能的基础上，借助几何直观和空间想象，经历猜想、操作、观察、比较、分析等活动，研究图形体积和形状的变化引起的表面积的变化。通过一系列的探究活动，思考改变小正方体所在位置、个数，不同摆放方式棱的长度等与表面积的联系，感悟变与不变的关系，在看似变化多端的情形中，找到不变的规律和奥秘，从而掌握思考、解决问题的方法和策略，积累活动经验，发展空间观念的能力。

浅谈知识迁移对小学中年级学生数学学习的影响

赵　聪

在小学数学学习中，知识迁移是非常普遍的现象，数学知识、数学技能、数学学习方法等都能够进行迁移。在数学学习中，新旧知识之间的联系非常紧密，前面知识往往是后面知识的基础，后面知识则是前面知识的拓展与延伸。正是因为知识之间的这种特点，知识迁移对小学生的数学学习有很大的影响。低年级学生处于个体抽象思维逐步建立的过程，中年级学生已经具备了初步抽象能力，在知识迁移方面能够更好地运用，知识迁移会促使小学中年级学生抽象能力再次发展，巩固旧知，从而掌握数学的学习方法与能力。

一、相关研究

（一）简述知识迁移能力

喻平在《数学教学心理学》一书中认为，迁移就是在新的情境下运用已学的东西。学习了一种方法，能应用于作业中解决问题；学习了一个定理或公式，对前面学过的某一课题产生新的理解。这些都是知识迁移。

先前的学习对后来的学习产生了影响，我们称这种迁移为顺向迁移；后来的学习对先前的学习产生了影响，我们则称之为逆向迁移。如果一种学习对另一种学习有积极影响和促进作用，那么我们称这个迁移为正迁移；反之，一种学习对另一种学习产生了消极影响的阻碍作用，那么我们则称之为负迁移。顺向迁移中可能产生正迁移，也可能产生负迁移，逆向迁移同样如此。正迁移即一种学习对另一种学习有促进作用。加涅把正迁移分为横向迁移和竖向迁移两种。横向迁移是指个体把已学到的经验推广应用到其他内容和难度类似的情境中，而竖向迁移是不同难度的两种学习之间的相互影响。

负迁移多指一种学习所形成的心理状态，如反应定势等对另一种学习的效率或准确性产生消极的影响，或一种学习是另一种学习所需的学习时间或练习次数的增加，或阻碍另一种学习的顺利进行。

朱华伟、张景中在《论数学教学中的迁移》一文中阐述了运用类比促进迁移的途径，认为迁移理论能够优化数学知识结构。

雷伟华在《浅谈迁移规律在数学教学中的应用》一文中提出了正迁移鼓励在数学教学中的积极作用，并指出了如何采取相应的措施在教学中促进正迁移的产生，抑制负迁移的作用和产生。

知识迁移就是学生已有的知识与技能对新技能和知识的影响，使其在学习新知识时能够举一反三，触类旁通。然而知识迁移是有条件的，它必须具备以下三个基本特点。

（1）相似性。即知识间要具有相似性，对象虽然不同，但其结构大体一致。比如在小学数学的整数、小数、分数的运算中，其结构大体一致，就具有很强的相似性。

（2）学生理解知识的水平。其一，学生在迁移旧知寻求新知时，必须深刻理解旧知识，把握旧知识的核心；其二，新旧知识之间相互影响。在进行知识迁移时，新旧知识间是相对的，也是双向传播的。所以，学生在获得新知识时会加强对旧知识的认识，能再次深刻理解旧知识。

（3）应用知识。在实际生活中，应用是学习的终极目标，也是学习的基本动机，还是知识迁移的一个方面。可以说，它是将理论层面提升到应用层面的高级迁移。

（二）数学学科特点

数学教育作为教育的重要组成部分，在发展和完善人的教育活动中、形成人们认识世界的态度和思想方法方面、推动社会进步和发展的进程中起着重要的作用。数学学习，要培养学生的逻辑思维能力、推理能力、抽象概括能力，需要学生对数学知识进行理解、记忆、迁移和应用。现代认知学派认为，理解、记忆和应用都不可迁移。它们既是迁移的过程，又是迁移的结果和外观。迁移在数学学习过程中普遍存在，且是关键的一环。比如小学阶段学习的整数、分数、小数的认识等知识，到中学时还需再学习，就属于数学迁移的一种，能够为学生的中学学习打下坚实的基础。

小学生数学学习特点是：

1. 记忆特点。

根据小学生的年龄、智力发展水平，他们的认识水平基本上停留在感性认识阶段，没有完全形成对记忆材料进行较为系统的分析、加工、归纳能力，在心理机制上没有形成与意义识记相适应的认知结构，为了应付考试而被迫采用以死记硬背为主的方法识记概念。

2. 思维特点。

学生思维活跃，敢于暴露自己的思维过程和结果。他们对抽象的新概念的理解基本上依赖于感性直观材料，判断常带有具体性和片面性。但整体来看，他们的思维处于以具体思维为主向抽象思维过渡时期。

3. 注意特点。

在争论富有吸引力的问题时，小学生觉得时间过得很快。这说明他们已经有了有意后注意，即在思维活动开始后不再需要意志的努力，不受外界干扰而进行积极主动的思维，这就发展到了以有意注意为主的时期。当然，小学生好动，思维持久性差。也就是说，小学生的听讲是断续进行的，注意的间歇易受情感的影响，易因个人的兴趣而转移。这说明小学生有意注意处于不稳定状态，也告诉我们在教学中应采用多种形式、方法来引起小学生的注意。

4. 语言特点。

虽然小学生的生活语言比较丰富，但他们的数学语言大都是很不丰富的，特别是他们的思维具有随意性和片面性，会造成语言表达不准确、不科学，从而影响他们对概念的理解和掌握。

二、研究的意义

我们知道，数学学习过程不是简单的信息输入、存储和提取，而是学生对新旧知识之间的相互作用过程。在建构新知识的过程中，学生不仅需要提取与新知识一致的知识经验作为同化的基础，更要关注已有知识与当前知识不一致的经验，打破自己原有平衡并理解和掌握新知识。

小学生学习的很多知识都需要迁移来发挥作用，因此研究知识迁移对小学生尤其是中年级学生的意义很大，也能为教师的教学提供一个新视角。

三、对中年级学生数学学习迁移状况的实验、调查与分析

（一）数据来源及初步分析

本研究通过分析北京版三年级和四年级上册数学教材，重点研究教材中适用学生知识迁移能力的单元内容（表6-6）；

研究对象是某小学四年级全体学生，共计92人；

研究方法为小样本研究。

表6-6　适用学生知识迁移能力的单元内容

三年级上册	三年级下册	四年级上册
乘法	乘法	大数的认识
除法	长方形、正方形的面积	乘法
	认识方向	方向与位置
		除法

我们发现，小学数学教材中需要学生具备迁移能力的知识以计算类居多，学生在学习过程中能够运用以前所学的知识进行正向迁移。

（二）调查研究的目的

目的一：了解迁移能力对小学中年级学生的成绩和思维的影响。

目的二：为教师提出合理的教学建议。

（三）学生学习情况调查分析

调查分为两个阶段：第一阶段，三年级下学期三个单元教学；第二阶段，四年级上学期第一单元教学。B教师主要通过类比、概括的手段培养学生举一反三并自主学习总结的能力，提高迁移效果等对学生产生影响；而A教师则直接省略系统回顾环节，对学生类比等能力不做重点培养。

第一阶段：

上学期第三周进行北京版教材第二单元"乘法"中笔算两位数乘两位数，四个班级采用不同的授课方式对全年级92人进行了样本研究。

A教师对同类知识"两位数乘两位数竖式"与"两位数乘一位数竖式"没有进行专门复习，而是在学习新内容时让学生自主回忆当时的解决方法并练习。

B教师对同类知识"两位数乘两位数竖式"与"两位数乘一位数竖式"的算理和算法都进行了专门复习回顾，并在课堂上让学生小组合作探究竖式

的写法，最后小组汇报，老师总结。

在本单元两个知识点的测试中发现，全校 4 个班级作业正确率出现一定的差距（图 6-15、表 6-7）

2. 下面的计算对吗？把不对的改正。

```
    1 4              1 2                7 3
×   2 5          ×   1 7            ×   2 4
─────            ─────              ─────
    5 6              7 4              2 9 2
    2 8              1 2              1 4 6
─────            ─────              ─────
    8 4          1 9 4              1 6 6 2
```

3. 用竖式计算。

$14×26=$ $81×18=$ $94×11=$ $45×34=$

图 6-15　测试题

表 6-7　各班级作业的正确率

班级	具体分布情况	正确率
1 班	全班 23 人，共有 5 人出现错误	78.2%
2 班	全班 23 人，共有 4 人出现错误	82.6%
3 班	全班 23 人，共有 3 人出现错误	86.9%
4 班	全班 23 人，共有 3 人出现错误	86.9%

第二阶段：

本学期第一周进行北京版教材第一单元"大数的认识"中大数的读法和写法学习，四个班级采用不同的授课方式，对全年级 92 人进行了样本研究，同时对学生的学习情况进行了整体调查。

A 教师对同类知识"万以内数的读法和写法"做简单的复习回顾，讲授新课时让学生自主回忆当时的解决方法。

B 教师对同类知识"万以内数的读法和写法"进行复习回顾并总结方法，同时在课堂上让学生小组合作探究大数的读法和写法，最后小组汇报，老师总结。

在第一单元两个知识点的测试中发现，全年级 4 个班级作业正确率出现差异（图 6-16、表 6-8）。

1. 500505000 是个( )位数,最高位上的"5"表示 ( )个( ),中间的"5"表示( )个( ),最后的"5"表示( )个 ( ),这个数读作 ( )。

2. 全球森林从 1990 年的<u>三十九亿六千万</u>公顷下降到 2000 年的<u>二十八亿七千万</u>公顷。全球每年消失的森林近千万公顷。第一条横线上的数写作:( );第二条横线上的数写作:( )

3. 中国国家图书馆馆舍面积是<u>十七万</u>平方米,居世界第二位,藏书<u>二千一百六十万</u>册,居世界第五位。第一条横线上的数写作:( ),第二条横线上的数写作:( )。

图 6-16　测试题

表 6-8　各班级作业的正确率

班级	具体分布情况	正确率
1 班	全班 23 人,共有 10 人出现错误	56.5%
2 班	全班 23 人,共有 9 人出现错误	60.9%
3 班	全班 23 人,共有 5 人出现错误	78.2%
4 班	全班 23 人,共有 4 人出现错误	82.6%

(四)调查结论

两个班级的调查对比表明,采用迁移理论教学后,学生对数学学习的兴趣提高,成绩也有明显提升,整体效果还是不错的(表 6-9)。

表 6-9　学生学习情况统计

调查内容	A 教师两个班级统计			B 教师两个班级统计		
1. 对本单元学习兴趣: A. 很感兴趣 B. 比较感兴趣 C. 不感兴趣	A	B	C	A	B	C
	65.3%	30.4%	4.3%	78.2%	21.8%	0%
2. 你认为以前的知识对你学习本单元知识有帮助吗? A. 很有帮助 B. 有点帮助 C. 没什么帮助	A	B	C	A	B	C
	78.2%	21.8%	0%	95.7%	4.3%	0%
调查结果 1:在 B 教师的班级,学生数学学习的兴趣比较浓厚 调查结果 2:学生都认为旧知识对新知识的学习有帮助,但 B 教师所在班级的学生能够更明显地感觉到这一点						

续表

调查内容	A 教师两个班级统计			B 教师两个班级统计		
3. 接受新知识时，是否能够经常联想到相关的旧知识？ A. 经常 B. 偶尔 C. 没有	A	B	C	A	B	C
	86.9%	13.1%	0%	91.3%	8.7%	0%
4. 你是否喜欢在旧知识的基础上探索新知识？ A. 很喜欢 B. 有点喜欢 C. 不喜欢	A	B	C	A	B	C
	78.2%	17.4%	4.3%	86.9%	13%	0%
调查结果 3：学生都能回忆起旧知识，B 教师班级的学生迁移能力更强 调查结果 4：学生感受到知识迁移的价值，B 教师班级的学生更喜欢使用这样的学习方法						

从单元检测结果及学生访谈中我们发现，B 教师两个班级的学生现在已经开始积极主动学习，能够探索新旧知识之间的联系，而另两个班级的学生虽然也在学习，但是他们对知识之间的关联没有形成系统的认识，还没有将迁移能力及类推的学习方法运用到其他单元的学习中。

虽然两个老师带出来的学生差异并不是特别明显，但是我们看到迁移理论运用到数学课堂是势在必行并行之有效的，会激发学生对同类知识的学习，并积累相关的学习方法，更好地发展学生的思维。

四、如何培养中年级学生知识迁移的能力

（一）强化学生对数学知识的理解，巩固基础知识

知识之间网络结构的建立与改进是理解的内部活动，这实质上就是为学习的迁移提供了潜在的支持，因为理解就是建立更好的表象以及表象之间更好的、更多的联系，这为学习之间的相互影响打下了基础。或者反过来说，迁移也正是需要在联系中对其他学习发生影响，产生动能。经过对相关知识、方法的异同进行比较、辨别、分析、提炼和抽象，避免了原以为无关的知识、方法之间的剥离，为迁移创造了先决条件。

（二）教师要教会学生分析、归纳、迁移的方法，使学生在掌握一定的学习方法基础上提高知识迁移能力

《义务教育数学课程标准（2022 版）》要求培养学生分析问题和解决

问题的能力，其中分析问题的能力被视为数学学习方面一个重要的能力来培养。在教学过程中，教师首先要培养学生大胆发言的习惯，使他们能够清楚、简洁、流利地表达自己的想法，对问题有自己独特的见解，提升学生的分析能力。教师对数学练习中的共同点与不同点进行总结，探寻知识的相同要素，帮助学生将概念灵活运用于不同数学问题中。

（三）培养学生的思维能力，提升学生的抽象思维水平

抽象概括是学生在小学阶段的一项重要测评内容，它对学生能否学好数学具有重大影响，对学生知识迁移能力的培养十分有利。笔者认为，教师应为学生提供一些具体的事物，丰富学生的世界，也应为抽象思维能力做好铺垫，提高学生感性方面的认识，逐步发展学生的抽象思维水平。

（四）教师合理处理新知识与旧知识的关系

例如在"大数的读法"一节中，教师带领学生巩固万以内数的读法，回顾并掌握如何读万以内数，让学生在前两节知识的基础上自主探索大数的读法，并尝试进行总结。

中年级学生已经具备了小组合作的基础，在授课过程中，教师可以先系统回顾相关知识再进行新课教学，并鼓励学生自主探究发挥知识应用的能力。在这样的模式下，学生的自学能力和思维习惯就会有所进步，学生也会有成就感，从而为老师的教学减轻了压力。

五、总结

知识迁移是学生在学习中自发形成的，教师无法代替学生，教师能做的就是为学生在学习中提供更好的迁移条件。在教学中，教师要教会学生总结旧知，自学新知，并学会整理相关知识，提升学生的逻辑思维能力和推理能力。

小学中年级阶段是培养学生思维能力和概括能力最好的时期，教师在教学中应该起到引导作用，将培养学生的迁移能力和逻辑推理能力作为一个重点，让学生掌握有效的学习方法，减轻教师的教学压力和学生的学习压力，让学生将新学到的知识理解透彻，为后面的学习做好准备。教师在教学过程中还要注意学生对知识的理解是否深入，避免学生产生学习的负迁移。

巧设寓教于乐学习活动，提高线上英语复习质量

孟晓琼

　　"学而不思则罔，思而不学则殆。温故而知新，可以为师矣。"复习就是温故的过程，在用中学，学中用，学用结合。2021年临近期末，疫情迫使师生停止线下课堂教学和复习，转战线上。与传统的复习课相比，教师线上复习课无法时刻关注学生，不能看清学生的一举一动，导致学生经常分心走神，听课效率和听课质量不佳；线上教学缺少相应的互动，且隔着屏幕的互动缺少足够的参与感；同时，线上教学迫使学生提高自主学习意识，做学习的主人。针对上述问题，教师结合教材并充分利用各类信息技术拟设计并实施以下寓教于乐的学习活动。

一、从词汇复习中挖掘潜能，夯实语言基础

（一）绘制手抄报

　　英语手抄报是一种很好的线上复习的活动形式，不仅能够使学生更详细地了解主题内容，还能够帮助学生系统而全面地梳理和总结学习内容。

　　以北京版二年级教材为例，在布置学习任务前，教师先让学生在群里讨论并说一说这学期学习了哪些单词，然后引导学生为这些单词划分主题。学生将教材内容划分为以下主题：身体部位、星期、动物名称、数字、公共场所。学生划分好主题后，教师给学生布置了学习任务，按照每天一个单元主题，进行单词的朗读、梳理和巩固。学生可以选择自己感兴趣的主题绘制手抄报，有能力的学生还可以围绕主题拓展补充相关词汇，画四线三格书写词汇。利用学生好胜的心理，教师让学生将绘制的手抄报分享到班级英语群，互相学习，提出意见，给予评价，这大大激发了学生的积极性，取得了良好的复习效果。

（二）字谜游戏（Word Puzzle）

很多学生喜欢玩俄罗斯方块，还有些学生喜欢玩拼字游戏，教师抓住学生这一特点，设计了 Word Puzzle 的复习活动。学生通过做字谜游戏，巩固英语词汇。

在布置学习任务前，教师利用希沃白板的知识胶囊功能做了一个教学生制作英语字谜的微课。学生按照一个主题出一个字谜，可以手画，也可以用电脑制作。在这个字谜游戏中，每个学生都可以出题，每个学生也都是裁判，判定其他学生是否找对，以及找对几个单词。出完题后，教师建议学生自制一份精美、醒目的答案，供其他学生核对。很多学生对这个充满挑战的游戏产生了兴趣。教师也出了一些字谜，吸引了很多学生参与其中，他们玩得不亦乐乎。

（三）制作语音词卡

语音词汇是小学英语阶段非常重要却容易被忽视的教学内容。借线上复习的机会，秉承基础复习、游戏巩固的思想，教师布置了语音学习内容。学生通过制作语音词卡，更好地理解单词的拼读规则。

在布置学习内容之前，教师提前制作了用于示范的语音单词卡，录制了指导视频。根据提示和教师视频指导，学生制作语音词卡，并且通过两两、三三、四四等配对进行分类，还可以和家人一起玩。除此之外，教师还给英语水平相对较弱的同学设计了简化版，制作语音词卡，只进行读和分类即可。

通过以上三个有趣的英语词汇复习活动，教师帮助学生提炼了单元主题词汇并提供了必要的指导，引导学生回忆和复习与主题相关的词汇。学生很感兴趣，易于接受，从而更快地掌握词汇。

二、从对话复习中拓展思维，提高语用能力

（一）绘制思维导图

思维导图属于一种可视化的思维方式，同时也是一种非常直观、形象的学习方法。其通过色彩丰富的图式，能够条理清晰地将各级主题关系以相互隶属的层级展示给学生，把一些零散又有一定关联的知识进行有意义的构建，指引学生围绕中心词进行整理、归纳、分类，最后对知识进行深度加工，使短时记忆转化为长时记忆。将思维导图运用于小学英语复习中，能够

改变小学生机械训练的学习状态，提高学生学习的积极性和主动性。

在布置学习任务之前，教师先在群里和学生一起讨论思维导图的绘制方法和注意事项。学生在课堂上绘制过思维导图，教师以问题启发的形式让学生回忆巩固绘制思维导图的要求。学生围绕一个主题，绘制一个思维导图，然后用语言描述一下这个主题内容。

将思维导图运用在小学英语复习教学中，有利于提高小学生学习英语的兴趣。利用思维导图进行辅助，能提高学生的理解能力与接受能力，并激发他们的学习兴趣。当学生拥有较高的学习兴趣时，他们的思维会更加活跃和灵活，从而提高复习效率。

（二）皮影戏（Shadow Puppets）

皮影戏又称"影子戏"或"灯影戏"，是一种以兽皮或纸板做成的人物剪影表演故事的民间戏剧。皮影戏是中国民间古老的传统艺术，可谓历史悠久，源远流长。艺人们在白色幕布后面，一边操纵影人，一边用当地流行的曲调讲述故事。教师仿照这种趣味的民间活动形式，运用到英语故事的复习中，让对话复习变得生动有趣。

学生围绕一个主题，选择主题中的一篇对话故事，用厚一些的纸画人物，用其他道具画背景图，然后剪下来。制作完成后，学生边用英语讲故事，边移动人物或道具，边操作边拍摄下来，就像玩皮影戏似的。这种新颖的学习方式吸引了很多学生的注意力，学生参与对话的热情高涨。

学生编排了一个又一个生动有趣的皮影戏表演，讲述了不同主题下的故事。皮影戏让他们有机会将所学的英语故事用有趣的方式讲述出来，进而对对话故事进行有效的巩固与复习。

（三）录制英语视频博客（Vlog）

视频博客的英文简称为 Vlog。Vlog 作者以影像代替文字或相片，写其个人网志，与网友分享。Vlog 多记录作者的个人生活日常，主题非常广泛，可以是参加大型活动的记录，也可以是日常生活琐事的集合。

以二年级为例，学生录制以 My Day 为主题的 Vlog，用视频的方式介绍自己一天当中什么时候做什么事情。在视频中，学生需要切换不同的场景，依据自己的真实情况，用学到的语言清楚表达和记录自己的一天。在布置任务前，教师提出录制要求，提供语言结构支架，学生用英语把自己的真实生活记录下来，这种新颖的复习方式让学生体验了一次"博主"的经历，学生喜欢，家长认可。有些学生的 Vlog 做得很用心，还配上了文字和背景音乐，成片质量很高。

在对话复习中，教师与学生提炼每一个单元可供开展真实对话的教学主线，并围绕主线开展各项复习活动。三项英语对话复习活动的开展，帮助学生有效复习了对话内容，提高了语言表达能力。

三、结论

针对线上期末复习，教师充分利用各类信息技术进行设计，并开展了寓教于乐且符合学生认知规律的线上英语学习和复习活动，将有趣的形式与语言实践相结合，激发了学生的学习兴趣，提高了他们学习的积极性和主动性，培养并提高了学生自主学习和复习的能力，发展了学生的语言技能，提高了学生综合语言运用能力，达到了线上英语复习的质量。

让音乐的种子开出花

——小学音乐课堂线上教学实践思考

刘 玥

线上教学对于每一位老师来说都是新的挑战，需要我们在学习中探索，在学习中教授，与学生相互促进。这就是教学相长的道理。音乐是审美的学科，对提升学生的综合素养能力意义重大，在实施线上教学时需要老师投入很多精力和时间，关注学生的审美养成，以促进学生身心的全面健康发展。基于此，经过一个时段的线上音乐实践教学，我有了以下几点思考。

一、制定适宜的线上学习指导方案与计划表

线上教学期间，学生该如何进行音乐课的学习呢？此时，系统的学习指导方案与计划表就显得尤为重要。线上与线下教学存在较大的差异，线上教学的局限性也决定了并不是所有的课程与内容都适合开展线上教学。例如歌曲演唱学习，受网络的影响就很难做到学生合唱。网络也具有它记录储存方面的优势，在收集到学生的演唱音频视频后，教师能够逐一指导学生的演唱。

在不同年级的线上授课中，我发现没有集体授课的课堂氛围，低年级的学生更愿意展示自己的歌声，而高年级的学生却更喜欢自主赏析，以完成学习单。心理学家皮亚杰认为，认识起源于活动，认知发展具有阶段性。随着学生年龄的增长，他们已不满足于现成的结论，而是产生了探寻事物本质和规律的愿望，思维也逐步向独立性和创造性转变。混合式教学能很好地服务于学生的学习。为了充分发挥学生的主观能动性，我以学生活动为主体，结合学生的认知水平，注重创设情境、启发教学。例如，我在设计低年级音

乐学习指导方案时，创设了不同的情境活动，在课前推送给学生学习指导方案，要求学生自学并记录疑问，然后收集演唱音频、视频或填空完成的学习单，跟踪学生的学习情况并进行反馈。在高年级的线上教学中，我先针对课堂的教学内容，制定学习指导单，讲授赏析歌曲的方法，归纳总结曲式结构，完成知识的内化积累，让学生通过小组讨论、成果展示等手段探究学习。课后我会批改学生的学习单，了解学生的情况。学生通过发现问题、寻找答案、解决问题，总结完成知识的习得。这种线上与线下的综合学习，通过系统的学习指导方案与课后学习单贯通起来，形成线上有学习资源、线下有学生活动的模式。这样既能巩固线上知识，又能达到理论指导与实践运用相结合的效果，从而激发学生内在的学习动力，改变学生被动式的学习模式。

二、线上音乐课程教学实践应用

（一）合理利用线上资源，实现信息的整合

线上教学的成败，在很大程度上取决于资源库的应用。"空中课堂"的教学资源库就非常适用于在家学习的学生。教学资源库的建设是一项庞大、系统的工程，北京市丰台区的骨干与教研组的音乐教师也构建了音乐学科的资源库，团队成员间发挥各自专长，形成专业团队的协作，合力完成研课编写、视频录制、素材编辑等工作，走上共享数字化教育的资源库之路。除了庞大的资源库，授课教师也要发挥个体的主观能动性。针对学生的具体情况，我在授课时会依靠现有的"散装"资源，筛选组合成更鲜活、更具实践性的教学资料，做到因材施教。

（二）巧妙借助新软件

教师利用互联网技术进行线上授课，除了对教师的信息化教学能力要求很高以外，同样也需要教师不断更新教育教学理念，用皮亚杰的"认知发展论"指导教学实践，特别是在教育教学改革方向、团队合作精神、人际沟通能力和应用现代教学工具等方面不懈努力。

线上音乐的教学，离不开现代信息技术的应用，教师适当掌握新技术能更好地开展线上音乐课堂的教学活动，如库乐队、希沃等。信息化的时代为教师提供了丰富的教学资源与专业软件，也为学生打开了音乐多样性的大门，丰富了学生感受音乐的途径。这些软件能培养学生的音乐创作意识和能

力,进而培养学生的综合音乐素养。如今,几乎人均一部手机或者平板,越来越多的手机音乐软件也在为人们的生活服务。例如"全民 K 歌""唱吧"等音乐软件,就可以让学生与家长一起参与进来,其丰富的伴奏资源库,足以满足大部分人的唱歌需求。"库乐队"等音乐制作软件,自带丰富的资源库与乐器库,学生可以借此为导入的歌曲重新编曲,也可以创编多声部的音乐。这类音乐软件既促进了亲子间的互动,又培养了学生的演唱兴趣。学生可以将其分享到班级群,与同学共同欣赏,丰富线上教学内容,强化教学质量。

三、教学成果展示与分享

线上教学有其局限性,教师要对学生实施有效的"管控",就必须与学生建立良性的线上互动,否则前期的教育资源和教学平台将毫无意义。根据每堂课的教学指导方案,我会制定课堂学习单或要求,鼓励学生拍摄自己线下学习的成果,基于此,我收集到很多学生演唱歌曲或演奏乐器的视频资料。学生的表演已不限于课本上的歌曲,也可以与家人一起参与到音频视频的录制中。我将学生提交的视频资料排序后剪辑在一起,结合我校的校训,做了一期"尚品少年·云端音乐会"的活动,为这一阶段的线上音乐课的学习画上了圆满的句号。

四、结语

艺术大师海顿说:"艺术的真正意义在于使人幸福,使人得到鼓舞与力量。"线上的音乐课堂促使我进行新的思考,未来音乐课的教学也要将音乐、新技术、教育相融合,建立数字音乐教室,科学地传播音乐教学理念,让音乐的种子在不同的土壤中都能开出花。

为 π 正名

张辰辰

"圆的周长　圆周率"是北京版义务教育教科书六年级上册第五单元的内容。本教学设计以"为 π 正名"为题,从五个方面进行介绍。

一、学生情况分析

提到圆周率,即使没有学习过圆的学生也能说出一些对它的了解。正如北京丰台二中附属看丹小学六年级学生一样,在回答"你知道 π 吗?"这个问题时,有 30% 的学生能够用不同形式表达 π 近似等于 3.14。(图 6-17:前测第二题)但是在回答"你知道圆周率是什么意思吗?"时,有 29% 的学生将圆周率看成圆的周长或圆的面积(图 6-18:前测第二题),有 45% 的学生对圆周率一无所知(图 6-19:前测第一题)。更遗憾的是,没有人提到我们古代伟大的数学家祖冲之。虽然学生对 π 取 3.14 或 3.1415926 值非常熟悉,但是对圆周率的含义并不清楚(图 6-20),也不了解相关的数学文化。

图 6-17　前测第二题

图 6-18　前测第二题

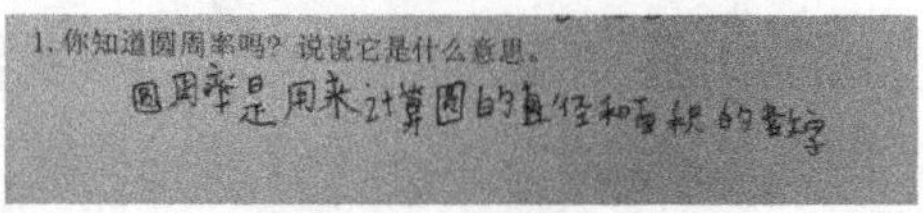

图 6-19　前测第一题

图 6-20　前测第一题

二、指导思想与理论依据

圆是小学阶段学生学习的第一个曲边图形，圆周率则是学生探究圆的周长时出现的。对圆周率的准确把握，不仅有助于加深对圆的本质属性的理解，更能为后续借助极限思想探究圆的面积做好铺垫。这也正是《义务教育数学课程标准（2022 年版）》（以下简称《课标》）将图形的认识与图形的测量合并的原因。我想，这样的整合不只是简单地将两个词合并，更深层次的含义是强调图形的认识是测量的基础，测量又能够从度量的角度加深对图形特征的理解（图 6–21）。

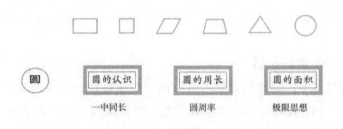

图 6–21　知识结构关系

学习圆离不开圆周率，而认识圆周率就不得不提我国古代数学家祖冲之。在以往的教学中，祖冲之的故事常常作为课后阅读材料，在学生的脑海里一闪而过，以致数学文化的渗透浮于表面。习近平总书记多次强调，课程教材要体现中国和中华民族风格，体现人类文化知识积累和创新成果。在课标中对数学课程性质有这样的描述：数学承载着思想和文化，是人类文明的重要组成部分。同时，课程理念中也提出要关注数学学科发展前沿与数学文化，继承和弘扬中华优秀传统文化。

三、教学内容分析

教材也关注到数学文化的传承，并安排了大量的数学文化题材的内容，借助"知识窗""数学故事"等栏目，将数学文化糅合于学生数学学习的过程中，让学生品味数学文化，感受文化数学。

课堂是落实课程目标和内容的主要途径。在这节课中，我深入挖掘了和圆周长有关的数学文化史料，让学生体验圆周率上千年的发展过程，感受数学中蕴含的优秀传统文化，使数学文化浸润到孩子心中。

基于以上思考，我将圆的周长分为三课时。

第一课时：圆周长的测量，学生在测量和计算中初步认识圆周率；

第二课时：进一步认识圆周率，了解圆周率的含义；

第三课时：在不同情境中选择合适的 π 值，以解决实际问题。

四、学习目标及重难点

（一）本节课的学习目标

1. 经历计算圆周率的过程，进一步明确圆周率的含义。（重点）

2. 通过了解割圆术，在"以直代曲"的计算方法中感受极限思想。（难点）

3. 了解中国古代数学家的杰出贡献，继承和发扬中国优秀传统文化。

（二）学习重难点

1. 经历计算圆周率的过程，进一步理解圆周率的含义。（重点）

2. 通过了解割圆术，在"以直代曲"的计算过程中感受极限思想。（难点）

五、学习过程

（一）π，你是几

课堂伊始，教师通过谈话的方式提出问题："你们知道 π 是几吗？"经过上节课的学习，学生可能会说出 π 是3.14或者3.1415926。随着学生的回答，教师介绍圆周率的发展历史，对于 π 取3的情况，如果学生没有说正确，教师直接补充："其实早在2000多年前，我们国家的古籍《周髀算经》中就有记载，'圆径一而周三'，古代劳动人民将圆周率粗略地记为3，所以3也叫'古率'。圆周率有这么多名字，那它到底是多少呢？今天我们就一起来'为 π 正名'。"这一环节的设计意图是通过对话导入，提出"π 到底是几"的问题，向学生介绍"古率""徽率""祖率"，把数学知识与数学文化建立联系，引出课题（图6-22）。

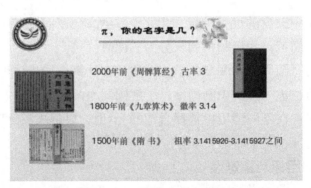

图 6-22　古籍中的圆周率

（二）π，你为什么有这么多名字

回顾上节课的测量和计算过程，我提出问题："通过计算，你能确定 π 到底是多少吗？为什么上节课中大家的计算结果都不相等呢？"学生可能会说圆是曲边图形，测量过程中存在误差。教师要抓住这样的回答进行介绍：1800 多年前的《九章算术》中记录了刘徽计算圆周率的一种方法，因为曲边在测量的时候会产生较大误差，为了减少这个误差，他借助圆内接正多边形的周长替代圆的周长，这样计算出的圆周率就更准确。他的这种方法叫割圆术。这一环节的设计意图是通过回忆上节课对圆周长和直径的测量过程以及不同的测量结果，从误差产生的原因和减少误差的角度引导学生认识割圆术，初步了解用直边代替曲边的思想方法。

1. 选一选。

安排活动一，用直边代替曲边进行计算。一个圆的周长用几条直边代替最合适呢？出示不同的割法（图 6-23），让学生说一说：如果你是刘徽，你会用哪个图形代替圆的周长呢？大多数同学可能会选择正六边形，这里要组织讨论：为什么选择正六边形？为什么不选择三角形？在对比四种圆内接正多边形的过程中，体会圆内接正多边形边数增加，多边形的周长越来越接近圆的周长。

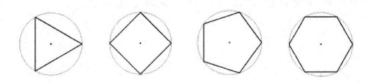

图 6-23　圆内接正多边形的四种画法

2. 算一算。

既然大家都选择正六边形，那我们就来算一算用正六边形的周长代替圆周长，圆周率会是多少。给出圆的半径是 1，由学生独立完成。通过计算出的结果，大家会发现圆周率就是古率。如果继续分割圆，会怎么样呢？将圆内接正六边形的每一条边再一分为二，得到圆内接正十二边形，学生会发现正十二边形的周长比正六边形的周长更接近圆周。当半径为 1 时，教师给出正十二边形每条边的长度大约是 0.51，学生利用计算器计算得到圆周率近似3.105（图 6–24）。对比两次计算出的圆周率，学生会发现：随着正多边形边数增加，圆周率从 3 变为 3.105，即更精确了。通过计算圆周率，在"以直代曲"的计算方法中，学生初步感受圆周率渐渐精确的过程。

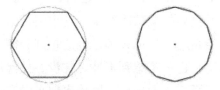

图 6–24　计算圆周率

3. 猜一猜。

在这个活动之后，教师提出疑问："刘徽计算出的圆周率是 3.14，他是怎么做到的呢？"有了刚刚的活动经验，学生一定会兴奋地说"继续分"！没错，他在《九章算术》里也是这样写的："割之弥细，所失弥少。割之又割，以至于不可割，则与圆合体而无所失矣。"呈现活动三，借助几何画板，教师依次增加圆内接正多边形的边数，学生关注圆周率的变化，直到把圆分成正一百九十二边形时，圆周率约等于 3.14（图 6–25）。这时学生可能会觉得已经把圆分割得这么小了，正多边形的周长非常接近圆周长了，圆周率的精度也越来越高了，应该差不多了。刘徽并没有满足于此，他通过度量衡的测量发现 3.14 还是偏小，于是继续分割，终于割出三千零七十二边形，把圆周率的小数点精确到了第 4 位，近似 3.1415。这一环节的设计意图是借助割圆术，学生经历圆周率的精确过程，从而加深对圆周率的认识，巩固对圆的理解，体会我国古代数学家的智慧。

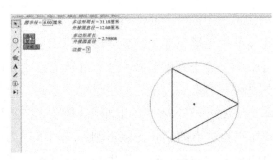

图 6-25　几何画板

刘徽的割圆术能够让我们得到更加精确的圆周率，后来的数学家们利用这种方法继续推算。到了 1500 年前的南北朝时期，伟大的数学家祖冲之计算出圆周率在 3.1415926 和 3.1415927 之间。这样就把圆周率精确到小数点后六位，创造了当时世界的最精确纪录。这个纪录保持了至少一千年，才被其他国家的数学家所超越。"你们知道祖冲之把圆分割成了多少边形吗？"学生即使非常大胆地猜，也很难想到祖冲之在没有任何计算工具的情况下，把圆分成了两万四千五百六十七边形。圆周率似乎没有尽头。如今，人们通过超级计算机还在锲而不舍地计算，已将圆周率精确到小数点后 10 万亿位。

通过猜一猜的环节，学生在圆周率发展史中体会古代数学家们锲而不舍的科学精神，进而增强文化自信和民族自豪感。

（三）π，我该怎么用你

结合中国古代建筑天坛和中国航天建设的天宫空间站，了解圆周率在不同情境下和不同领域中的取值。通过对比计算结果，加深对小数数位的理解，体会古语"失之毫厘，谬以千里"的道理，收获我们在做事情的时候，要力求精益求精，特别是在科学研究中，一个小数数位的变化就可能会造成很大影响的感悟。

（四）总结收获

在课堂总结阶段，先由学生谈收获，然后由教师出示德国数学史家康托的这句话："历史上一个国家所算的圆周率的准确程度，可以作为衡量这个国家当时数学发展水平的指标。"结合本节课的内容，你能依据康托的话来评价古代中国数学的发展水平吗？以此让学生再次体会中国古代数学在世界上的领先地位！

六、教学特色

在本节课中，教师带领学生跟随中国古老的算经和史书，经历圆周率的发展过程，了解我国古代数学的伟大成就，感受我国古代数学家们锲而不舍、精益求精的科学精神，继承和弘扬我国数学优秀传统文化。学生通过了解割圆术，初步感受"以直代曲"的极限思想，加深对古圆周率的认识。

"方""直"中积累活动经验，
"广""袤"间形成空间观念

王君妍

"方"指的是正方形，"直"指的是长方形，而"广"和"袤"分别指的是长方形的长与宽。这里呈现的是一节以中华优秀传统文化为引领的数学课。

一、指导思想与理论依据

《义务教育数学课程标准（2022 年版）》（以下简称《课标》）对数学课程性质有这样的描述："数学不仅是运算和推理的工具，还是表达和交流的语言。数学承载着思想和文化，是人类文明的重要组成部分。"课程理念中也提到要"关注数学学科发展前沿与数学文化，继承和弘扬中华优秀传统文化"。

《课标》提出，课程目标以学生发展为本，以核心素养为导向，进一步强调学生获得数学基础知识、基本技能、基本思想和基本活动经验。同时，《课标》还指出，空间观念是小学阶段核心素养的主要表现之一。在本节课中，我设计了各种各样的活动，引导学生在探究中积累活动经验，形成初步的空间观念。

二、单元教学背景分析

（一）教学内容分析

"四边形的认识"是人教版数学三年级上册第七单元"长方形和正方形"第一课时的教学内容。小学生的年龄特征决定了他们对图形的识别活动，处于由以依据表象为主的直观辨认水平逐步向以依据特征为主的初级概念判断水平发展。该教材对长方形、正方形的认识分三次编排（表6-10）。

表 6-10 教材编排表

册次	单元内容	主要内容
一年级下册	认识图形（二）	直观认识长方形、正方形，并能够辨认区分
三年级上册	长方形和正方形	从边和角的角度认识长方形、正方形的特征
四年级上册	平行四边形和梯形	从与平行四边形关系的角度进一步认识长方形、正方形

本单元主要引导学生认识四边形，进一步认识长方形和正方形的特征，并学习长方形、正方形周长的计算方法，解决一些简单的实际问题。

人教版教材与北京版教材对比，在本单元的安排中多了"四边形的认识"。我认为，这样的安排更容易让学生理解图形与图形之间的关系。

（二）学生情况分析

本单元是学生在直观认识了长方形、正方形、平行四边形、三角形和圆等平面图形的基础上进行教学的。通过这部分内容的学习，学生进一步认识四边形、长方形和正方形的特征，了解周长的意义，掌握长方形、正方形的计算方法，为进一步探索其他平面图形的特征奠定了基础。本节课主要引导学生进一步认识四边形、长方形和正方形的特征，并理解长方形与正方形，以及长方形、正方形与四边形之间的包含关系。

为了更好地展开教学，我利用书上的题对学生进行了前测（图6-26）。

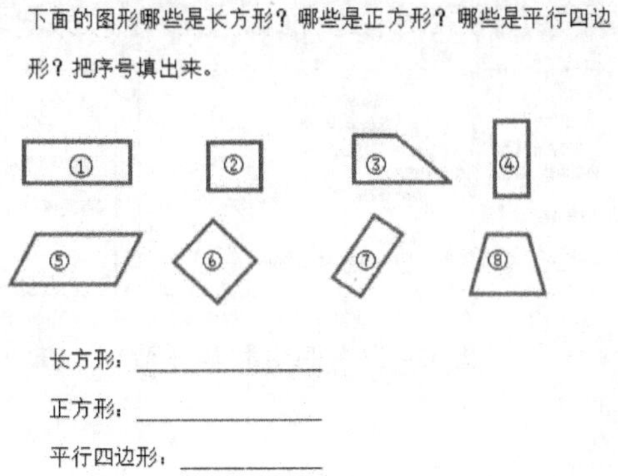

图 6-26 前测题

结果显示：75%的学生能正确区分这几种图形，100%的学生能正确辨认正方形和长方形。所以，本节课我决定按照"长方形—正方形—四边形"的顺序展开教学。

三、教学目标及重难点

（一）教学目标

1.通过观察、操作等活动，引导学生认识四边形，进一步认识长方形、正方形的特征；理解长方形与正方形，以及长方形、正方形与四边形之间的包含关系。

2.通过多种探究活动，帮助学生积累并探索图形特征的基本活动经验，形成空间观念。

3.感受数学与生活的密切联系，了解数学文化，增强民族自豪感。

（二）教学重难点

通过观察、操作等活动，引导学生认识四边形，进一步认识长方形、正方形的特征；理解长方形与正方形，以及长方形、正方形与四边形之间的包含关系。

四、教学过程

本节课我设计了四个教学环节，如图6-27所示。

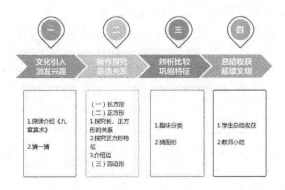

图6-27　四个教学环节

（一）微课导入

在导入环节，采用文化引入。（播放微课）

之后出示第一章"方田"中出现的名称及图片，让学生猜测并连线（图6-28）。

方田　　直田　　圭田　　箕田　　邪田　　圆田

图6-28　连一连

学生很容易猜出方田、直田对应的是正方形和长方形，但很难猜出圭田、箕田、邪田等，教师可以提示圭田是三角形，把另外两个留作悬念，以激发学生的学习兴趣。

本环节的设计意图是：以《九章算术》引入，让学生了解我国数学的悠久历史，弘扬我国优秀的传统文化，增强学生的民族自豪感。

（二）操作探究

在第二环节的操作探究活动中，教师先引导学生思考：长方形为什么叫直田？它直在哪儿？这时学生会想到边直、有直角，教师就可以引导学生从边和角的角度去探究长方形的特征。

出示操作提示：

1.利用手中的学具，量一量、折一折、比一比。

2.总结长方形的边和角的特征。

学生在探究边的过程中会出现量和折两种方法，教师重点介绍折的方法，引导学生关注只要沿长方形的对称轴对折图形，就能验证长方形的对边相等这一特征。之后引导学生对比这两种方法，思考哪一种方法更准确。最后向学生解释测量时容易出现误差，并借助"矩，广袤也"让学生了解长方形的长与宽。

本环节的设计意图是：从学生熟悉的长方形引入，借助直田中的"直"字，引导学生从边和角两方面进行探究。学生在操作的过程中，不仅能够积累数学活动经验，还能在量一量、折一折的对比活动中由"动手"发展到"动脑"，形成初步的空间观念。

接着教师出示正方形图片，引导学生思考正方形有哪些特征、它和长方形有什么关系。如果学生说不出来，教师可以借助动画演示当长方形的长缩短到和宽一样时，它就变成了一个正方形。教师顺势出示"方出于矩"这句话，让学生猜一猜其含义。之后出示集合图，帮助学生理解正方形是特殊的长方形这一关系。

在探究正方形的特征这一活动中，有了之前的经验，学生会更多地选择"折"这种方法。教师在反馈环节应重点关注"沿对角线对折"这种方法，引导学生观察只有沿对角线对折才能证明邻边相等，进而证明四条边都相等。在长方形纸上剪一个最大的正方形这个活动，既是对学生是否真正理解正方形特征的一种考查，也是对长方形、正方形关系的巩固。

学生很难理解"正方形是特殊的长方形"这种包含关系，于是教师设计了在课件上演示长方形变成正方形的过程，以及在长方形纸上剪一个最大的正方形这两个活动来帮助学生初步感知长方形与正方形之间的关系，为未来学生学习平行四边形打下基础。

在认识四边形时，教师先向学生介绍导入环节的箕田、邪田代表的平面图形，之后引导学生观察这四种图形有什么共同特点——四条边、四个角。那我们如何给它们命名呢？教师接着介绍像这种由四条边围成的图形叫四边形。随后出示集合图，长方形和正方形都是特殊的四边形，它们特殊在哪儿？这时学生会说出它们的对边相等，或者四个角都是直角，再次感知图形之间的包含关系。

（三）巩固练习

在巩固练习环节，教师设计了两个活动，第一个是趣味分类活动。

请你判断下面图形哪些是四边形，哪些不是四边形。（希沃白板的课堂活动呈现）

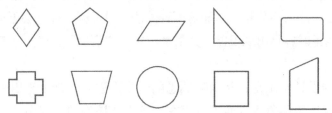

第二个是猜图形活动。

学生看到图 6-29 中尖尖的角，就能判断出这个图形一定不是长方形或正方形。等教师移除道具后，学生会发现里面是一个平行四边形。

图 6-29　猜图形活动（1）

对于图 6-30 所示图形，学生可能会猜是长方形或正方形。教师追问：我看它露出来的两条边长度相等，怎么可能是长方形呢？学生会回答因为这两条边没有完全露出来，不能判断它们被遮挡的地方是否相等。教师移除道具后，发现果然是一个长方形。

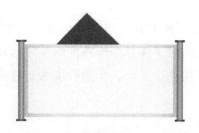

图 6-30　猜图形活动（2）

第三个图形（图 6-31），根据露出来的两个直角，学生依然会猜是长方形和正方形。这时教师移除道具，出现一个直角梯形。教师引导学生思考：长方形和正方形四个角必须都是直角。

图 6-31　猜图形活动（3）

这两个活动的设计意图是：对四边形特征进行巩固。第一个猜图形活动，教师引导学生通过观察露出来的角和边进行猜测，形成初步的空间观念。

（四）总结收获

最后的总结收获环节，教师进行小结：古人用我们熟知的平面图形加上

"田"字来表示平面图，说明数学与我们的农业生产以及生活息息相关。我们现在依然会用到很多数学知识，从而使我们的生活变得更加美好。本节课以文化引入，以文明结束，让学生体会到我国数学的悠久历史及其在现代生活中的重要性。同时让学生体会数学源于生活，而又服务于生活，感受数学与生活的密切联系。

五、教学特色

本节课从数学文化引入，又在课程结束时回到文化中，让学生明白，我们的数学知识与生活息息相关。时代在进步，我们的数学研究也要随之发展。在进行文化研究的过程中，我们应积极探索相关的数学知识，增强民族自豪感。

在本节课中，学生在探究长方形、正方形的特征时，通过量一量、折一折、比一比等活动，积累了探究图形特征的基本活动经验。在用七巧板拼四边形的环节，就是利用已有活动经验进行实践，在操作中体会四边形的特征，从而达到教学目标。

重整体，悟一致，开展有趣的计算教学

何　欣

在低年级的计算教学中，教师要注重通过活动化、游戏化、生活化的学习设计，帮助学生理解算理，在理解算理的过程中感悟数与运算的一致性。

一、指导思想与理论依据

《义务教育数学课程标准（2022 年版）》更注重幼小衔接，要求合理设计小学一至二年级课程，注重活动化、游戏化、生活化的学习设计。新课标指出，在一年级第一学期的入学适应期，利用生活经验和幼儿园相关活动经验，通过具体形象、生动活泼的活动方式学习简单的数学内容，解决日常生活中的简单问题，使学生对数学学习产生兴趣并树立信心。

新的课程标准明确提出：数与运算具有一致性，二者既有各自的特点，又存在着密切的联系。数的认识是数运算的基础，数的运算有助于学生更好地认识数。教师在设计本课时通过多种模型，帮助学生理解算理，在理解算理的过程中深化对数的认识，感受数与运算的一致性。

二、单元背景分析

（一）教材分析

本单元是一年级上册的第六单元，主要使学生掌握 20 以内数的大小和 11 ~ 20 各数的读法与写法，为学习 20 以内的加、减法运算做好准备。

图 6–32 为本单元的知识结构。本单元分为四个课时进行教学，本节课为第三课时的内容，包括十加几、十几加几及相应的减法。十加几主要在于巩固 11 ~ 20 各数的认识，同时也为后面学习进位加法做好准备。为了体现活动化、游戏化、生活化的学习设计，我给这两个例题创设了

生动具体的情境，帮助学生解决简单的生活问题，并将操作活动贯穿始终，激发学生的学习兴趣。教材中运用了计数器的模型，我让学生用数的组成来理解算理，进而在理解算理的过程中更深刻地感受 11～20 的组成。这体现了 2022 版新课程标准修订的总体趋势：在数与代数中要强调整体性和一致性。

图 6-32　单元知识结构

（二）学情分析

在学习本单元之前，学生已经学习了第三单元和第五单元的知识内容，初步感知了加减法的意义，积累了一定的活动经验。本节课在学生认识了 11～20 各数的基础上进行教学，此时学生已经了解了 11～20 各数的组成，知道了个位和十位以及两个数位的数表示的意义。

为了更好地了解学生的知识基础，我对一年级 140 名学生做了学前调研，调研结果如表 6-11 所示。

调研结果表明学生能够根据以往的知识与基础计算加减法，但对加减法算式意义不够理解。大多数一年级学生入学时已经认识了 20 以内的数，甚至能够进行简单的计算，但是对数的概念并不清楚。因此本节课注重对数的组成的深化，采取大量的操作活动、交流表达，使学生对数的认识更加深刻，对加减法的关系更加清楚，在操作与表达中，感受数与运算的一致性，从而培养学生的运算能力。运算能力是核心素养在小学阶段唯一作为"能力"要求的行为表现，只有让学生理解算理，才能达到正确计算的目的。

表 6-11　学情调研结果

前测题目	人数	前测情况	计算方法
根据下图你能写出哪些算式？你是怎么算的？写一写或画一画。	27 人	有 27 人能够写出一图三式或一图四式： 10+1=11 1+10=11 11-1=10 11-10=1	其中有几个学生能利用画图或数的分解帮忙计算
	42 人	只写出加法算式： 10+1=11 1+10=11	
	27 人	有 27 人写出了 10-1=9 或 10-9=1 这两个算式	经过访谈，学生都是用左边减去右边，得到 10-1=9，随后又写出 10-9=1。这部分学生对整体和部分的关系还不是很明确，需要具体的情境帮助学生感受整体与部分的关系
	41 人	有一些学生没有写出算式	我将在教学中通过具体情境帮助学生巩固读图能力
	3 人	没写出算式，只写出总数是 11	通过"数"的方法

三、教学目标及重难点

（一）教学目标

1. 认识加减法算式中各部分名称，能够正确计算十加几、十几加几和相应的减法，初步感受十加几和相应的减法的计算规律。

2. 通过摆小棒、计数器等活动，加深对 11～20 各数的认识，理解十加几、十几加几和相应减法计算方法的过程。

3. 能够初步了解加法算式与减法算式之间的关系。

4. 让学生结合具体情境体会计算的意义，体验数学的价值，经历和他人交流计算方法的过程，培养学生自主探索、合作交流的意识。

（二）教学重难点

1.教学重点：正确计算十加几、十几加几和相应的减法，初步感受十加几和相应的减法的计算规律。

2.教学难点：有条理地表述计算方法。

四、教学过程

（一）抢答激趣，复习组成

图6-33所示为第一环节的教学内容，本环节的设计意图是通过抢答的形式，激发学生的学习兴趣，同时复习11～20数的组成，为接下来用数的组成理解加减法做铺垫。

1.1个十和8个一合起来是（ 　 ）。

2.12里面有（ 　 ）个十和（ 　 ）个一。

3.快速看图说数

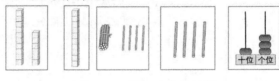

图6-33　第一环节抢答题

（二）动手操作，探究新知

这个环节分为两部分进行，第一部分是十加几及相应的减法，这部分主要是以数的认识理解十加几的算理和算法，通过十加几的计算强化数的认识。第二部分是十几加几和相应的减法教学，教师通过这部分教学帮助学生感受位值制。

1.理解算理、巩固组成。

教师创设小兔家菜园丰收的情境，提出问题：你获得了哪些数学信息？能提出什么数学问题？学生能根据图片提出这样三个问题……我们先来解决一共有多少根的问题，学生根据数学信息和问题列出算式10+3=13（根）。此时追问：为什么用加法计算？引导学生说出，要把10根萝卜和3根萝卜合起来，计算一共有多少根萝卜，所以用加法计算。其目的是帮助学生回顾加法的意义。确定算式后，让学生通过摆一摆、画一画或拨一拨的方式说出是如何计算出 10+3=13 的。学生可能会说出以下几种计算方法。

预设一：接着数

从 10 往后接着数 3 个，11、12、13。

预设二：摆小棒

10 根小棒是一捆，表示 1 个十，1 个十和 3 个一组成 13（图 6-34）。

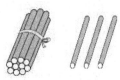

图 6-34　摆小棒

预设三：画图

用一个大石头表示 1 个十，3 个小石头表示 3 个一，1 个十和 3 个一组成 13（图 6-35）。

图 6-35　画图

预设四：计数器

在十位拨一颗珠子表示 1 个十，在个位拨 3 颗珠子表示 3 个一，合起来是 13（图 6-36）。

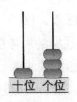

图 6-36　计数器图

展示多种方法后，我带领学生观察这三种方法的相同之处，引导学生说出无论用哪种方法，都是把 1 个十和 3 个一合起来，组成 13。

【设计意图】通过动手操作，让学生感受到数的组成有助于解决运算问题，发现摆小棒、画图和拨计数器这三种方法的相同之处，强化学生对数的认识，巩固数的组成，同时帮助学生了解十加几的计算方法和算理，从而正确进行计算。这样就能让学生在理解算理的过程中对数的认识更加深刻，体现数与运算的一致性。

接着出示两个减法问题。根据问题，学生能够列出 13－10 和 13－3 这两个算式。教师追问：这回怎么用减法解决呢？引导学生说出知道整体和一部分，求另一部分要用减法，帮助学生巩固整体与部分的关系。确定算式后，让学生任选一个算式，用喜欢的方法说说结果是多少。学生独立思考后，先进行同伴交流，再在全班分层汇报自己的想法。

图 6-37 所示为由学生生成的不同理解算理的方法，将方法由低阶思维向高阶思维逐步展示，引导学生观察一个加法算式和两个减法算式的联系，感受减法是加法的逆运算。

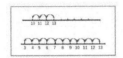 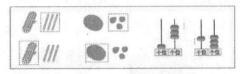

图 6-37　多种方法展示

【设计意图】通过这个活动，帮助学生归纳计算方法，发现加减法之间的关系，感受减法是加法的逆运算。通过讨论交流，加深学生对算理的理解，培养学生的合作意识与表达能力。

随后让学生再说出几组这样的算式。例如，当学生说到这一组算式时，让学生在计数器上操作一下 11－10 和 11－1 的过程，提出问题：都是去掉一颗珠子，区别在哪？引发学生思考，11－1 是在个位上去掉一颗珠子，11－10 是在十位上去掉一颗珠子。这样的思考能初步建立学生在位值制概念上的感知，知道计算时要相同数位相加减，为后面学习两位数或多位数加减法做铺垫，体现运算规律的一致性。最后观察这几组算式，发现计算规律。这个环节的设计意图是：通过观察，发现十加几和相应减法的运算规律，以及加减法算式的联系，帮助学生加深对加减法意义的理解，为后面学习用凑十法计算加法和用加法计算减法打好基础。

此时课程已经进行了一半多，学生会感到有些疲惫，在这里设计一个游戏，再次调动学生学习的积极性（图 6-38）。

图 6-38 数形结合小游戏：帮算式中的小螃蟹找到它的图片屋

学生通过游戏再次感受到加减法运算之间的联系，同时也巩固了十加几和相应的减法计算。

2.同数位加减、感受位值制。

延续前面的情境。小兔家的白菜也成熟了，我们和小兔一起数数一共收获了多少棵白菜吧！小兔刚数完，兔爸爸又抱着两棵白菜进来了。现在一共有多少棵白菜呢？学生列式：11+2。请你任选一种方法画一画，算出"11+2=？"。此处引导学生说明2表示2个一，应该加在个位上，随后介绍加法算式中各部分的名称。

【设计意图】通过画一画、说一说，帮助学生理解11+2=13的道理，感受相同数位才能相加，初步感知位值制。

小兔家收获了这么多白菜，决定送给邻居两棵，送完后它家还剩多少棵呢？列出算式后，让学生用计数器来计算13－2的结果，理解算理，并认识减法算式中各部分的名称。

（三）闯关游戏、巩固练习

图 6-39 所示为用希沃白板设计的小游戏，通过游戏帮助学生巩固加减法计算，让学生体会到学习的快乐。

图 6-39 闯关小游戏

（四）畅谈收获、总结提升

五、作业设计

任选下面的一个算式，说一个数学故事或者画一幅画。

要求：把算式表达清楚。

10+3=   19-10=   16-2=

六、板书设计

十加几、十几加几和相应的减法

$$10 + 3 = 13 \qquad 11 + 2 = 13$$
$$13 - 10 = 3 \qquad 13 - 2 = 11$$
$$13 - 3 = 10$$

七、教学设计特色

（一）注重幼小衔接，创设活动化、游戏化、生活化的学习设计

本教学设计通过创设简单有趣的情境，提出合适的问题，引导学生发现数量关系，感受数学与生活的密切联系。整个课堂都是以活动、游戏为主，激发学生的学习兴趣，注重学生从幼儿园向小学的过渡。

（二）采用多种方法理解算理及数量关系，感悟数与运算的一致性

本课教学借助数数、摆小棒或画图、计数器等方法理解算理，初步感知算法规律。学生通过具体的操作活动，体会数的认识与数的运算的密切联系，即数的认识是数的运算的基础，通过数的运算可以更好地认识数，感悟数与运算的一致性。

借助想象，感悟艺术魅力

——《月光曲》第二课时说课

崔世佳

一、指导思想与理论依据

《义务教育语文课程标准（2022 年版）》指出，"文学阅读要引导学生在语文实践活动中，通过整体感知、联想想象，感受文学语言和形象的独特魅力，获得个性化的审美体验"。其中，联想与想象是发展学生思维能力这一核心素养的重要途径。

二、单元整体教学分析

（一）教材内容分析

本单元的语文要素是"借助语言文字展开想象，体会艺术之美"，主要是对学生想象能力的训练和发展。从各年级教学内容编排的角度看，统编教材关于培养学生想象力的语文要素层层递进。从低年级时"借助词语想象"，到中年级时"借助画面想象"，再到高年级时"借助文字想象"，为学生想象能力的发展逐级搭建阶梯。本单元是统编教材中最后一次以"想象"作为语文要素进行训练的单元，是学生发挥想象、表达理解的一次综合运用。

本单元的人文主题是"艺术之美"，习作要求为"写自己的拿手好戏，把重点部分写具体"，它们与单元语文要素一起涵盖核心素养中的思维能力和审美创造这两方面的内容。

本单元紧扣单元人文主题和语文要素，从音乐、绘画、戏曲等不同的角度折射出艺术的魅力，引导学生借助语言文字从不同角度展开想象，进入课文的情境，感受艺术的魅力。

（二）学情分析

大多数学生都具备了一定的想象力，能够初步借助词语或画面展开想象；部分学生有接触乐器、书法、绘画等艺术的经历，对各艺术形式有一定的了解和感悟。

本单元的课文内容与多数学生的生活有一定距离，学生对相关的知识背景、审美和品鉴能力有可能不足。除此之外，学生在低中年级的想象能力训练中仅仅是借助词语和画面展开想象，而在借助语言文字展开想象方面存在一定的困难。

因此，开展本单元的教学时，我着重引导学生根据文字展开想象，通过启发、朗读、补白想象、补充音乐和文字等资料等方式，帮助学生展开想象，形成画面，体会艺术形式的表达效果，并通过配乐朗读、书写片段等方式将自己的想象和理解合理地表达出来。

（三）单元整体教学思路

基于以上分析，我对单元各部分内容进行整合，形成了图 6-40 所示的单元结构。

板块一为"开启艺术之旅"。首先是通过单元导语的学习，让学生明确本单元的语文要素。接着是学习交流平台，落实"做课堂笔记"的方法。最后是学习日积月累中关于艺术的成语，引出本单元的人文主题，并以此为例初步运用"做课堂笔记"的方法。板块二为"感受艺术魅力"。我以人文主题为标准，将《书戴嵩画牛》和《月光曲》的顺序加以调整，形成了四个感受艺术魅力的二级板块。先学习《伯牙鼓琴》和《月光曲》，感受音乐的魅力。再学习《书戴嵩画牛》，感受绘画的魅力，体会绘画和生活的联系。接着学习"词句段运用"第一部分和《京剧趣谈》积累与戏曲有关的词语，通过课文的学习，感受戏曲的魅力。最后学习口语交际《聊聊书法》，感受书法的魅力。板块三为"书写生活艺术"。先学习"词句段运用"第二部分的内容，引导学生体会如何表达得更清楚明白，之后完成单元习作。在此过程中，将语文要素的落实分解到各部分内容的学习中，共同提升学生的思维能力。

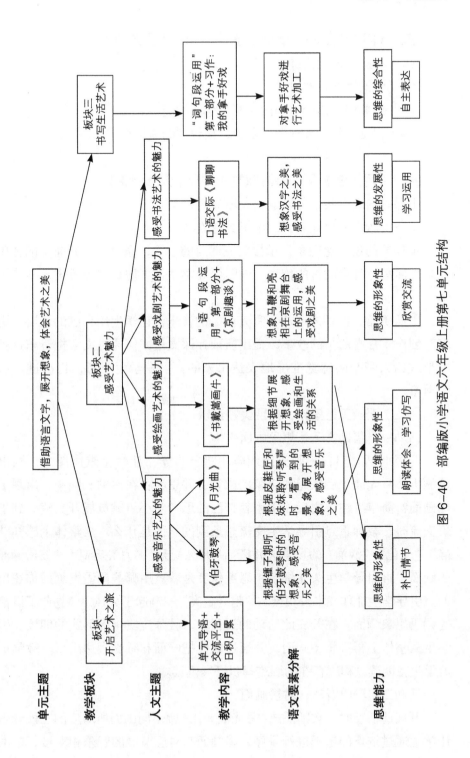

图 6-40　部编版小学语文六年级上册第七单元结构

三、《月光曲》第二课时教学目标和教学重难点

（1）有感情地朗读课文。

（2）背诵第9自然段。

（3）想象课文描绘的画面，感受乐曲的美妙。

（4）根据听到的音乐展开联想，把想到的情景写下来。

四、《月光曲》第二课时教学主要环节及设计意图

本课时的教学共分为以下三大环节。

（一）欣赏《月光曲》，重温美好故事

本环节的设计意图是：承接第一课时的学习，通过《月光曲》的音乐，让学生回忆《月光曲》的传说，同时引导学生带着质疑和思考进入本课时的学习。

上课伊始，教师先播放《月光曲》的音乐，让学生用自己的话讲一讲贝多芬创作《月光曲》的故事，提出质疑：课文是如何通过文字把音乐这种艺术形式给人带来的感觉准确地表达出来的？引发学生思考，再次进行课文的学习。

（二）聚焦美好景象，再现美妙音乐

活动一：借助文字，想象画面

开展此活动时，教师先组织学生进行自学。让学生默读课文，画出兄妹俩听《月光曲》后联想和想象的内容，并思考：在你的头脑中，出现了几幅画面？简单批注。之后，学生就自己的思考与小组成员展开交流。到了全班交流时，教师重点引导学生交流想象到的画面是什么。从整体上感知"平静""变化""汹涌"的场景，并概括"月亮初升""月亮升高""波涛汹涌"的画面。再引导学生关注细节，思考作者是着重用哪些词语把画面描述出来的。引导学生抓住"水天相接""越升越高""刮起了大风""卷起了巨浪"等词语想象画面。在开展此活动的过程中，教师应安排多形式的朗读，引导学生从整体上再次想象画面，并通过朗读把画面和感受表达出来。教师可以就学生在朗读过程中存在的困难择机开展范读。

活动二：聆听音乐，对接画面

开展此活动时，教师播放《月光曲》中三幅不同画面所对应的三段音乐，让学生通过按点的选择进行排序，将画面与对应节奏的音乐相对接，帮助学

生进一步想象画面。学生明确了音乐节奏，就能准确地把握朗读的要点。

活动三：朗读背诵，内化想象

开展此活动时，教师引导学生再次回到文中：作者通过皮鞋匠的想象把无形的音乐用文字表达了出来，将美妙的乐曲展现在我们眼前。让我们再次回到文字中，一起去感受那美妙的《月光曲》吧！通过师生合作朗读，进一步想象画面，读出乐曲美妙的变化。之后，教师引导学生背诵积累。

> 皮鞋匠静静地听着。他好像面对着大海，月亮正从水天相接的地方升起来。微波粼粼的海面上，霎时间洒满了银光。月亮越升越高，穿过一缕一缕轻纱似的微云。忽然，海面上刮起了大风，卷起了巨浪。被月光照得雪亮的浪花，一个连一个朝着岸边涌过来……皮鞋匠看看妹妹，月光正照在她那恬静的脸上，照着她睁得大大的眼睛。她仿佛也看到了，看到了她从来没有看到过的景象——月光照耀下的波涛汹涌的大海。

本课时的设计意图是引导学生聚焦文中想象的语言文字，通过交流、启发、朗读、听音排序等方式帮助学生展开想象，在头脑中建构画面，感受音乐艺术之美，并结合想象的内容背诵积累。

（三）聆听动听音乐，开启想象之旅

开展此活动时，教师三次播放音乐《自然小径》，引导学生根据听到的音乐展开想象。第一次播放，引导学生想象画面中出现了哪些事物。学生可能会想到有流水、小鸟叫声、树木、蓝天、草地、其他小动物……第二次播放，引导学生思考这些事物有哪些特点。学生可能会感受到流水很欢快、小鸟叫声清脆、树木枝叶繁茂、蓝天广阔……第三次播放，引导学生思考这些事物给自己留下了怎样的印象。学生会感受到大自然的生机勃勃，非常美好……接着，让学生闭上眼睛梳理想象到的事物和画面，并写下来。之后，学生展示交流，分享自己的作品，同学互评，感受奇妙的想象世界。最后，教师小结：希望大家以后能多思考、多想象，探索出更加神奇、更加自由的世界。

本环节的设计意图是：承接上一环节的学习任务，让学生充分借助语言文字展开想象，体会想象和音乐艺术的魅力后，聆听课外音乐资源，展开想象，在头脑中建立画面，并通过文字的形式表达出来，进一步体会想象的趣味和艺术的魅力。

五、作业设计

（1）将自己课上的写作片段讲给父母听。

（2）听一听自己喜欢的音乐，展开联想和想象，把想到的情景写下来。

六、板书设计

月 光 曲　　想象

月亮初升　　舒缓

月亮升起　　增强

波涛汹涌　　激烈

七、本设计的主要特点

（1）站在单元整体角度进行教学设计。

（2）实现音乐艺术和语文课堂的深度融合。

（3）落实核心素养。

（4）重视多种形式的朗读。

（5）实现信息技术和语文课堂的融合。

对比中外传统节日，提升思维品质，构建多元文化视角

——"I love different traditional festivals"单元整体说课

高　艳

一、指导思想与理论依据

《义务教育英语课程标准（2022年版）》将英语课程目标由能力发展转变为学科育人。即在主题意义引领下，注重发展学生英语语言运用能力，同时帮助学生理解、鉴赏中外优秀文化，培育爱国情怀，坚定文化自信，拓展国际视野，增进国际认识，提升跨文化沟通能力、思辨能力和创新能力。

基于此，教师在本单元采用单元主题教学，以节日为主线，充分挖掘教材承载的文化内涵和发展学生思维品质的关键点。通过对中西方传统节日的鉴赏、归纳、梳理和比较，培养学生思维的逻辑性、深刻性和批判性，加深对文化异同的理解，引导学生正确对待不同文化，防止盲目效仿，帮助学生坚定文化自信，构建多元文化视角。

二、教学背景分析

（一）教学内容分析

本单元是北京版小学英语五年级上册第3单元 Can you tell me more about the Mid-Autumn Festival?

单元主题：人与社会——中外传统节日

单元题目：I love different traditional festivals.

本单元通过三个对话语篇呈现主要内容：中秋节、重阳节、万圣节。内容既有中国传统节日，又有西方传统节日，侧重于中国传统节日。本单元从

节日日期、饮食、传统方面展开介绍。

纵观北京版小学英语教材，节日话题贯穿始终，内容包含传统节日和现代节日。不管是哪个民族的哪种传统节日，都是经过该民族长期的历史积淀而形成，并随着社会的发展而不断演变和丰富的。民族传统节日反映了一个民族的性格、心理、信仰、思维方式和审美情趣，是极具特色的文化。

本单元是小学阶段最后一次关于传统节日的系统呈现。三、四年级教材中已经出现了端午节、春节、中秋节的名称，呈现了端午节的传统食物和习俗，阅读故事里也出现过有关春节、中秋节的内容。前几册教材对圣诞节、万圣节、感恩节等西方传统节日都有所呈现（图6-41），但是学生对于传统节日的认知是分散的、零碎的，还没有形成整体的概念，并且对中国另外一个非常重要的传统节日——清明节，教材很少涉及，需要教师予以补充。春节作为中国重要的节日，在小学阶段出现多次，但是缺乏系统梳理、整理归纳。

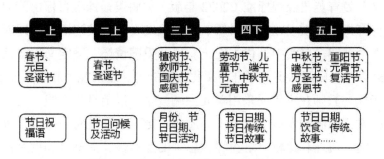

图 6-41 北京版小学英语各册节日话题

因此，作为小学阶段最后一个学习传统节日的单元，教师很有必要在之前节日学习的基础上，进一步挖掘传统节日意义和内涵，帮助学生从日期、食物、传统、故事、由来等方面来系统梳理、总结、归纳中外传统节日，并且引导学生对中西方传统节日进行鉴赏、归纳、梳理和比较，培养学生思维的逻辑性、深刻性和批判性，加深学生对文化异同的理解，引导学生正确对待不同文化，防止盲目效仿，帮助学生构建多元文化视角，坚定文化自信。基于此，我把本单元的题目修改为"I love different traditional festivals".

（二）教学内容之间的关系与地位

L9 的主要内容是中国传统节日中秋节 The Mid-Autumn Festival。课文对话情景是 Lingling 和 Sara 在做月饼，Lingling 向来自美国的 Sara 介绍了中秋节的农历日期，和人们团聚、赏月、吃月饼的习俗。

L10 的主要内容是重阳节。课文对话背景是 Mike、Lingling 和 Yangyang 在展览馆里欣赏图画作品，Lingling 和 Yangyang 给 Mike 介绍中国的传统节日——重阳节。

L11 的主要内容是万圣节。课文对话背景是 Maomao 看到 Mike 在做南瓜灯，来自加拿大的 Mike 向 Maomao 介绍了西方小朋友很喜欢的一个传统节日——万圣节。教材 Storytime 中有一篇关于万圣节象征物的文章，可以合并到本课时中。

其中 L9 的内容学生在三四年级时都有接触，教师在本节课中可带领学生初步搭建思维导图框架。L10 重阳节教材之前没有涉及，教师可引导学生参考思维导图框架探究重阳节。根据单元整体分析，在 L10 之后，教师为学生增加了简单介绍清明节和梳理春节的内容，学生可利用思维导图自主构建清明节、春节的内容。随后的西方传统节日，可以让学生灵活利用思维导图构建。本单元教师尝试带领学生制作 Lapbook（折叠主题书），其中包括每一个节日的思维导图。

最后增加一课时，让学生利用手中的 Lapbook，对比中西方传统节日的思维导图，发现中西方传统节日在日期的选择、习俗以及习俗背后的原因等方面都各不相同。

（三）学情分析

本单元的主题是中外传统节日。通过课前与学生交流，发现学生非常熟悉传统节日，也比较喜爱过节，且都有庆祝节日的经历，同时在语文课本中的文章、古诗也学习过中国传统节日的一些相关内容。学生对于传统节日的认知是分散的、零碎的，还没有形成整体的概念。一些学生对农历不是很了解，对节日的习俗知道得也不全面，并且有些表达节日故事、传统的语言支撑不够，不能把自己的真实想法用英语表达出来。个别学生盲目崇拜西方节日，觉得好玩，能收到礼物，对节日背后的文化内涵缺乏深刻思考。

因此，课堂上教师要引导学生绘制思维导图，制作 Lapbook，帮助学生有逻辑地对节日进行表达。教师还要丰富传统节日内容，给学生提供相关的语言支持，帮助学生进行表达。同时引导学生对比中外传统节日，培养学生思维的逻辑性、深刻性和批判性，提升文化自信。

三、单元教学总目标

（一）单元总目标

1. 理解本单元三个对话的内容并能正确朗读对话。

2. 借助思维导图，能从日期、饮食、传统、故事等方面介绍中外传统节日。

3. 思考传统节日文化的内涵和意义，探讨文化认同、文化传承。

4. 对比中外传统节日，加深对文化异同的理解，构建多元文化视角，坚定文化自信。

（二）教学重点

借助思维导图，能从日期、饮食、传统、故事等方面介绍中外传统节日。

（三）教学难点

对比中外传统节日，加深对文化异同的理解，构建多元文化视角，坚定文化自信。

四、分课时教学目标及课时安排

通过对教材的深度分析、梳理、整合和编排，围绕"中外传统节日"，可将本单元分为五个活动，共五课时（图6-42）。

图 6-42　单元整体思路

课时目标：

第一课时（L9）：学生能够

1. 在"谈论中秋节"的文本语境中理解并正确朗读对话内容。

2. 借助思维导图，介绍中秋节饮食、农历日期、传统活动、相关故事等信息。

3. 丰富中秋佳节文化内涵，感悟中秋文化。

第二课时（L10）：学生能够

1. 在"谈论重阳节"的文本语境中理解并正确朗读对话内容。

2. 借助思维导图，介绍重阳节饮食、农历日期、传统活动、相关故事等信息。

3. 通过延伸阅读，丰富重阳节文化内涵，领悟"敬老孝亲""健康长寿"的重阳文化。

第三课时：学生能够

1. 通过视听、读的活动，获取有关清明节、春节的信息。

2. 绘制思维导图，介绍清明节、春节饮食、日期、传统活动、相关故事等信息。

3. 通过梳理，感悟春节"团圆、兴旺、对未来寄托新的希望"的节日文化。

第四课时（L11）：学生能够

1. 在"谈论万圣节"的文本语境中理解并正确朗读对话内容。

2. 绘制思维导图，介绍万圣节日期、传统活动、相关故事等信息。

3. 丰富万圣节文化内涵，感悟"祭祀亡魂、狂欢"文化。

第五课时：学生能够

1. 利用每课时思维导图形成的 Lapbook，深刻对比中西方传统节日在名称、日期、起源、习俗以及习俗背后原因的相同和不同之处。

2. 用英文介绍自己喜欢的一个或几个传统节日，并说明原因。

3. 通过对比，建构多元文化视角，感悟中华传统文化的博大和精深，坚定文化自信。

每一课时的目标都为单元总目标服务。每一课时在 Lapbook 中形成一页思维导图，它既是学习工具，又是对单元总目标的分解，还是对学生学习效果的评价，更是学生单元主题学习的成果集。

五、主要教学过程

第五课时（前四课时略）

（一）教学目标

1. 利用每课时思维导图形成的 Lapbook，对比中西方传统节日在名称、日期、起源、习俗以及习俗背后原因的相同和不同之处。

2. 用英文介绍自己喜欢的一个或几个传统节日，并说明原因。

3. 通过对比，构建多元文化视角，感悟中华传统文化的博大精深，坚定文化自信。

（二）教学重点

1. 对比中西方传统节日名称、日期、饮食、起源、习俗以及习俗背后原因的相同和不同之处。

2. 用英文介绍自己喜欢的一个或几个传统节日，并说明原因。

（三）教学难点

用英文介绍自己喜欢的一个或几个传统节日，并说明原因。

（四）教学过程

1. 视频。

教师播放一段视频，里面包含一些节日图片，让学生快速说出节日名称。

【设计意图】以优美的视频导入，激发学生的学习兴趣，将学生带入学习情境。

2. 分类。

T: Wow! We learned so many traditional festivals. PPT 上呈现出这些节日名称。

T: Can you divide them into two parts? Which two parts?

让学生在屏幕上拖曳分类，并说出自己分出的类别。

T: Do you know which countries celebrate these festivals? 学生思考，小组讨论。

T: These are Chinese traditional festivals. Chinese people and some people in Korea（韩国）and Vietnam（越南）celebrate them too.

These are western traditional festivals. People in America, Canada and the Europe celebrate them.

【设计意图】让学生再一次把小学阶段学习到的传统节日分类，了解哪些国家过这些节日，帮助学生构建中外传统节日的概念。

3. 对比。

教师带领学生在小组内讨论中外节日的不同。

What are the differences?

（1）对比名字。

T: First, Pay attention to the names of the festivals.

学生小组内讨论交流，分享。

T: Chinese festivals are usually named after seasons. For example, "春节" "中秋" "冬至"，Why?

学生讨论为何中国节日都与季节相关。

T: Chinese traditional festivals have a strong agricultural culture. Farmers value the seasons to grow crops.

And the western festivals are related with the region.

【设计意图】通过名称对比，让学生了解中国传统节日具有浓厚的农业色彩，节日的名字很多都和季节相关。西方节日大多与宗教相关。

（2）对比日期。

Pay attention to the dates of the festivals.

询问学生这些节日的日期，并板书下来，让学生观察、分析、小组讨论。

学生发表自己的看法。

S: Chinese traditional festivals are in Chinese calendar.

Western festivals are in the Gregorian calendar.

学生遇到不会表达的地方，教师予以帮助。

T: Chinese festivals are on 1.1, 5.5, 7.7, 9.9, 1.15, 8.15.

Do you find it? It's very funny.

引导学生关注中国节日的日期数字。

【设计意图】通过日期对比，学生知道中国的节日根据农历日期来定，并且古人认为1、3、5、7、9是阳数，比较吉利，所以重要的节日时间也选在这些日期，并且是重复的，如五月初五，九月初九等。另外，古人的一些节日也会选在一个月的中间，即第15天。

（3）对比特殊饮食。

T: We Chinese have special food for each festival.

What do we eat on these festivals?

S: We eat... .

T: There is not so special food for the western festivals.

（4）对比习俗形式。

学生小组内讨论，教师梳理。

T: People also do different things during different festivals.

Chinese usually celebrate the traditional festivals with their families. We do things together. We eat around a round table. We think family is very important. We do things for the old people and our ancestors.

Western people don't do this like Chinese. They usually talk or dance with friends and families. They have fun.

【设计意图】通过对中西方节日习俗形式的对比，学生了解到中国传统节日以吃喝饮食为主，通常以家庭为单位进行，注重大团圆。西方节日以玩乐为主。

4.介绍自己喜欢的节日。

学生拿出本单元每课时作品形成的 Lapbook，小组内展示。

T: Which festival do you like best? Why?

学生小组内手持 Lapbook，介绍自己最喜欢的节日。

挑选一些学生用 Lapbook 介绍自己最喜欢的节日。

5. Homework.

Show the Lapbook to your parents and tell them your favorite festival.

六、教学效果评价

（一）口头评价

（二）Lapbook 评价

在每一课时，学生都在 Lapbook 中完成相应的内容。通过手工主题书的展示，教师可以检查学生的学习效果，了解其是否达成课时目标和单元目标。

七、设计特点

（一）学生手工制作主题书 Lapbook，梳理归纳主题内容

在本单元，教师尝试带领学生一起制作以 "Different Traditional Festivals" 为主题的 Lapbook。Lapbook 是在一些欧美国家广泛应用的一种主题式学习

方式。它是把围绕一个主题的一系列相关资料，汇总后以立体的形式展现出来。每节课的 Lapbook 归纳、记忆知识点，还作为展示板来做演讲。它是以主题为目标的重要学习工具，有趣好玩。学生在活动中归纳了知识，锻炼了逻辑思维能力和创新意识，还展示了主题引领下的学习成果（图 6-43、图 6-44）。

图 6-43　学习成果（1）

图 6-44　学习成果（2）

（二）对比中外传统节日，提升思维品质，建构多元文化视角

在本单元，教师挖掘教材中关于节日习俗以及成因，引发学生深度思考，让学生知道在节日里人们做什么，并简单了解为什么人们这么做，感悟中国文化的深厚内涵。通过对中西方传统节日进行鉴赏、归纳、梳理和比较，培养学生思维的逻辑性、深刻性和批判性，加深对文化异同的理解，引导学生正确对待不同文化，防止盲目效仿，使学生坚定文化自信，促进学生的语言能力、思维品质和文化意识同步形成。

基于单元主题，借助思维导图，发展学生语言能力

王燏鹂

一、指导思想与理论依据

《义务教育英语课程标准（2022 年版）》指出，英语课程要以核心素养为统领，确定课程目标和选择课程内容。我基于英语核心素养的语言能力、文化意识、思维品质和学习能力四方面，通过学习理解、应用实践和迁移创新等活动，围绕单元主题 travel plan 进行了整体分析设计。

在本课中，学生深入了解了中国的一些名胜古迹和优美的自然风光，加深了对中华文化的认同，增强了爱国之情和民族自豪感，落实了立德树人的根本任务。学生对三个国家的文化特色和著名建筑的了解，拓宽了国际视野，体现了英语教学的工具性和人文性的统一。通过文化对比，学生加深了对中华文化的理解，坚定了文化自信。

二、教学背景分析

（一）教材分析

本课出自北京版小学英语五年级上册第七单元。本单元的主题为 Travel Plan，包括三个对话语篇，分别是：第 23 课 Lingling 在去成都前和 Baobao 谈论旅行目的地和交通方式。学生要会使用 Are you going to...by ...? No, We're going by... 谈论自己去某地和将要乘坐的交通工具。第 24 课 Lingling 在飞往成都的飞机上，和男孩 Tom 谈论去成都要做的事情。学生要会使用 What will you do in ...? I will ... 谈论自己在某地将要做什么。第 25 课 Lingling 在成都和家人谈论一日行程和时间安排。学生要会使用 What time are we going to ...? We are going to ...at... 谈论一日行程的时间安排。

在本单元，学生通过对名胜古迹和优美自然风光的了解，学会设计自己

的 travel plan 并进行介绍。书后 Storytime 的第5、6、7篇分别介绍了美国纽约、英国伦敦和加拿大的特色文化及标志性建筑，为学生制定 travel plan 提供了素材。在学完第23课后，教师安排学生泛读这三个语篇。

（二）课时分析

在第23、24、25课中，学生要学会选择出行目的地、交通方式和行程安排。在第26课中，用第三人称介绍 Lingling 旅行的语篇。学生综合运用本单元知识，学会制定 travel plan 并进行介绍。根据以上分析，本单元分为4课时，书后的 Storytime 在第23课后作为泛读材料使用。

（三）学生分析

1. 知识储备。

五年级学生在语言知识层面有了一定的积累，学过一般将来时及交通方式的表达。他们第一次接触 travel plan 话题，对部分知识表达较弱，如选择某种交通方式的原因、旅行地可开展的具体活动以及连贯时间内具体的活动安排。

2. 认知特点。

五年级学生自我意识有所增强，对很多事情都有自己的想法和打算。对英语兴趣较高，乐于表达自己的想法，也具备了一定的推理预测和表演的能力。在这一阶段，学生由具体思维逐步向抽象思维过渡。思维导图这种形象化的方式，可帮助学生梳理旅行计划并有条理地进行谈论。

三、教学目标和教学重难点

（一）教学目标

1. 学生能够获取并梳理旅行计划的目的地及在当地计划做的事情。

2. 学用 What will you do in ...? I will ...，谈论自己在某地将要做什么。

3. 继续完善 travel plan 的建构，能够确定自己的出行目的地和在当地要做的事情。

（二）教学重点

学生能够听懂、理解对话内容，同时能用 "What will you do in...? I will...." 进行询问并表达在某地方计划做某事。

（三）教学难点

学生能够确定自己的出行目的地和在当地要做的事情。

四、教学流程

（一）导入

1. 学生回忆 Lingling's travel plan.

T: Can you say sth. about Lingling's travel plan?

S: She will.../She is going to....

2. 教师呈现思维导图（图 6-45），请学生描述 Lingling's travel plan。

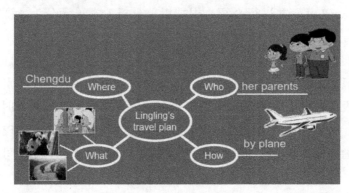

图 6-45　思维导图

T: She got the ticket and set off with her parents. What will happen next?

【设计意图】学生回忆 Lingling 的旅行计划，教师出示 mind map，帮助学生梳理制订旅行计划要考虑的目的地和选择的交通方式等，然后导入本课内容。

（二）学习理解

1. Look and say.

呈现主题图，观察对话场景，预测人物话语。

Where are they?

Who is next to Lingling?

The air hostess is coming with some drink. What will she say?

2. Watch the video and check the answer.

观看无字幕动画，整体理解对话内容。

Where are they? How do you know that?

What are they talking about?

3. Watch the video again and get Tom's plan.

再次观看动画，获取男孩 Tom 的旅行计划的具体信息。

Step 1: Answer the questions and check

Where is Tom going?

Who is going with him?

What will he do in Chengdu?

Who will pick him up in Chengdu?

学生回答，教师板书，逐步构建 mind map。

了解 Lingling 对男孩的看法，说说自己的看法。

What does Lingling think of the boy? How about you?

Step 2: 细节学习

教师讲解图片，学生感知和理解 "alone" "pick up" "brave"并内化语言。

【设计意图】观察对话场景，预测人物话语。通过两次观看动画，学生获取对话中的关键信息，对男孩的出行计划更加了解。鼓励学生根据自己的生活经历，真实表达自己对人物的观点和看法。

（三）应用实践

1.Watch and repeat.

跟读课文，并分角色朗读。

Now we know their travel plans. Hope they have a good trip.

Let's read together. Let's read it in groups.

【设计意图】通过跟读练习，引导学生模仿语音、语调，获取正确的语言输入。通过角色朗读，为后面转述男孩出行计划提供语言支持。通过小组合作表演，增强学生团队合作精神并保持英语学习兴趣。

2.Let's retell.

教师呈现 travel plan 的思维导图（图6-46），引导学生把对话转化为小短文（图6-47）。

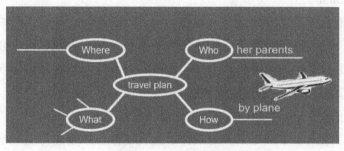

图 6-46　思维导图

Let's retell

The young man is going to Chengdu. He is travelling alone but his cousin will pick him up in Chengdu. He will visit Du-jiang-yan and see the pandas.

图 6-47   小短文

【设计意图】学生内化语言知识，深入理解语篇，为制定自己的 travel plan 做好铺垫。

3. Let's listen and match.

Step 1: 出示人名，学生认读这些人名。

We know Lingling will go to Chengdu.

Let's see where her friends are going.

Kelly, Pat, Jill and Kim

Step 2: 在中国地图中呈现书中的著名景点，认读并了解所在省市。

Du-jiang-yan, Mount Tai, the Mogao Caves, the Potala Palace, the Great Wall

Step 3: 教师播放录音，学生完成人物与所去地点的匹配。

Step 4: 核对答案，鼓励学生完整复述录音内容。

【设计意图】将四个人物设为 Lingling 的朋友，实现自然过渡。学习山东、甘肃、西藏的著名景点表达，为学生制定 travel plan 提供语言支撑。然后通过完成连线，了解学生的掌握情况。

（四）迁移创新

1. 师生交流，拓展思维。

教师呈现 Sichuan Du-jiang-yan 的地图，问学生：What else places do you know in Sichuan？

学生根据已有生活经验，踊跃发言，拓展思维。同样，教师可询问山东、甘肃、西藏的其他景点和其他省市的风景名胜，例如台湾，教师出示图片进行介绍。对于其他著名景点，学生课后查询资料，教师引导学生自主学习，为完成 travel plan 进行语言积累。

2. 学生确定 travel plan 的目的地，进一步构建 mind map。

【设计意图】本部分主要是发挥学生自主性，结合生活实际选择一个旅行目的地，以及要做的事情，和同学进行交流。

（五）小结

1. Let's summarize.

回顾本课重点内容，完善制订旅行计划要考虑的重要因素。

2. Homework.

听录音，跟读对话。

根据所学，制订一份你的假期旅行计划。

五、教学效果评价

（一）教师评价

教师通过语言、手势、眼神和奖励贴纸及时对学生进行评价。

（二）学生自评

1. 口头及时评价。

例如：学生在表演对话后，教师就可以引导学生进行自评，What do you think of yourself ？或者从 A. I'm great.　B. Just so so.　C.I will do it better. 自选一个等级进行评价。

2. 填写每课的自评表进行评价。

（三）学生互评

学生小组表演后，其他同学进行评价。具体从准确性、流畅性、情感表达、合作性四方面给表演者打分。

六、设计特点

（一）学科育人，落实核心素养

教会学生在实际生活中制订旅行计划，增强做人做事的能力。丰富学生国内外的旅游知识，增强文化认同，坚定文化自信。

（二）教学层次分明

从目标制定到教学过程实施，学习理解、应用实践、迁移创新三个活动，层次非常清晰。

（三）主题引领，单元整体教学

基于整个单元进行教学设计，学生的真实交际任务从第23课开始贯穿整个单元，逐一完成，逐步建构。

体育大课程观下"快速跑"教学实践

谢广云

一、指导思想与理论依据

依据《义务教育体育与健康课程标准（2022 版）》，以"健身育人"为指导思想，坚持"健康第一"的教育理念，促进学生健康成长。

落实"教会、勤练、常赛"的要求，提供更多时间让学生主动学练，从"以知识与技能为本"向"以学生发展为本"转变，发展学生核心素养。

结合体育大课程观，通过游戏和比赛的组织形式，发展学生速度素质，提高学生快速跑能力；让学生有目的地玩，有难度地练；按学生体能进行分组，增加练习次数，提高课的密度；让学生在课堂中享受乐趣，培养学生积极向上、奋勇争先、挑战自我、团结协作的体育品德。

二、单元教学背景分析

（一）教学内容分析

快速跑是三、四年级学生基本身体活动中的一项重要内容，是发展学生位移速度的一种重要练习方法。

1.速度素质的内涵、价值。

速度素质是指人体快速运动的能力，包括反应速度、动作速度和位移速度。它是人体一项重要的身体素质和健康指标，对发展学生力量、灵敏协调、心肺耐力等方面具有重要价值。

2.纵向分析。

小学生速度素质发展要比其他素质早，其敏感期如表 6-12 所示。教师在这一阶段对学生进行积极引导，对挖掘学生未来速度的潜力有较大帮助。

表 6-12　速度素质发展敏感期

速度素质	男生	女生
反应速度	9～12 岁	
位移速度	7～14 岁	7～12 岁
动作速度	7～11 岁	

体育大课程观下小学体育教学计划速度素质课时分布如表 6-13 所示，小学阶段速度素质课时占比较大、分布较均匀。教师应根据学生运动技能形成规律、身心发展规律以及核心素养达成度确定教学目标。

表 6-13　体育大课程观下小学体育教学计划速度素质课时分布

（单位：课时）

速度素质水平	水平一	水平二	水平三
第一学期	10	11	11
第二学期	11	11	11

小学阶段速度素质发展总目标：掌握与运用发展速度素质的多种练习方法，能进行展示或比赛，50 米跑、100 米跑成绩显著提升；知道快速跑中的安全事项，将所学的发展速度素质的技能、方法运用到校内外体育锻炼中，形成体育锻炼的意识和习惯；在高强度、大密度的游戏和比赛中能够奋勇争先、积极向上，敢于挑战自我、克服困难、团结协作。

位移速度各水平教学目标如下。

水平一阶段是位移速度发展的第一个快速增长期。学生由神经系统、骨骼肌肉的自然发育过渡到快速发展。应采用中高强度、较大密度的移动性技能的学练和情景游戏来改善和提高神经过程的灵活性，如 30 米走、跑、跳、趣味游戏等，初步体验位移速度的变化，为学生位移的发展和学练专项运动技能打下良好基础。

水平二阶段是位移速度发展的第一个敏感期。学生神经系统发育较快，兴奋性高，肌肉力量有一定提升，应以高强度、较大密度的专项性小练习和趣味游戏为主，如原地高抬腿跑、50 米直线跑、变向跑、趣味追逐跑、让距跑、接力跑等，体验并知道发展位移速度的多种练习方法，进一步发展学生快速跑的能力和身体的协调灵敏性。

水平三阶段是位移速度发展的第二个敏感期，也是巩固提高阶段。学生神经系统灵活性、肌肉力量显著提升，身心发育发展趋近青春期的早期，有较强的竞争意识。应以高强度、大密度的竞争对抗类趣味游戏和比赛为主，如不同姿势的起跑、高抬腿跑、小步跑、较长距离的追逐、变速、障碍、搬物跑，球类活动等，适当增加负荷或阻力，引导学生在展示或比赛中积极运用发展位移速度的多种练习方法，提高体能，全面发展速度素质。

3. 横向分析。

三年级速度素质课时分布如表 6-14 所示，共 22 课时，其中位移速度 8 课时，每学期 4 课时。第一学期以直线跑、变向跑、趣味追逐、接力跑等游戏和比赛发展学生位移速度；第二学期则以一定距离的变速跑、障碍跑、趣味接力、专项运动技能等游戏和比赛进一步提高学生位移速度。

表 6-14　三年级速度素质课时分布

（单位：课时）

速度素质	第一学期	第二学期
反应速度	3	3
位移速度	4	4
动作速度	4	4

本课是三年级第一学期快速跑单元的第二次课。结合水平二阶段学生身心发展特点，本课通过趣味游戏挑战循序渐进地发展学生的位移速度，让学生在规则的指引下，有目的地玩，有难度地练，提高快速跑的能力。

（二）学生情况分析

1. 基本情况。

授课班级为三（2）班，全班 28 人，16 名男生，12 名女生。

2. 身心特点。

三年级学生处在生长发育的旺盛阶段，是速度素质发展的敏感期，学生神经系统发育快，兴奋性高，但骨骼、肌肉、心血管系统发育水平低，注意力容易分散，动作的准确性和协调性较差。该班学生活泼好动，模仿能力较强，喜欢游戏和挑战，有一定的竞争意识，兴奋性较高，但注意力不持久，集体意识较模糊。

3.课前基础。

学生在水平一阶段已经接触了一些位移速度的练习，对于趣味跑、接力等常规练习形式较熟悉，通过反应速度单元的练习，对信号反应、快速判断有一定认知，对快速跑的起跑、加速动作有一定正确表象，为本课学习奠定了良好基础。

根据图6-48所示三（2）班50米跑测试成绩分析，本班达到优秀的有4人，良好的有9人，13人及格，2人不及格。可见大部分学生都有一定的快速跑能力，但整体水平一般。该班有两名学生是校定向越野队成员，身体素质较好，可起带头作用。有两名学生偏胖，在课上需多关注。

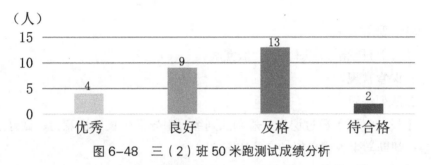

图6-48 三（2）班50米跑测试成绩分析

通过教学背景分析，确定教学策略，以学生发展为本，教师通过趣味游戏、启发引导学生主动学练，提供更多时间让学生充分练习，将个人学练、小组比赛相结合，落实"教会、勤练、常赛"要求，切实提高学生快速跑能力。

三、单元教学计划

（一）单元教学目标

1.运动能力。

积极参与发展位移速度的游戏和比赛，体验并知道发展位移速度的多种方法，能进行展示或比赛，提升快速奔跑能力和身体协调性。

2.健康行为。

了解发展位移速度的重要性，主动参与跑的练习，积极适应游戏和比赛环境的变化，与他人沟通，保持情绪稳定。能将学到的练习方法运用到校内外体育锻炼中。

3. 体育品德。

在有一定难度的活动中能够奋勇争先、积极向上、敢于挑战自我、克服困难、团结协作、遵守规则、尊重对手、接受比赛结果。

（二）教学重点：发展位移速度

教学难点：动作协调自然

（三）单元课次安排

本单元共 4 次课，通过直线跑、变向跑、接力跑的游戏和比赛，引导学生体验不同位移速度、方向的变化，知道发展位移速度的多种练习方法，层层递进，提高学生快速跑的能力。

四、教学过程

（一）开始部分：3 分钟，低强度

1. 课堂常规。

2. 队列练习。

【设计意图】通过课堂常规和队列练习引导学生集中注意力、做好上课准备；帮助学生养成良好的身体姿态。

（二）准备部分：6 分钟，中等强度

1. 小游戏：谁是领头羊？

方法：音乐开始，学生四人一组在场内散点跑动，听教师指令变换位置，如喊 2 号，则 2 号同学快速从左侧到前方领跑。

2. 关节操。

【设计意图】通过小游戏和徒手操带领学生做好课前热身，避免受伤；愉悦身心，调动学生积极性，激发学生上课兴趣；引导学生集中注意力、发展心肺功能，提高学生快速反应、躲闪移动能力。培养学生的规则意识、责任意识。

（三）基本部分：28 分钟，中高强度

1. 幻影移位：5 ~ 6 次，中高强度。

方法：学生按能力水平分组。两两一组相距 20 米，开始时原地做动作（站立式起跑、后踢腿、背向后踢腿、高抬腿、背向高抬腿等），听到哨声后快速冲刺到对面，交换位置，看谁的速度更快。

【设计意图】按体能合理分组，提高竞争性，增加练习次数，将专项素质练习融入游戏中，让学生体会速度变化，提高学生快速反应、疾跑后急停能力。强化学生的规则意识，培养学生积极向上、勇于挑战的体育品德。

2. 狭路相逢：7分钟，3～4次，中高强度。

方法：按能力水平将学生分成四组，分别在两个场地游戏。

两人相向从相距30米的两条端线以各种方式跑到中线附近进行"石头剪刀布"，输的一方转身向两侧距离25米的标志桶快跑，赢的追。在限制区内追到者获胜，超过标志桶未追到则停止追逐。两人分别从两侧慢跑回本组队尾。等待中做原地摆臂练习。

【设计意图】按体能分组，设置学生喜爱的趣味追逐跑，提高竞争性、增强学习兴趣，提高学生快速判断、变向追逐跑的能力。从两侧跑回，增加跑动距离，提高练习强度。引导学生积极适应变化，培养学生勇敢顽强、敢于挑战、尊重对手的体育品德。

3. 你来我往：7分钟，2次，高强度。

方法：学生每四人一小组，相距30米进行游戏，在中线处正着放、倒着放不同颜色的标志盘，一组负责翻倒、一组负责扶正。计时2分钟，看哪组翻（扶）得多。

【设计意图】设置集体竞争游戏，往返接力增加距离，在你来我往中发展学生的心肺耐力，提高速度素质。在活动中保持情绪稳定，培养学生遵守规则、尊重对手、团结协作的体育品德。

4. 趣味追球：9分钟，4～6次，高强度。

方法：学生四人一组进行游戏和比赛。

（1）胯下滚球：学生两脚开立成小山洞，第一人持球向后滚球后转身开立，最后一人接球后从左侧跑到距起点25米的标志桶处跑回起点抛球，其他人原地做5次深蹲。

（2）头上抛球：学生蹲姿准备，最后一名同学向前抛球，第一名同学快速起身追球，持球到达标志桶后，跑到最后抛球，其他人原地做5次蹲起。以此类推。

【设计意图】按体能分组，增加练习次数，提高练习密度；抛接小球和体能小练增加强度，在发展学生上肢力量的同时，提高其眼、手、脚协调配合的能力、提高反应速度、动作速度；在趣味追球中进一步发展学生位移速度，提高综合能力。在游戏中引导学生保持良好心态，适应变化；培养学生的责任意识、配合默契、团结友爱、勇敢顽强的体育品德。

（四）结束部分：3分钟，低强度

【设计意图】通过放松活动拉伸韧带，发展柔韧素质，充分放松身心。小结回顾本课，以激励为主；帮助教师收还器材，养成良好的习惯。

场地器材：篮球场、音响一台、标志桶16个、标志盘32个（红黄色各16个）、小垒球8个。

（五）学习过程评价如表6-15所示

表6-15　学习过程评价

等级	评价标准
优秀	在比赛中获胜8次以上
良好	在比赛中获胜5～7次
再努力	在比赛中获胜4次以下

五、本课教学特色及家庭作业

（一）教学设计特点

1. 环节设计由易到难，由个人、小组到集体学练。

2. 器材简单，易操作、安全有趣。

3. 教师在活动中带着学生有目的地玩，有难度地练，发展学生位移速度，提高快速跑能力。

4. 按学生体能分组，分层学练赛；精讲多练，提高练习密度，增加练习强度。

（二）布置体育家庭作业

1. 打卡"健康能量园区"相应模块练习。

2. 在校内、校外体育锻炼中运用所学练习方法进行自主练习。

第七章 学校章程

北京丰台二中附属看丹小学章程

序言

看丹小学始建于 1925 年。2020 年 8 月 11 日，原人民村小学撤销，并入看丹小学，两校合并后加入丰台二中教育集团，学校更名为北京市丰台区第二中学附属看丹小学，一般称为北京丰台二中附属看丹小学。这是一所公办全日制普通完全小学，学制六年。

第一章 总则

第一条 为全面贯彻党的教育方针，落实立德树人根本任务，坚持社会主义办学方向，坚持党对中小学校的领导，坚持从严从实，全面加强中小学校党的建设，确保正确办学方向，保障学校依法自主管理，根据《中华人民共和国教育法》《中华人民共和国教师法》《中华人民共和国未成年人保护法》《事业单位登记管理暂行条例》《关于全面推进中小学依法治校工作的指导意见》《关于加强中小学党的建设工作的意见》等法律、法规及规范性文件的规定，结合办学实际情况，制定本章程。

第二条 学校法定中文名称：北京市丰台区第二中学附属看丹小学

学校注册地址：北京市丰台区建新路 36 号

学校公众号：丰台二中附属看丹小学

学校地址：北京市丰台区建新路 36 号

学校邮编：100070

第三条　北京丰台二中附属看丹小学由北京市丰台区教委举办，属公益一类事业单位。丰台区委组织部按照有关规定任免学校负责人，丰台区教委依法为学校提供办学经费和资源支持，保障学校办学条件，支持学校依据法律和学校章程独立自主办学，并依法对学校进行监管和考核。因教育发展需要，经审批机关批准，学校可以分立、合并、更名及终止。

北京丰台二中附属看丹小学为全日制公办教育机构，具有事业单位独立法人资格，独立承担民事责任。

第四条　学校经费来源为财政资金全额拨款。

第二章　宗旨和业务范围

第五条　学校坚持以习近平新时代中国特色社会主义思想为指导，坚持马克思主义指导地位，坚持党对教育工作的全面领导，坚持社会主义办学方向，坚持教育为人民服务、为中国共产党治国理政服务、为巩固和发展中国特色社会主义制度服务、为改革开放和社会主义现代化建设服务，扎根中国大地办教育，同生产劳动和社会实践相结合，加快推进教育现代化、建设教育强国、办好人民满意的教育，努力培养担当民族复兴大任的时代新人，培养德智体美劳全面发展的社会主义建设者和接班人，开展小学学历教育。

第六条　学校秉承"理想、科学、勤奋、友爱"的办学传统，发扬"坚韧不拔、志存高远"的办学精神，以"培养尚品中国人"为育人目标，以丰台为名，努力做首都北京的优质教育。

第七条　学校全面实施"阳光文化、简约管理、科学发展"的管理理念，实现内部"民主、科学、专业"的管理。

第八条　学校奉行"教师至上"的管理原则，教师发展目标为人人确立正确的教育观、教学观、学生观和质量观，形成一支结构合理，创新型、学习型、科研型的爱岗敬业的教师队伍。

第三章　党的领导

第九条　经区委教育工委批准，设立中共北京市丰台区丰台第二中学委员会（以下简称"集团党委"），北京丰台二中附属看丹小学属于集团党委第六支部，党组织全面领导学校工作，发挥把方向、管大局、作决策、促改革、保落实的领导职责；支持校长依法独立负责行使职权，保障学校各项工作的顺利进行。

第十条　学校党支部设书记1名，是学校党建工作的第一责任人，主持党支部全面工作。党支部设委员4名。书记、委员按照干部管理权限和基层党组织选举有关规定产生。学校已完成党组织领导的校长负责制改革。凡属学校重要问题和重大事项，须由党支部按照民主集中制的原则集体讨论、作出决定。党支部会议由书记召集并主持。根据讨论的内容需要，不是学校党支部委员会委员的干部可列席会议（党内法规或上级党组织明确规定不适合参加的除外）。根据工作需要，书记可安排其他人员列席会议。

第十一条　学校党委任期履职每届5年，任期内的主要职责如下：

（一）全面宣传贯彻执行党的路线、方针、政策和国家的法律法规，贯彻执行党的教育方针，坚持社会主义办学方向，坚持立德树人，依法治校，依靠全校师生员工推动学校科学发展，培养德智体美劳全面发展的中国特色社会主义事业的建设者和接班人。执行党组织的决议、决定，保证监督党的方针政策和国家的法律法规在本单位的贯彻执行。

（二）把党组织研究讨论作为本单位决策重大问题的前置程序，凡涉及本单位改革发展稳定的重大决策、重要人事任免、重大项目安排、大额度资金使用等事项，需经党组织集体研究讨论决策。

（三）坚持党管干部原则，按照干部管理权限，在选人用人中发挥领导和把关作用，履行把握选人用人条件、提出建议人选、组织推荐考察或公开选聘、研究任用、加强管理监督、培养后备人才、讨论决定学校内部组织机构的设置及其负责人的人选，依照有关程序推荐校级领导干部和后备干部人选，做好老干部工作等职责。

（四）坚持党管人才原则，讨论制定人才工作政策措施，创新人才工作体制机制，优化人才成长环境，会同有关部门做好各类人才培养、引进、使用、管理、服务和奖惩工作，对教职工聘用考评、职称评审等提出意见。

（五）领导学校德育工作。坚持立德树人、德育为先，做好思想政治工作和意识形态工作，开展社会主义核心价值观教育。掌握学校意识形态工作的领导权、管理权、话语权。维护学校安全稳定，促进民主和谐校园建设。加强学校文化和精神文明建设，培育形成良好校风教风学风。

（六）做好党员发展、教育、管理工作，发挥党组织的战斗堡垒作用，强化党员先锋模范作用，加强党支部自身建设。完善学校党组织设置和工作机制，增强政治功能，提升组织力，扩大党内基层民主，做好发展党员和党员教育管理监督工作。

（七）履行全面从严治党主体责任，领导学校党的纪律检查工作，落实党风廉政建设主体责任，做好违纪违法问题的预防、监督和查处，营造风清气正的校园政治生态。

（八）领导学校工会、共青团、少先队等群团组织和教职工代表大会，做好统一战线工作。

（九）讨论决定其他事关师生员工切身利益的重要事项。

第十二条　学校党支部书记主持党组织全面工作，负责组织党的重要活动，督促检查学校党支部决议贯彻落实情况，推动党政工作深度融合。支持校长开展工作。

学校党支部书记的职责如下：

（一）学习宣传贯彻习近平新时代中国特色社会主义思想，学习宣传贯彻党的理论和路线方针政策及上级的指示决议。

（二）主持研究由党组织决策的涉及学校改革发展稳定的重大事项和重要问题，主持制定和组织实施学校党的建设以及思想政治工作、德育工作的长远规划和年度计划，负责督促检查党组织决议的贯彻落实。

（三）负责学校领导班子自身建设，主持理论学习及其他重要会议，落实谈心谈话等制度，做好班子成员的思想政治工作。

（四）按照干部管理权限，负责组织学校干部的选拔、使用、教育、培养、考核和监督，按有关规定向上级党组织推荐干部。

（五）履行全面从严治党第一责任人职责，落实意识形态工作责任制，履行抓德育和思想政治工作主体责任，抓好党风廉政建设，抓重要工作推进和难点问题破解，指导基层党组织和党务工作者认真履职，不断提高党的建设质量。

（六）召集和主持学校支部委员会、党员大会及其他党的重要会议，代表学校党组织定期向党员大会及教工委报告工作。

（七）负责协调学校党、政、群团组织负责人之间的关系，支持校长依法独立负责地行使职权。

（八）履行党章等党内规章制度规定的其他职权。

第十三条　学校支部委员会议事规则。学校支部委员会是学校最高议事决策机构。凡属学校重要问题和重大事项，须由党支部按照民主集中制的原则集体讨论、作出决定。

（一）党支部委员会的议事范围：

1. 党和国家的路线、方针、政策以及上级有关重要会议、文件和重要指示精神的贯彻落实。

2. 向上级党组织呈送的重要请示、报告，讨论通过集团党委会的重要决议、决定、通知。

3. 审查事关学校发展和全局的重要事项，主要包括学校章程、学校发展战略、规划及年度工作计划、办学规模、招生计划、学科设置、科研规划、校园规划与建设、学校改革方案等。

4. 学校党的建设、宣传和思想政治工作、党风廉政建设和精神文明建设等重要问题；统战工作、离退休干部（职工）工作、教代会和群团组织建设的重大问题。

5. 学校的基本管理制度和重要规章制度的制定、修改和废止，学校领导班子工作分工。

6. 学校的人事编制、内部机构的设置及调整；中层干部任免、调动、奖惩、考核和监督，干部教育和后备干部队伍建设工作；依照有关程序推荐校级领导干部和后备干部人选；校级学术机构、各类委员会、领导小组的确立及调整；区级以上党代会代表、人大代表和政协委员候选人的推荐。

7. 学校人才队伍建设规划与重要举措，人才引进计划，评职、晋级、考核中的师德把关等重要问题；按照人事管理权限，研究教育教学和管理人员的调进或调出。

8. 学校年度财务预决算，大额资金使用；学校一万元及以上的资金支出、一万元及以上基建项目的立项和建设等重大问题；重要资产管理工作中的重大问题。

9. 事关师生员工切身利益的重要事项，涉及学校安全稳定的重要问题和重大突发事件的处理。

10. 学校的重大奖惩事项，向上级推荐的先进集体或个人，对出国人员进行政审。

11. 其他必须由党组织委员会讨论决定的重要问题和事项。

（二）支部委员会由书记召集并主持，不是党支部委员的部门负责人可列席会议（党内法规或上级党组织明确不适合参加的除外）。根据工作需要，支部书记可安排其他人员列席会议。

（三）支部委员会一般每周召开一次，遇有重要情况可随时召开。会议须有三分之二以上成员到会方能召开。

（四）会议议题由支部委员会委员提出，提前报书记确定。对未列入议题的临时动议，会议不予讨论。支部委员会议事时，应一题一议，逐项讨论通过。议事的基本程序是：

1. 由提出议题的书记或委员就议题做汇报。

2. 对于会议的议题，相关人员可做必要的解释说明。

3. 参加会议的成员根据汇报说明，结合各自分工充分发表意见。

4. 对讨论的议题意见在基本一致的基础上，可进行表决。

（五）进行表决时，以超过应到会人员的半数同意为通过。表决可视情况和有关规定，采取口头、举手、无记名投票或记名投票等方式进行。会议决定多个事项，应逐项表决；如原事项被否决，不能临时提出新方案要求表决。讨论干部任免议题，要逐个进行表决；如原人选被否定，不能临时动议其他人选，应按规定程序考察后重新提出人选。

（六）讨论决定问题时，执行少数服从多数的原则。对于少数人的不同意见，应当认真考虑。对各种意见和主要理由应当如实记录。如对重要问题发生争论，赞成与反对的人数接近，除了在紧急情况下按多数意见执行外，应暂缓作出决定，待进一步调查研究、分析论证、交换意见后，提交下次会议讨论决定；在特殊情况下，也可将争论情况向上级党组织报告，请求裁决。

（八）坚持科学决策、民主决策、依法决策。讨论决定学校改革发展稳定的重大问题，应在调查研究基础上提出建议方案，必要时进行风险评估，并经行政会进行前置研究后，再提交支部委员会讨论决定。对事关师生员工切身利益的重要事项，应通过教代会或其他方式，广泛听取意见建议。对干部任免建议方案，在提交支部委员会讨论决定前，应进行充分酝酿。

（九）决策执行

1. 分工组织落实。行政会要研讨、布置支部委员会议决事项的落实，按照职责分工组织实施。遇职责分工有交叉的，由支部委员会明确一名成员牵头负责。

2. 严格执行决策。个人对集体决策有不同意见的可以保留，但在没有作出新的决策前，应无条件执行，并不得在其他场合发表与之相悖的言论。

3. 有关决策调整。个人不得擅自改变集体决策，如遇重大突发事件和紧急情况做出临时处置的，应在事后及时向上级报告。因不可抗力或者决策依据、客观条件发生重大变化而导致决策目标部分或者全部不能实现的，必须重新按集体决策程序进行集体复议，重新作出决定，并按新的决定执行。

第十四条　本单位为党组织活动提供必要条件，保障组织机构、活动场所和活动经费，将党建工作经费列入本单位年度经费预算，充分保障党建工作实际需要。

第四章　管理层
第一节　校长

第十五条　学校设校长1名，是学校教育教学和行政管理的第一责任人，在党支部领导下，贯彻党的教育方针，组织实施学校党支部有关决议，行使国家法律法规规定的各项职权、全面负责教育教学、科学研究和行政管理工作，并承担主要行政责任和相应法律责任。

第十六条　实行党组织领导的校长负责制。校长负责管理学校的全面责任，必须自觉遵守市、区教育主管部门对校长的要求和规定。

第十七条　校长依法行使下列主要职权：

1. 组织拟订和实施教育学校发展规划、重大教育教学和招生考试改革措施、重要行政规章制度、基本管理制度、重要办学资源配置方案。组织制定和实施具体规章制度、年度工作计划。

2. 组织拟订和实施学校内部组织机构的设置方案、教师和人才工作政策措施。依据有关规定提名学校内部机构负责人、聘任与解聘教师以及内部其他工作人员。

3. 组织拟订和实施重大基本建设、财务预决算和维护学校安全等方案。加强财务管理，保护学校资产，做好学校安全防范工作。

4. 组织开展教学、科研活动，严格执行课程方案和教学计划，树立正确的人才观和先进教育理念，推动供给侧结构性改革，减轻学生过重的课业负担，创新人才培养机制，切实提高育人品质。负责组织招生考试工作。

5. 组织开展思想品德教育、体育、美育和劳动教育，开齐开足各类课程，合法合规选用教材，促进学生德智体美劳全面发展。负责学生学籍管理并实施奖励或处分。

6.组织开展各类交流与合作，依法代表学校与各级政府、社会各界和境外机构等签署合作协议，开展合作交流。

7.定期向党支部报告重大决议执行情况，向教代会通报工作，支持学校各级党组织、民主党派基层组织、学术组织、群团组织开展工作。

8.主持行政会，决策、协调、处理学校行政工作中的重要事项。

9.履行法律法规和本章程规定的其他职权。

第二节 行政会

第十八条　校长通过召开行政会处理前款规定的有关事项。行政会是学校行政议事机构，由校长召集并主持，校领导参加，议题由学校领导班子成员提出，校长确定。校长应充分发扬民主，在广泛听取与会人员意见基础上，对讨论研究的事项作出决定。

第十九条　学校行政会的议事范围：

1.贯彻执行党的路线方针政策和国家法律法规，传达落实上级有关行政工作的重要指示、决定或会议精神，研究制定相应的实施意见。

2.落实党组织关于学校办学方针、指导思想、学校发展规划、校园建设、年度经费预（决）算方案、学科与人才队伍建设规划、年度工作计划、学校改革、发展、稳定等重大问题的预案、制定具体规章制度、办学规模和年度招生计划等。

3.审定以学校行政名义发布的涉及学校行政工作全局的政策性文件，上报主管部门的重要文件、报告和请示，以及典型材料等。

4.组织制定教学活动、科学研究、思想品德教育和素质教育活动的实施方案，检查评估教学质量和科研成果。

5.对学校日常行政工作中的重大问题进行决策和部署落实。

6.研究拟订和实施行政组织机构的设置或调整方案、专业技术职务聘任方案、人才引进和培养计划；聘任、解聘教师和其他工作人员；审议教职工的收入分配、福利待遇、考核方案及奖惩等重要事项。

7.拟订和执行学校年度经费预（决）算方案；拟订预算内大额度资金使用方案，加强财务管理和审计监督。

8.拟订和实施基本建设规划、重大基建项目、大型维修项目、大宗设备购置以及校办产业重大项目的建设计划；研究处置和管理校产、维护学校合法权益的重要事项。

9.审议与国内外校际交流合作、开展社会服务等事项。

10.讨论处理学校教代会、群团组织和行政机构有关工作的提案；审定涉及学生权益的重要事项。

11.决定学校的校历安排、重大活动和庆典的安排。

12.其他须提交学校办公会讨论决定的事项。

第二十条　行政会由校长召集并主持。校长不能参加会议的，可以委托副校长召集并主持。会议组成人员为校长、副校长及其他行政干部。议题相关部门负责人可以列席会议；涉及师生切身利益的重大议题可以邀请师生代表列席。

第二十一条　行政会一般两周举行一次，如遇特殊情况可以临时举行。会议须有半数以上成员到会方能召开。

第二十二条　行政会议题需提前报校长批准。未列入会议的议题，一般不临时动议。在审议议题时，如意见分歧较大，需待条件成熟后再审议。研究人事、职称及奖惩等事项时，应执行回避制度。

第二十三条　行政会作出的决定，应当得到维护，会议决定的事项如需变更、调整，须经校长同意后，由行政会重新复议。

第二十四条　遇到特殊或紧急事项，不能召开行政会的，经校长同意后可以先行办理，事后应及时向行政会报告。

第三节　教职工代表大会

第二十五条　学校教职工代表大会依法参与学校民主管理、民主监督、维护合法权益，促进学校的稳步发展。教代会代表由全体教职工推选，每届任期3年，每学年召开1～2次大会。闭会期间，根据学校工作需要，可临时召开教职工代表大会全体代表会议。教职工代表大会在党支部的领导下开展工作。学校工会为教职工代表大会的日常工作机构，教职工代表大会的组织原则是民主集中制。

第二十六条　学校坚持教职工代表大会讨论审定学校重大方针政策的民主决策机制。对关系学校发展和教职工权益的"三重一大"问题，必须经教代会审议通过后实施。学校教职工代表大会的具体职责如下：

（一）听取学校章程、学校发展规划的制定和修订情况报告，提出修改意见和建议，并监督学校章程、规章制度和决策的落实。

（二）听取学校年度工作、财务工作报告以及其他专项工作报告，提出意见和建议。

（三）讨论通过学校提出的与教职工利益直接相关的福利、校内分配实施方案以及相应的教职工聘任、考核、奖惩办法。

（四）讨论法律法规规定的以及学校与学校工会商定的其他事项。

第二十七条　教职工代表大会以规定的程序召开会议。研究审议决定采取无记名投票制度，投票结果必须当场公布，任何组织和个人均无权改变教职工代表大会通过的方案。

第五章　服务对象
第一节　学生

第二十八条　学校各校区应当全面贯彻国家的教育方针，在进行知识文化教育的同时，重视对青少年的思想教育、道德教育、纪律和法治教育，提高学生的思想、文化素质。学生应当遵守学校的各项规章制度，勤奋学习、尊重教师、友爱同学、诚实守信、遵纪守法、勇于创新。

第二十九条　学校应当关心学生的身心健康，为学生提供必要的保障条件；学校、教师在组织教育教学活动时，负有对学生进行安全教育、管理和保护的责任。

第三十条　学校按上级教育行政部门的有关规定招收学生。凡按有关规定被学校录取或转入的学生，即取得学校的学籍。学校建立健全学生学籍管理制度，严格按有关规定执行转学、休学、复学等手续程序。

第三十一条　学校制定学生奖惩制度。学校对表现优异和为学校做出重大贡献的学生，予以表彰、奖励。学校对违反校纪校规的学生依据《中小学教育惩戒规则（试行）》的规定，视情节给予批评教育或相应处分。

第三十二条　学校支持学生自治，鼓励学生参与学校民主管理，建立学生会组织，保障学生的自主管理和学生的合法权益。学生干部一般通过民主选举产生。

第三十三条　学校重视少先队的建设工作，充分发挥少先队在未成年人思想道德建设中的重要作用，着力提高青少年学生综合素质，切实为青少年学生的健康成长服务。学校规范少先队发展工作，严格规定发展标准，认真执行发展程序，按照有关规定进行少先队员的发展。

第二节　学校与家庭、社会

第三十四条　学校遵循民主、公开、自愿的原则，组织家长选举成立学校、班级家长委员会，履行参与学校管理、参与教育工作、沟通学校与家庭等职责。

第三十五条　学校依靠家长委员会办好家长学校，有计划地普及家庭教育知识、改进家庭教育方法，提高家庭教育质量。

第三十六条　学校建立与家长委员的联席会议制度，通报学校发展规划及其进展、教育教学工作情况，听取家长委员会的意见和建议，取得支持和帮助。

学校建立教师与家长的日常联系机制。教师特别是班主任应密切联系家长，做好家庭访问工作，形成家校教育合力，促进学生健康成长。

第三十七条　学校通过加强内部建设，以良好的校风、教风、学风在社区内树立良好的公共形象。学校依托社区，开发社区教育资源，开展社会实践活动，为学生创造服务社区和实践体验的机会。学校依靠辖区街道办事处、居委会、派出所共同开展校园及周边社会治安综合治理工作，加强对行为偏差学生的教育，建设平安文明校园。

第六章　教育教学和科研管理

第三十八条　学校全面贯彻党的教育方针，坚持立德树人，把社会主义核心价值体系融入教育教学全过程。坚持全人教育，坚持为每个学生的全面发展提供最适合的教育，为每个学生的健康成长提供最有保障的教育，为每个学生的个性发展提供最有特色的教育。

第三十九条　学校树立科学的教育质量观，把促进人的全面发展、适应社会需要作为衡量教育质量的根本标准，坚持实施全人教育：全面修养、坚定爱国、快乐学习、健康成长。

第四十条　学校建立符合人才培养基本规律和个性化成长需要的课程体系，开足开齐国家、地方课程，探索三级课程整合，建立有学校特色的校本课程体系，提高学生课程的选择性和自主权，因材施教，为学生个性化学习提供平台。

第四十一条 学校教学管理严格执行国家、市、区颁布的课程计划、课程标准、教学计划，严格按各科教学规范和学校其他的有关规定进行教学活动。强调教学工作中学生的主体地位，坚持面向全体与因材施教相结合，创造有利于学生群体成长的良好政策环境和学习条件。坚持以开发学生潜能和培养学生自主发展能力为工作目标，为学生终身学习和可持续发展打下良好的基础。

第四十二条 学校执行国家教育考试制度，按上级教育行政部门规定组织好教学质量监控工作。

第四十三条 学校建立和完善教学常规管理制度体系，加强日常教学工作管理。

第四十四条 教育科研是学校发展的突破口，是学校教育、教学改革和创新的原动力，是促进师生全面可持续发展的保障。

第七章 资产管理和经费使用

第四十五条 财务管理

（一）学校经费来源主要包括国家财政拨款和其他合法收入。遵守国家财经纪律，严格依法按规定收取各类费用。

（二）学校执行国家统一的会计制度、财务管理制度等财经制度，配备专业财务人员，建立健全财务制度及内部财务监督机制，保证相关资料的合法、真实准确、完整，自觉接受上级部门监督检查及审计。

（三）学校依法接受社会捐赠，建立健全受赠财产使用制度，加强受赠财产的管理。

第四十六条 资产管理

（一）设备管理。学校按有关规定，提供符合标准的校舍和教育教学设施、设备，并做好日常维护、定期检查、及时修缮工作，充分发挥其使用效率，防止闲置和浪费。

（二）财产管理。学校落实专人管理，建立健全财产管理制度，设置固定资产账簿和实物清册，定期清点，及时做好固定资产的调入和调出及资产处置手续，做到账实相符。任何单位、个人不得侵占、私分、挪用、损坏，依法追究侵权者的责任。

第八章　人事管理制度

第四十七条　按照党管干部、党管人才原则，全面准确贯彻民主、公开、竞争、择优方针。学校主管部门具体负责人事管理工作，按照市区有关规定，根据事业发展需要，科学合理地规划教职工总量，优化教职工结构，建立与办学层次、规模和课程设置相适应的教师队伍。

第四十八条　学校应当建立健全人事管理制度。制定或修改人事管理制度，应当通过职工代表大会或者其他形式听取教职工意见。

第四十九条　根据职责任务和工作需要，按照国家有关规定设置管理岗位、专业技术岗位、工勤技能岗位等岗位。各岗位应当具有明确的名称、任职条件和职责任务等。岗位设置方案报人事管理部门备案。

第五十条　学校新聘用教职工，应当按程序面向社会公开招聘，但是，国家政策性安置、按照人事管理权限由上级任命、涉密岗位等人员除外。

第五十一条　学校根据人事方面的法律规定，依法与教职工订立、履行聘用合同，以保护教职工的合法权益。

第五十二条　学校根据聘用合同规定的岗位职责任务，全面考核教职工的表现，每学年对教职工的职业道德、工作能力、工作态度和工作绩效进行考核。

第五十三条　考核分为平时考核、学年考核和聘期考核。考核结果可以分为优秀、合格、基本合格和不合格等档次，考核结果作为聘任、转岗、解聘、晋升及实施奖惩等的依据。

第五十四条　本单位人员工资包括基本工资、绩效工资和津贴补贴。工作人员享受国家规定的福利待遇，执行国家规定的工时制度和休假制度，依法享受社会保险待遇。

第五十五条　教师享有下列主要权利：

（一）享有《中华人民共和国教师法》及有关法律法规规定的权利。

（二）进行教育教学活动，开展教研教改、参加学术研讨、业务进修或者其他方式的培训的权利。

（三）对学校教育、教学及管理工作提出意见和建议，通过教职工代表大会或其他形式，参与学校民主管理的权利；对不公正待遇或处分有申诉权。

（四）按时获取工资报酬，享受国家规定的福利待遇以及寒暑假的带薪休假。

第五十六条 教师应当履行下列主要义务：

（一）履行《中华人民共和国教师法》及有关法律规定的义务，遵守宪法、法律和职业道德，忠于职守，教书育人，热爱学生，为人师表。

（二）贯彻国家的教育方针，执行学校的教育教学各项工作计划，认真履行聘约，完成教育教学各项工作任务，教师对所担任学科的教育教学质量负责。

（三）关心、爱护学生，尊重学生人格，促进学生在品德、智力、体质等方面全面发展。

（四）制止有害于学生的行为或者其他侵犯学生合法权利的行为，批评和抵制有害于学生健康成长的现象。

（五）遵守学校的章程和规章制度，维护学校的荣誉和利益。

第五十七条 本单位教职工涉及人事争议有关问题的，依照《中华人民共和国劳动争议调解仲裁法》等有关规定处理。

第九章　章程修订

第五十八条 学校有下列情形之一的，应当修改章程：

（一）章程规定的事项与修改后的国家法律、行政法规的规定不符的；

（二）章程内容与实际情况不符的；

（三）单位主要职责经机构编制部门调整的；

（四）由学校支部委员会、行政会或者由教职工代表大会三分之一以上代表提出修改意见的。

学校章程的修订必须履行学校关于"三重一大"事项的决策程序，经学校教职工代表大会、党支部会议讨论，校务会审定后，报丰台区教育委员会审查，自审查核准之日起生效。

学校章程修订后，原定规章制度与修订章程内容有抵触的，需要及时给予修订完善。